本田 90 系列
摩托车结构与使用维修

主编　于曰桂
编委　于曰桂　冯德惠
　　　杜占军　李秀山

金盾出版社

内 容 提 要

本书以通俗的文字和382幅插图系统地介绍了日本本田NH90M、CD90和LEAD90型摩托车的结构特点、使用保养方法和常见故障的排除方法等。本书不仅适用于广大摩托车用户阅读，也是摩托车维修人员的必备读物。

图书在版编目(CIP)数据

本田90系列摩托车结构与使用维修/于曰桂主编；冯德惠等编著.—北京：金盾出版社，2000.1
ISBN 7-5082-0929-X

Ⅰ.本… Ⅱ.①于…②冯… Ⅲ.①摩托车，本田90系列-结构②摩托车，本田90系列-应用③摩托车，本田90系列-车辆修理 Ⅳ.U483

中国版本图书馆CIP数据核字(1999)第07452号

金盾出版社出版、总发行
北京太平路5号(地铁万寿路站往南)
邮政编码：100036 电话：68214039 68218137
传真：68276683 电挂：0234
封面印刷：北京印刷一厂
正文印刷：北京2207工厂
各地新华书店经销

开本：787×1092 1/32 印张：10.25 字数：229千字
2000年7月第1版第2次印刷
印数：11001—22000册 定价：12.00元

前　言

日本本田CD90和LEAD90型摩托车，以及近年进口的NH90M型摩托车，在我国占有相当大的保有量。本书用通俗的语言和形象的插图，图文结合，把这些车型的结构原理、使用保养要求及常见故障排除方法等介绍给读者，让读者看得懂，用得上，真正解决一些骑用摩托车过程中可能遇到的实际问题。

在编写本书时，得到日本本田公司驻北京办事处伊藤祥小姐的热情帮助，在此谨致以诚挚的谢意。

参加本书编写工作的还有王静、林小青、赫红、贺青、唐芸、陶冶、殷娜、胡启侠等。

书中难免存在这样那样的缺点、错误，欢迎读者批评指正。

作　者

1999年10月

目　　录

第一章　概　　述

第一节　本田公司简介

一、本田公司发展史

日本本田公司全称为“本田技研工业株式会社”,创建于1948年。当时日本正处于从战后混乱转向经济复兴的时期,本田公司的创始人本田宗一郎以100万日元的资本,在滨松市成立了“本田技研工业株式会社”,以生产助力自行车发动机起家,翌年开始生产“梦”号摩托车。

50年代,日本进入了发展汽车的兴盛期,本田公司在不断扩大事业规模的情况下,把总部从滨松市迁移到了东京。为了提高本田公司的知名度并在国际市场上造成影响,1954年本田公司宣布参加TT国际摩托车比赛。1956年,在总结以往经营观念的基础上,本田公司明确提出了“放眼世界,根据顾客的需求,生产性能优良、价格低廉产品”的经营方针。在50年代,本田公司不仅推出了世界名车SUPER CUB轻型摩托车,并很快介入了汽车行业,在美国建立了美国本田汽车有限公司。

60年代,随着日本高速公路网的形成,汽车工业急速发展,本田公司属下的两个生产厂铃鹿制作所和狭山制作所先后于1960年、1965年投产。同时,为了更好地发挥研究部门的创造性和自主性,将其从本田技研中独立出来,成立了本田技术研究所。本田作为在日本最晚起步的汽车生产厂家，1963年开始销售S500型跑车、T360型微型货车，1966年销售N360微型轿车，从而奠定了本田公司发展汽车产品的基础，N系列产品在26个月中登记的总销售量突破了50万辆。在1964年参加的一级方程式汽车大赛、1965年参加的墨西哥大奖赛、1967年参加的意大利大奖赛中均获得冠军，为本田公司汽车产品提高知名度发挥了很大的作用。60年代期间，本田公司分别在德国、比利时、法国、英国、澳大利亚、加拿大设立了本田汽车有限公司，销售本田产品。在摩托车赛事中，先后8年时间里，创下了囊括TT赛125ml、250ml级别的前五名的辉煌成绩。汽车、摩托车大赛的技术成果，在以后的商品开发中得到了应用。实践证明，参加汽车、摩托车大赛并取得优良的成绩，不仅可以提高公司产品的知名度(是最具说服力的广告)，而且促进了产品设计、制造技术的发展。这是本田公司取得成功的主要原因之一。

70年代，因发生了两次石油危机，本田公司加深了对节能的认识，同时提高了对环保的重视程度，把技术开发的重点放在了研制低油耗、低污染发动机上。他们推出的CVCC发动机，得到了社会的高度评价，多次获奖，并在世界上首次达到了美国Muskie法的要求，美国以这种发动机在EPA燃料测试中连续4年荣获第一名。在研制新产品的同时，本田公司的生产进一步得到发展，摩托车累计产量达到3000万辆，汽车达到500万辆。在巴西、瑞士、秘鲁、印度尼西亚设立了本田汽车有限公司。值得注意的是，本田公司一开始就重视企业外向型发展战略，在产品开发与销售上，在瞄准国内市场的同时，瞄向了广阔的国外市场，并具备了国际竞争能力，从而避免了因国内市场的饱和而出现产品滞销的现象，这是本田公司取得成功的又一主要原因。

进入80～90年代，面对着国内外日益激烈的竞争，本田公司坚持把“在有需要的地方生产，为当地社会作出贡献”的观点作为经营的基本宗旨，发展海外业务。1981年，开创了与中国企业技术合作生产摩托车的先河，首先与重庆嘉陵机器厂技术合作，而后又与广州五羊、天津合资生产摩托车及发动机。1993年本田公司累计生产摩托车5800万辆、汽车2000万辆。作为战后创立的企业，本田公司在45年（1948～1993年）中取得了令人瞩目的成就。

二、本田公司近况

根据本田公司在1995年北京国际内燃机技术咨询交流会上提供的资料，1994年本田公司员工总人数为91300名，其中日本本土62000名，北美洲20300名，亚洲4800名，欧洲4200名。由此可见，有三分之一的人员在国外从事生产和营销工作。

本田公司的主要产品是摩托车、汽车和通用小型内燃机。摩托车发动机排量从50ml到1500ml，以四冲程为主，但也很重视开发二冲程发动机。

本田公司在日本国内的生产厂有五家，其中有三家生产汽车，有两家生产摩托车和动力机械。专门从事摩托车产品开发与研究工作的是朝霞研究所，有两个试验中心专用于产品综合试验和道路试验。

本田公司在国外33个国家开设了63个生产点，在159个国家建立了销售网点。

第二节　驾驶前的检查与调整

为了保证驾驶安全可靠，发动机运转正常，在驾驶前必须对摩托车各个部位进行认真的检查与调整。

一、检查项目

(1) 检查喇叭、转向灯、制动灯、空档指示灯、转向指示灯是否工作正常。

(2) 检查燃油箱油量、润滑油箱油量是否足够。

(3) 检查转向装置是否灵活且有无松动现象。

(4) 检查轮胎气压是否合适，如图1-1所示。

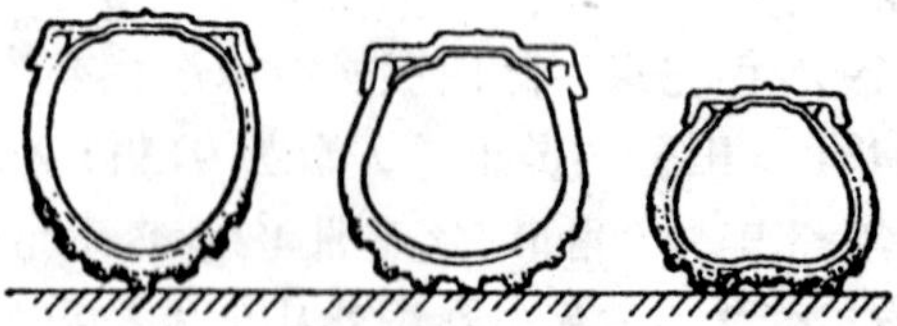

图1-1　检查轮胎气压

(5) 检查离合器握把自由行程量。如图1-2所示，离合器握把自由行程量一般为2～3mm。检查时，可启动发动机，支起中间支架使后轮悬空，然后挂档使后轮旋转。若握紧离合器握把后，后轮逐渐停了下来，或将尚在旋转的后轮制动后，抬起制动踏板后轮不再旋转，即说明离合器握把自由行程最合适。

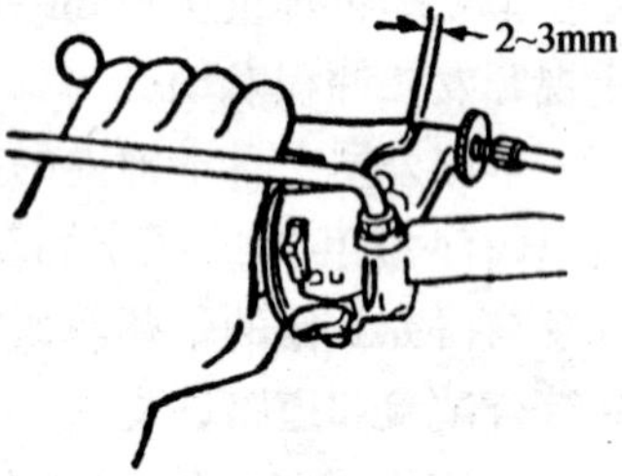

图1-2　检查离合器握把自由行程

(6) 检查油门转把转动是否灵活。加大油门后放开手，油门应当自行回到关闭位置。

(7) 检查前制动握把自由间隙。如图 1-3 所示，通常为5～8mm。

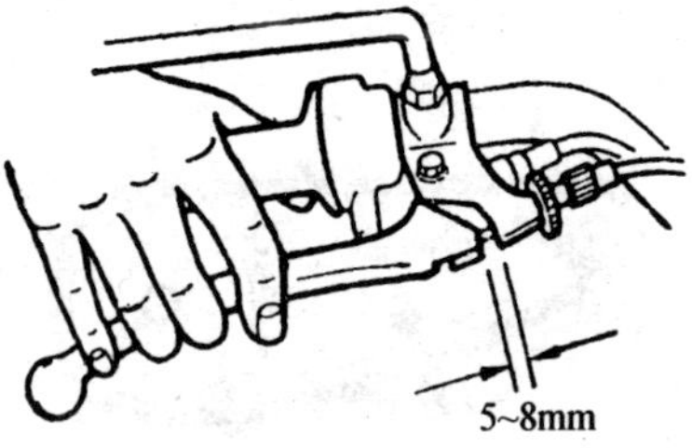

图 1-3　检查前制动握把自由间隙

(8) 检查后制动踏板自由间隙。如图 1-4 所示，一般应为 20～30mm,最多不要超过 35mm，小于 20mm 也不好。因为右脚经常处于踏板的上方,自由间隙太小,随着摩托车的上下颠簸,脚尖很容易踩上踏板,产生无意制动现象,增加行驶阻力。

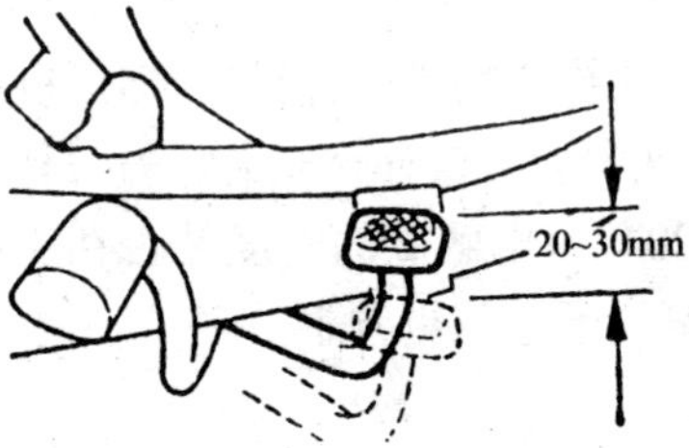

图 1-4　检查后制动踏板自由间隙

(9) 检查怠速。尽管各种车型都有其怠速的规定值,但到了用户手里,一般没有条件去测量怠速究竟有多大,只能凭直观感觉和行驶经验作出判断。从直觉上看,发动机旋转听起来低沉悦耳,起步时不会熄火,属正常。若怠速太低,虽然听着顺耳,但起步容易熄火;而怠速太高,噪声就大,起步虽然不会熄火,但容易窜出去。如果仪表盘上有发动机转速表,可以直接测出发动机的最低稳定转速。

(10) 检查链条。这里讲的链条是指将发动机输出轴输出的动力传给后轮的驱动链条。链条的松紧要恰当,其松紧程度以链条下垂上下位移量来表示,如图 1-5 所示。

(11) 检查蓄电池电解液液面高度。如图 1-6 所示,电解液液面应当在上限(UPPER)和下限(LOWER)之间。如低于下限,则需添加蒸馏水。

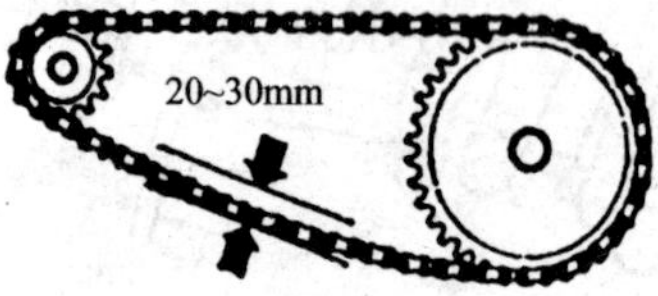

图 1-5 检查链条松紧度

图 1-6 检查蓄电池电解液液面高度

蓄电池的电量是否充足,在检查喇叭、转向灯时即可以发现,电量稍低问题不大,在行驶中会自行补充充电。另一种检查方法,就是用密度计检查 20℃ 时电解液的密度是否在正常范围之内。如有电压表,测量一下电压更省事。

二、调整方法

1. 调整和维修用的特殊工具

在调整和维修时,除了常用的钳子、起子、活扳手、死扳手、套筒扳手、锤子等外,还需要有一些特殊工具。图 1-7 所示为铃木型车常用的特殊工具。

2. 调整方法

(1) 离合器握把自由间隙的调整:如图 1-8 所示,首先松开锁紧螺母③,旋转螺杆①,调整钢索的松紧,使自由间隙②为 2~3mm 即可。

(2) 离合器片间隙的调整:为保证离合器接合时不打滑,分离时不粘滞,必须使离合器片的间隙适当。如图 1-9 所示,首先将发动机左侧盖取下,找到离合器调整螺钉,用小扳手将锁紧螺母①拧松,用起子顺时针方向将螺钉②轻轻拧到底(当

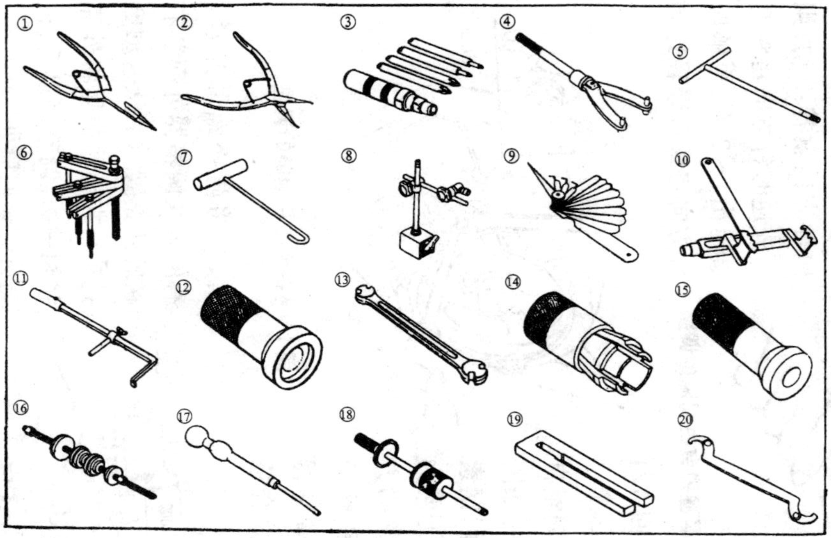

图1-7　常用的特殊工具

①弹簧卡环钳子(开式)　②弹簧卡环钳子(闭式)　③敲击式起子　④转子夹持器　⑤前叉装配工具　⑥曲轴箱分离工具　⑦离合器弹簧吊钩　⑧磁性架　⑨塞规　⑩离合器套筒毂夹持器　⑪油封拆卸工具　⑫轴承安装工具　⑬辐条接头扳手　⑭油封安装工具　⑮轴承拆卸工具　⑯轴承座圈安装工具　⑰液体密度计　⑱转子拆卸轴　⑲连杆止动器　⑳活动夹紧扳手

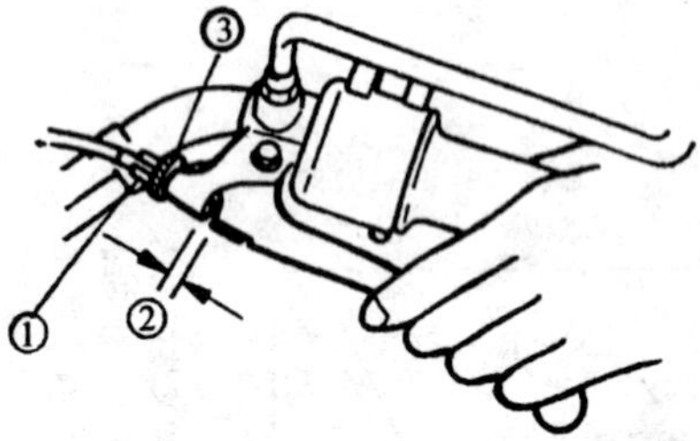

图 1-8　离合器握把自由间隙的调整

手感到拧不进去了，就不要再用劲拧)，然后逆时针方向拧，退回 1/4 圈即可。如果一开始顺时针方向就拧不动，则应先逆时针方向将螺钉②退出1～2 圈，再顺时针方向将螺钉轻轻拧到底，然后再退回 1/4 圈即可。

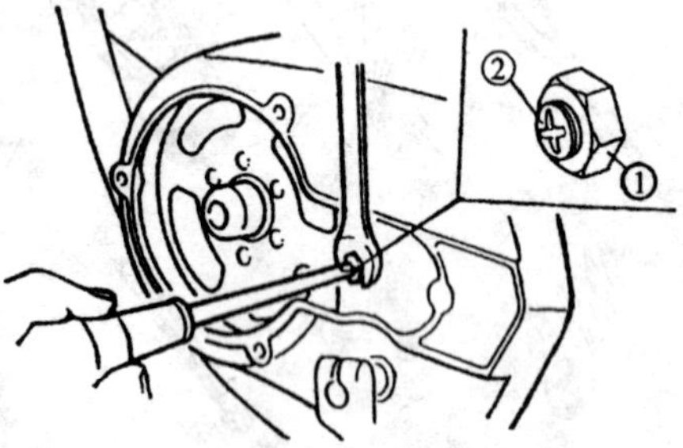

图 1-9　离合器片间隙的调整

(3) 油门钢索自由间隙的调整：如图 1-10 所示，油门钢索的自由间隙②通常为 1～2mm。调整的方法是：先将防松螺母①松开，转动调整器③，待自由间隙合适后，再将防松螺母拧紧。有的车在调整器外面装有橡胶外壳(如 CB125S 型摩托车)，在调整前需将外壳移到一边，调整好以后，再将外壳装回原处。

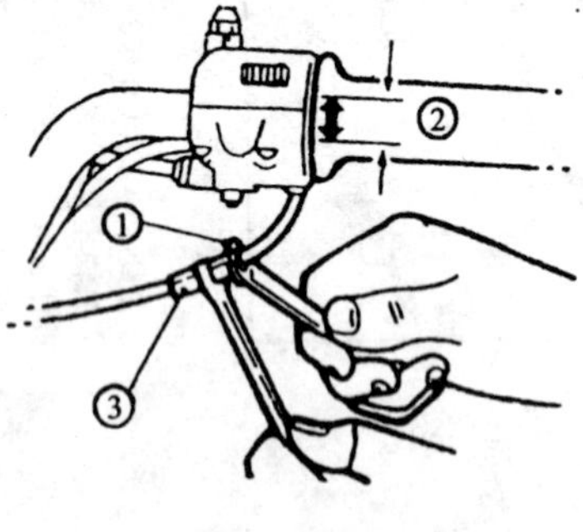

图 1-10　油门钢索自由间隙的调整

(4) 怠速的调整：先将车用主支架支稳，启动发动机，挂空档运转一段时间。待发动机预热后，首先拧动怠速空气调整螺钉①(见图1-11)，将其轻轻拧到底，然后按说明书的规定退出若干圈，并左右转动，找到一个发动机转速最高且又稳定的位置，再拧动怠速调节螺钉②，使怠速达到规定值。

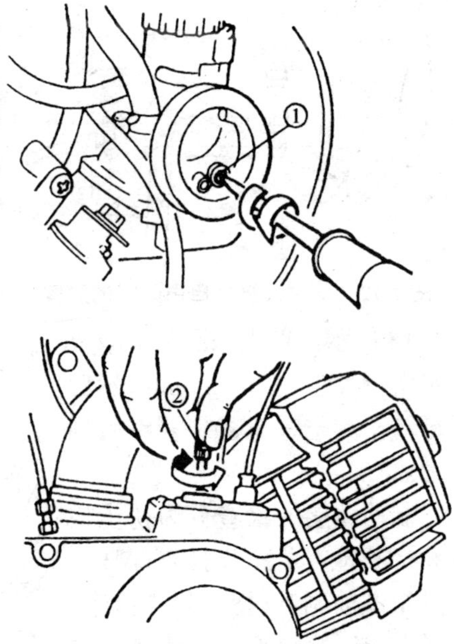

图 1-11　怠速的调整

虽然各车型上的化油器结构不同，其调整螺钉的位置和名称也不尽相同(怠速空气调整螺钉在有的车上叫做“螺旋桨”，有的叫做“导销”，有的叫做“导向调整螺丝”，其意思都是一样的)，但其调整原理和方法是基本相同的。

请注意，怠速不能冷车调整。冷车调整，摩托车行驶一段时间，发动机达到热机状态，怠速值又会发生变化。

(5) 制动部分的调整：前制动握把自由间隙的调整如图1-12 所示。将防松螺帽①拧松，转动调整器②，使自由间隙③为 3～8mm。这个自由间隙是为了保证摩托车在不制动时，前轮可以自由转动而无阻滞。

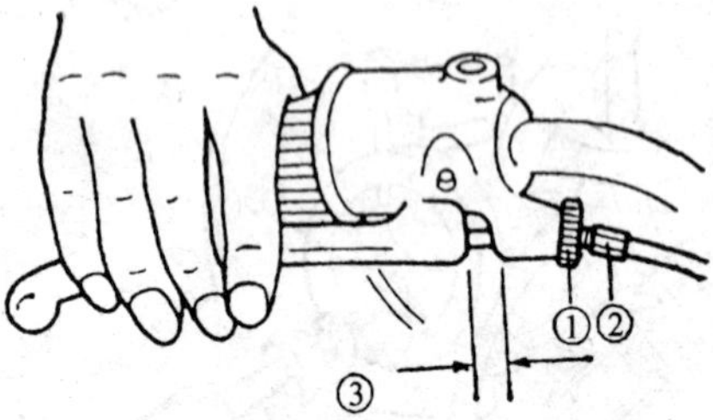

图 1-12　前制动握把自由间隙的调整

前轮制动力的调整如图 1-13 所示。松开锁紧螺母①，转动调整器②，以通过调整前制动钢索的松紧来调整前制动的制动力。

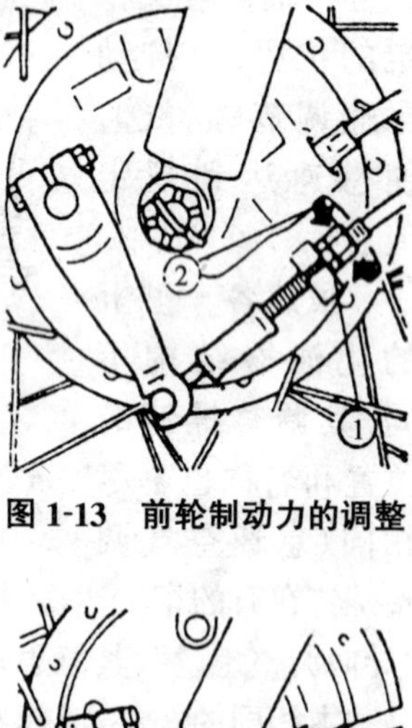

图 1-13　前轮制动力的调整

后制动的调整如图 1-14 所示。首先保证制动踏板的自由行程①为 20～30mm，然后通过转动调整螺母②来调整后制动力。

制动性能的检查分为初步检查和行驶检查。初步检查即挂空档推车试前制动；把后轮支起来，启动挂档，握离合器，踩制动踏板，观察后制动情况。行驶检查，则是按标准规定的初速度行驶起

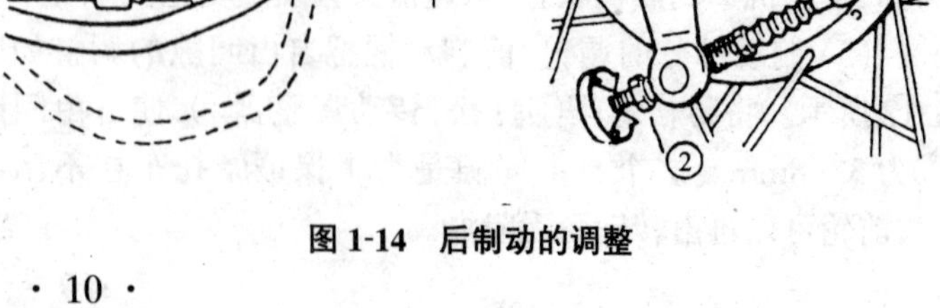

图 1-14　后制动的调整

来后进行制动操作，看制动距离是否符合标准规定的数值。

国家标准规定制动距离：摩托车在初速为 30km/h 时小于或等于 7m；轻便摩托车在初速为 20km/h 时小于或等于 4m。

(6) 驱动链条的调整：如果驱动链条的松紧度不符合规定，太紧或太松，则需调整。调整时，首先要把图 1-15 所示的开口销①取下，然后松开轴螺母②，再松开压紧螺帽③，拧松锁紧螺母④，即可通过转动调整螺栓⑤来调整驱动链条的松紧程度。

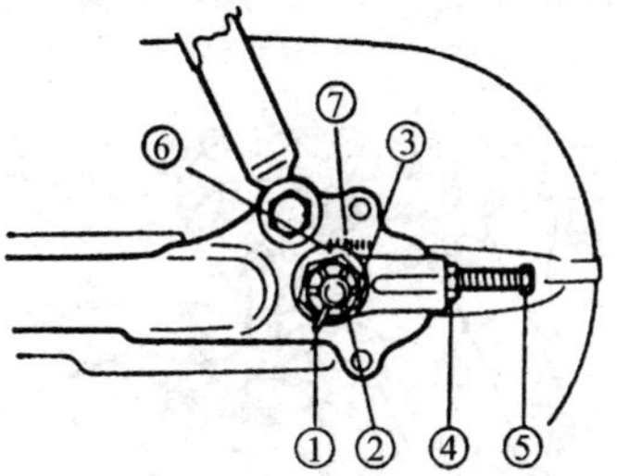

图 1-15　驱动链条的调整

如图 1-15 中所示，在调整装置上有指示记号⑥，在后轮叉上有刻度⑦，为了保证前后轮在同一直线上，调整驱动链松紧时一定要注意使两侧指示记号位于同一刻度上。在调整了链条的松紧度之后，应当再检查一下后制动踏板的自由间隙是否合适。因为调整松紧度时必然使后轮产生前后位移，从而对后制动踏板的自由行程产生影响。

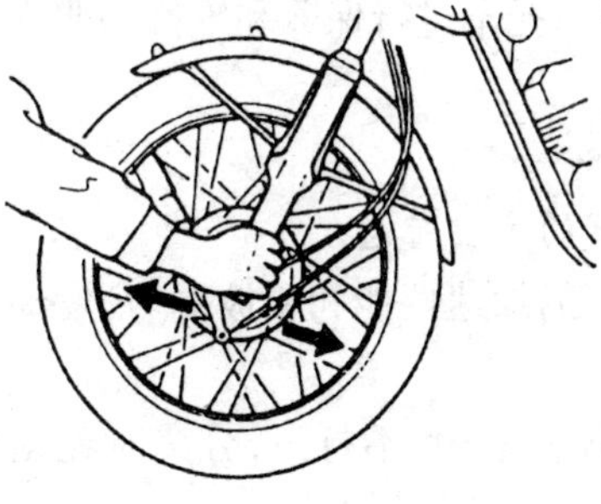
图 1-16　方向柱的检查

(7) 方向柱的检查与调整：把前轮抬起，如图 1-16 所示，用手握住前叉，轻轻摇动，检查方向柱轴承是否松动。对方向柱的要求是：既无窜动旷量，又要转动灵活。

如方向柱轴承过松或过紧，如图 1-17 所示，先松开方向柱连接板接合螺栓①和前叉夹紧螺栓②，再如图 1-18 所示，通过转动调整螺母③来使方向柱轴承既不松又不紧，然后分别将接合螺栓①和夹紧螺栓②拧紧。①和②拧紧之后，再检查一下方向柱轴承的松紧是否合适。

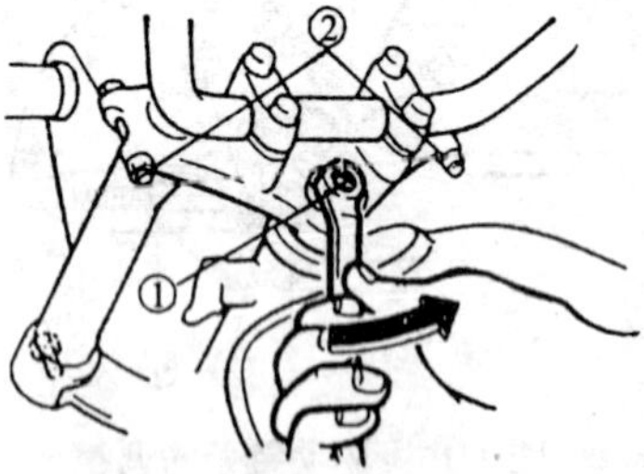

图 1-17　方向柱的调整(一)

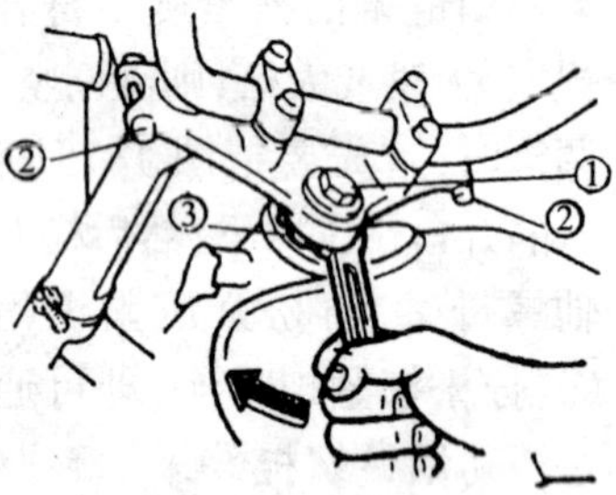

图 1-18　方向柱的调整(二)

第三节　定期保养与维修

为了使摩托车经常保持良好的技术状况，驾驶起来既得心应手，又安全可靠，定期对摩托车进行保养和维修是非常必要的。

一、一般维修保养知识

1. 摩托车技术状况良好的主要标志

(1) 启动容易，具有良好的加速性能和爬坡能力，发动机不过热，无异常响声。

(2) 离合器工作可靠，接合平稳，不打滑，分离时无粘滞现象。

(3) 变速器和传动部分无异常响声，变档灵活可靠，档位清楚。

(4) 转向操纵灵活、可靠。

(5) 前后轮在不制动时能自由旋转，无阻滞现象，在规定车速下其制动距离符合国家标准的规定值。

(6) 灯光、音响、仪表等设备齐全，性能良好，工作可靠，全车线路排列整齐、接点牢固。

(7) 各润滑部位润滑充分。

(8) 轮胎气压正常。

(9) 蓄电池电解液密度正常，液面高度适中，外表清洁，固定牢靠。

(10) 减震器性能良好。

(11) 整车外观整洁，无损伤和锈蚀，不漏油、漏水、漏气，各部位连接紧固、可靠。

2. 维修操作注意事项

(1) 在动手维修前，要注意清洗车的外表，以免泥沙、脏物掉入发动机内，增加磨损或发生意外故障。

(2) 摩托车用的燃料是汽油，汽油易燃且易挥发。因此，在进行维修时不能吸烟，而且要避开火源。

(3) 在需要使用特殊工具、专用工具时，一定要用特殊工具和专用工具。尽可能避免使用活扳手，应使用梅花扳手和套筒扳手。

(4) 拆开发动机以后，为了保证密封件性能良好，连接件紧固可靠，密封垫片、油封、O 形橡胶圈、开口销、弹簧垫圈等一定要更换成新品，不能图省事省钱凑合用旧的。其他零件需要更换时，一定要用与车型相配的零件。如无进口件而需要用国产件代用时，要选购经过技术鉴定的合格件。

(5) 维修操作过程中要随时注意安全，不要碰伤，不要被发动机、排气管、消声器等灼伤。和别人一起操作时，应互相关照，确保安全。

(6) 蓄电池电解液有腐蚀性，操作时不要让电解液溅到身上或车上。

修理电线或电气元件时，应先拆下与蓄电池负极接柱相连接的电线。在拧紧或拧松蓄电池接线柱螺栓时，不要将扳手与发动机或车上的其他金属零件接触，以免受到电击。

在连接蓄电池引线时，应先连接好蓄电池正极引线，再连接负极引线。蓄电池引线连接好以后，在接线柱上应涂一点清洁的润滑脂（黄油），以免锈蚀。完成修理之后，要检查每根电线和每个电气元件的连接、安装是否正确、牢固。凡是起保护、绝缘作用的外壳，一定要装好。

(7) 在拆卸或装配发动机时，千万注意不要混淆或丢失各个部位的零件。要一个部位一个部位地拆卸，不可大拆大卸。拆下的零件要以每个部位为单元进行整理和检查，并及时用洗涤汽油洗干净，用空气吹干。安装时，在润滑部位应涂上或注入润滑油或润滑脂。

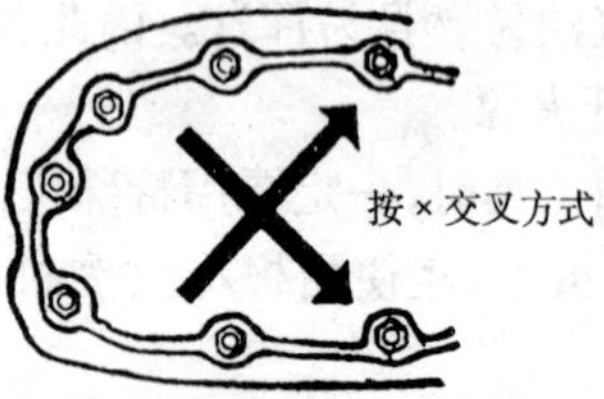

图 1-19　紧固螺钉、螺母方法

(8) 紧固螺钉、螺母时要使用扭力扳手，按照说明书上规定的拧紧力矩，先大后小，先里后外，对角线方向交叉地分步拧紧，如图 1-19 所示。

3. 电线的正确敷设和连接

为使电路系统工作可靠，在维修和调整时必须正确敷设和连接电线。

(1) 图 1-20 所示的塑料插头（连接器）上设有锁定扣，在拆开连接时,一定要先拉开此锁定扣,重新连接时,一定要将此锁定扣扣好。

图 1-20 塑料插头

(2) 如图 1-21 所示(图中"○"表示正确,"×"表示不正确,下同),拆开连接器时,用手握紧连接器的两端,用力一拉即可拉开。不能拉连接器内的电线。连接器在连接之前,要先检查各接头是否装好,接头是否弯曲或扭曲。接合连接器时,应尽量插到底。

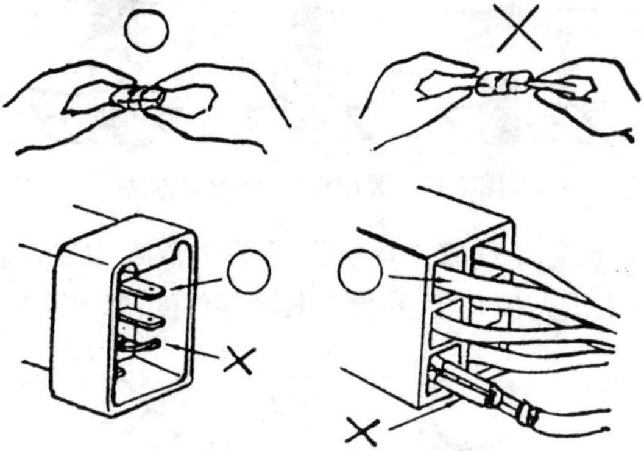

图 1-21 连接器操作方法

(3) 图 1-22 所示的单接头在连接之前,要检查其塑料外

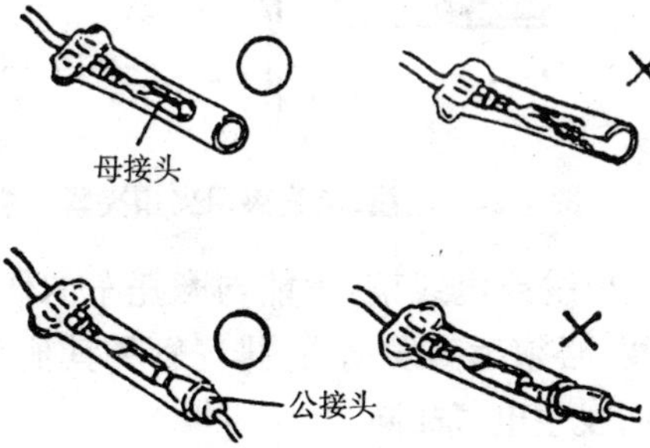

图 1-22 单接头连接方法

壳是否破损，母接头端是否紧固。连接好后，不要让塑料外壳的开口端朝上。

(4) 凡电线或电线束，应当用电线箍带固紧在车架上，且只能让绝缘的表面与电线或电线束接触，以防短路，如图 1-23 所示。

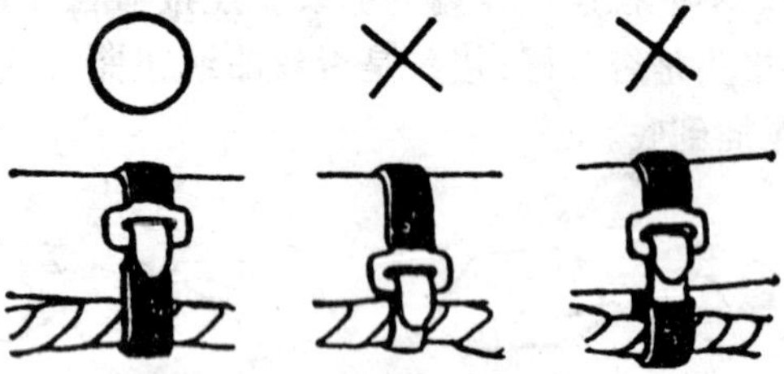

图 1-23　紧固电线、电线束方法

(5) 电线、电线束一旦松脱，会发生危险，因此，必须将电线、电线束用夹扣夹紧，并检查其可靠程度，如图 1-24 所示。

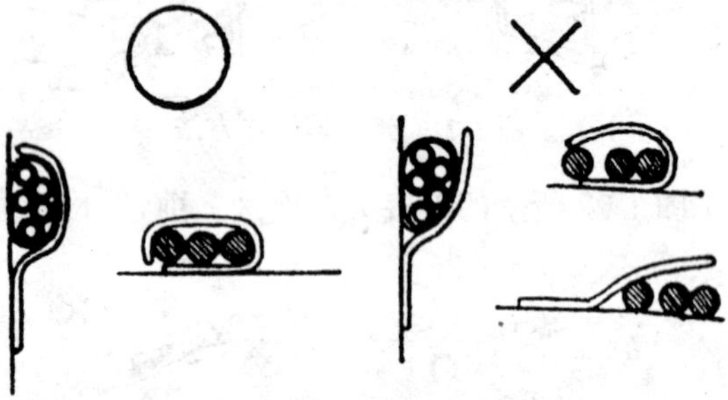

图 1-24　电线、电线束用夹扣夹紧

(6) 敷设电线或电线束，不能与摩托车的任何移动或转动部位相干扰，必须远离发动机、排气管和其他高温部位，以免破坏绝缘而发生电气故障。

(7) 电线或电线束不能与有锋利棱角的部位直接接触，

以防绝缘被划破。如不能远离有锋利棱角的部位,则应用胶布包裹或用管子套好电线或电线束。

(8) 电线或电线束应按线路走向拉好,既不能拉得太紧,也不能拉得太松。当电线不得不压在某部件下面时,注意不要压得太紧。

(9) 在用接头接电线时,注意不要损伤电线的绝缘表面。不能用断裂的绝缘子连接电线或电线束,一时没有新品更换,也要用胶布包好,并尽快将其更换。

(10) 电线或电线束装好以后,要检查其是否有扭曲或打结的现象(见图1-25),是否与转向器某一位置或某一零件有缠绕的现象。

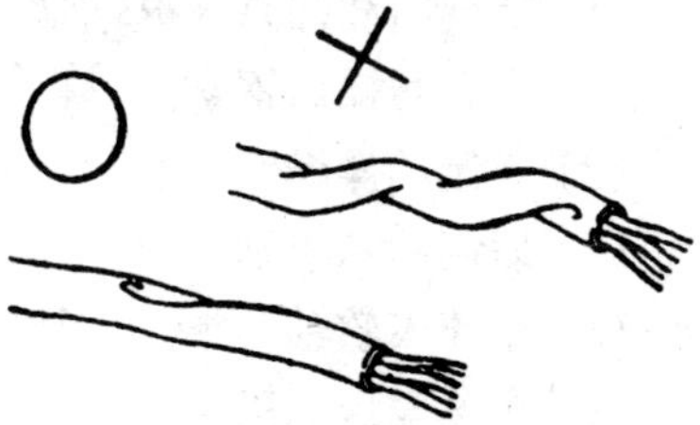

图 1-25　电线或电线束不应扭曲或打结

(11) 在连接电线接头或连接器之前,要检查接线柱、接头等有无锈蚀现象,如有锈蚀,应用细砂纸或砂布轻轻将锈迹擦净,以防接触不良。

二、定期润滑

定期润滑,体现了保养工作制度化、经常化和科学化,保证摩擦副之间经常处于良好的润滑状态,减少机件间磨损,延长摩托车使用寿命。定期润滑的要求如下:

1. 每行驶 300～500km

应清除驱动链条上的油污,并在链条上加些润滑油,例如国产 10 号机油。

2. 最初行驶 500km 后

要对以下部位进行润滑工作:

(1) 预热发动机,将变速器内的脏油排出,加入纯净的10号机油。

(2) 往油门控制器内注入少量锂皂基滑脂(白色)进行润滑。

(3) 将前叉(前减震器)中的油排掉,更换纯净的10号机油。

3. 当摩托车行驶到1500km时

要对以下部位进行清洗润滑:

(1) 节气门和油泵操纵钢索。

(2) 离合器操纵钢索。

(3) 前制动操纵钢索。

(4) 后制动踏板轴。

(5) 车速表软轴。

(6) 车速表齿轮箱。

(7) 制动凸轮轴。

4. 当摩托车行驶到3000km时

要进行一次较全面的润滑工作,包括以下部位或操作:

(1) 驱动链。

(2) 更换变速器油。

(3) 油门控制器。

(4) 前叉。

(5) 节气门和油泵操纵钢索。

(6) 离合器操纵钢索。

(7) 前制动操纵钢索。

(8) 后制动踏板轴。

(9) 车速表软轴。

(10) 车速表齿轮箱。

(11) 后轮叉轴。

(12) 转向轴承及轴承座。

(13) 前后轮轴承。

(14) 前后制动凸轮轴。

5. 累计里程达到3000km以后每行驶3000km

要对以下部位进行润滑:

(1) 变速器(更换变速器油)。

(2) 油门控制器。

(3) 节气门和油泵操纵钢索。

(4) 离合器操纵钢索。

(5) 前制动操纵钢索。

(6) 后制动踏板轴。

(7) 前后制动凸轮轴。

6. 累计行驶里程达到3000km以后每行驶6000km

要对以下部位进行润滑:

(1) 前减震器(更换前减震器油)。

(2) 转向轴承及轴承座圈。

(3) 后轮叉轴。

(4) 前后轮轴承。

7. 润滑油脂种类及润滑部位

(1) 10号机油:用于变速器、操纵钢索、前减震器及驱动链。

(2) 轴承滑脂:用于转向轴承及轴承座圈,还有前后轮轴承等。

(3) 锂皂基滑脂(白):用于油门控制器、制动踏板轴、车速表齿轮箱、制动凸轮轴等。

在进行润滑操作时,千万不要用不明性质、用途的润滑油。如果选用的润滑油不合适，不仅起不到良好的润滑作用，反而会引起发动机的早期损坏。对于二冲程发动机，最好用国产二冲程汽油机机油，以确保发动机发挥出最佳性能和延长使用寿命。

三、定期维修的部位及时间间隔

摩托车行驶了一定的里程或时间以后，应当检查零部件是否处于正常的工作状态，这样一旦有问题，就能及时得到调整或修理，以免发生故障。

下面介绍的定期维修间隔期，是在常规情况下的。若遇到更苛刻的环境条件，维修的间隔期还应适当缩短。

间隔期有两种表示方式，一是行驶里程，二是行驶时间。维修的间隔期要以两者中先届满者确定。本田公司生产的摩托车定期维修保养，可参照表 1-1 的规定进行。表中字母的含义为：I—检查、清洗、调整、润滑或更换；C—清洁；R—更换；A—调整；L—润滑。

表 1-1　本田牌摩托车定期维修保养时间间隔

保养时间 项目	进行项目	里程表读数(km)			
	周期	1000	4000	8000	12000
燃油管			I	I	I
滤油器			C	C	C
节气门操作			I	I	I
空气滤清器滤芯			C	C	C
火花塞			I	I	I
气门间隙		I	I	I	I
机油	每年	R	每 2000km R		
机油滤网			每 2000km C		
机油离心滤清器				C	

续表 1-1

项目 \ 保养时间	进行项目	里程表读数(km)			
	周期	1000	4000	8000	12000
凸轮链条张力		A	A	A	A
化油器怠速		I	I	I	I
驱动链		每 1000km　I、L			
蓄电池	每月		I	I	I
制动蹄片			I	I	I
制动系统		I	I	I	I
制动灯开关			I	I	I
车头灯调光			I	I	I
离合器系统		I	I	I	I
支　撑			I	I	I
悬　挂			I	I	I
螺母、螺栓		I	I	I	I
车　轮		I	I	I	I
转向手把轴承		I			I

四、检查调整方法

在第二节“驾驶前的检查与调整”中已就离合器、油门拉线、怠速、机油泵、制动装置、驱动链条、方向柱等的检查与调整作了介绍。下面将针对表 1-1 中列出的项目作较详细的说明。

1. 火花塞的检查

火花塞是直接产生火花以点燃可燃混合气的部件。检查火花塞主要是观察火花塞电极上有无积炭以及跳火间隙是否正确。火花塞跳火间隙一般为 0.5～0.7mm，可用塞尺检查，如没有塞尺，可以用手锯锯条片代替。如有积炭，应当用钢丝刷刷掉,用汽油加以清洗。

通过观察火花塞两电极颜色,可以判断发动机运转情况是否正常。如不正常,应检查和调整发动机的有关部位。

(1) 火花塞电极呈暗棕色或淡棕黄色,且有少量积炭和轻微烧蚀(见图 1-26a),表示发动机运转正常。

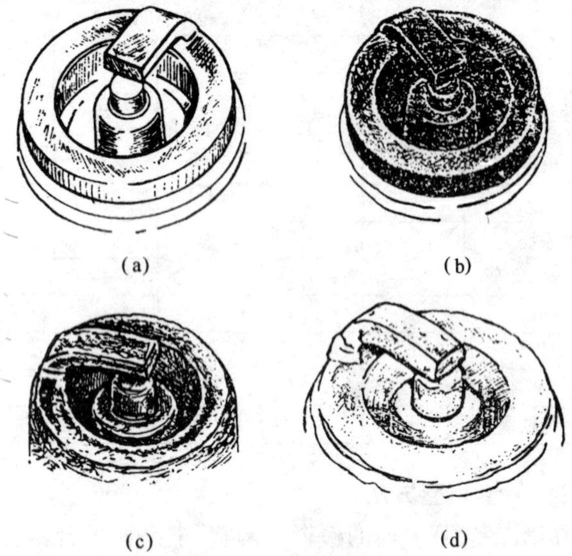

图 1-26　火花塞的检查

(2) 火花塞电极表面有干燥黑色的积炭(见图 1-26b),说明气缸内富油。造成这一情况的原因有:

① 空燃比过小,可燃混合气过浓。

② 空气滤清器太脏。

③ 较长时间的低速运转。

④ 火花塞火花弱等。

(3) 在火花塞电极间及其周围有湿的黑色机油沉积(见

图 1-26c)。造成这种情况的原因有：

① 过度的低速行驶。

② 使用了不符合说明书规定的润滑油。

③ 分离润滑机油泵泵出的油量过大。

④ 油封损坏，变速器中的润滑油进入曲轴箱等。

(4) 火花塞电极呈灰色或白色，绝缘体凸出部分有浮泡或出现裂痕(见图 1-26d)，说明发动机过热。造成这种情况的原因有：

① 空气与燃油混合不充分。

② 点火不正时。

③ 散热片不清洁。

④ 长时间高负荷运行。

⑤ 火花塞安装时没有拧紧等。

(5) 火花塞两电极之间被积炭或其他脏物搭接(见图 1-27)。产生这一现象的原因主要是积炭过多，使用的润滑油不合适，油泵泵油量过大，长时间低速行驶或脏物进入燃烧室。

图 1-27　火花塞两电极间搭接

2. 空气滤清器的清洁

空气滤清器有湿式和干式两种。只有保持空气滤清器的清洁，才能保证可燃混合气浓度正常。

(1) 湿式空气滤清器的滤芯多用泡沫塑料制成。如图 1-28 所示，清洁时，首先将滤芯放在煤油中浸泡，用手将脏物(灰尘)挤出并反复冲洗，然后将煤油挤净、晾干，再在滤芯上涂些机油，并用手将机油挤匀，即可将其装回到空气滤清器壳中。

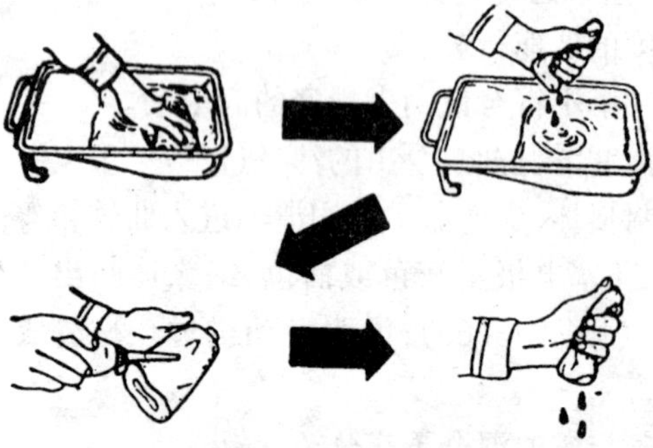

图 1-28　清洁空气滤清器

(2) 干式空气滤清器的滤芯为纸质。清除纸质滤芯上的灰尘,绝对不能用水或油剂类液体,只能用压缩空气吹净,如图 1-29 所示。

3. 变速器油的检查与更换

如图 1-30 所示,用油尺检查,油面处于上下刻线间为正常。通常加油的时候,是按说明书上规定的油量注入的,油面不会过高;车子行驶一段里程后,油会因消耗、挥发而减少,此时应及时补充,使油面保持正常。行驶较长时间后,由于运转

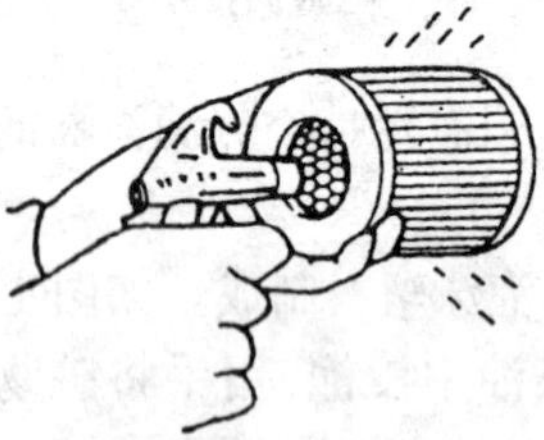

图 1-29　用压缩空气吹净滤芯灰尘

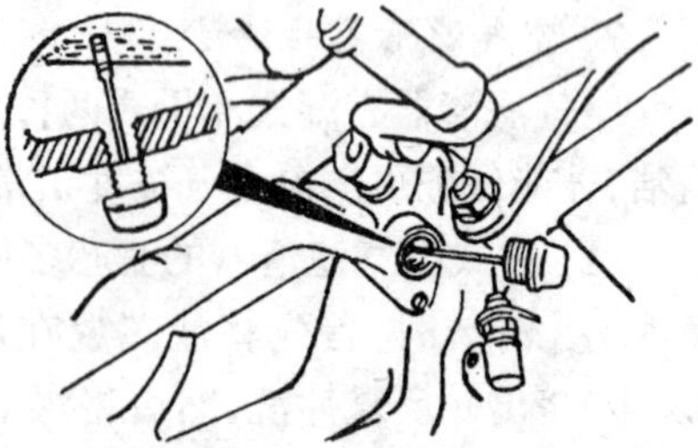

图 1-30　检查变速器油面高度

机件磨损,油中会混入一些杂质而脏污,如不及时更换,会加剧机件的磨损。更换时,可按如下步骤进行:

(1) 启动发动机,将后轮支起,挂档运转 3min,使变速器内的油与杂质充分混合后停车。

(2) 卸下放油螺塞,让变速器内的油流出并尽量控净。

(3) 把放油螺塞拧上。

(4) 从加油口加入规定牌号及规定数量的润滑油。

4. 燃油滤网的清理

燃油滤网通常安装在燃油箱下边的燃油开关下部。如果燃油滤网被油中的杂质堵塞,汽油就不能顺利流入化油器,影响发动机正常工作。因此,应定期清理燃油滤网(可用汽油清洗),并同时将旋塞内的脏物清除。清理燃油滤网时,一定要使燃油开关置于关闭(OFF)位置,以免汽油流失。

5. 燃油管的更换

连接燃油箱、燃油开关及化油器的塑料燃油管(有的车在燃油箱与燃油开关之间没有燃油管,燃油管通常称油管),使用一段时间后,会因老化而出现裂缝,因此要定期更换。一般使用一年半到两年就应更换新的。

6. 四冲程发动机机油滤网的清洗

本田公司生产的四冲程摩托车发动机,其机油滤网多安装在曲轴箱箱盖下边,如图 1-31 所示。应定期将机油滤网取出,放在清洁的洗涤汽油里冲洗干净,以利于机油流动畅通。

7. 四冲程发动机机油滤清器的清洁

本田公司生产的四冲程摩托车发动机中,都有一个离心式机油滤清器,安装在曲轴箱内。通过机油滤网进入曲轴箱的机油,首先进入机油滤清器,旋转着的机油滤清器利用离心力将混在机油中的杂质甩在滤清器转子内表面的四周。为避

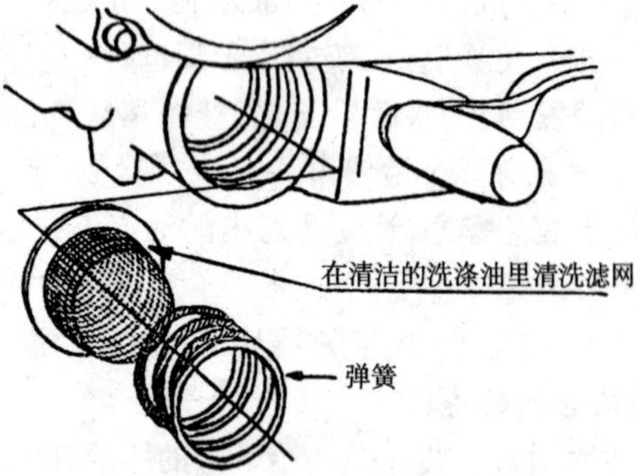

图 1-31　清洗机油滤网

免因杂质沉积过多而影响滤清效果，应定期清洁机油滤清器。操作方法是：

(1) 首先将曲轴箱中的机油排掉。

(2) 取下右曲轴箱盖和机油滤清器转子盖。

(3) 用不起毛的布将滤清器转子里面的杂质擦干净，如图 1-32 所示。

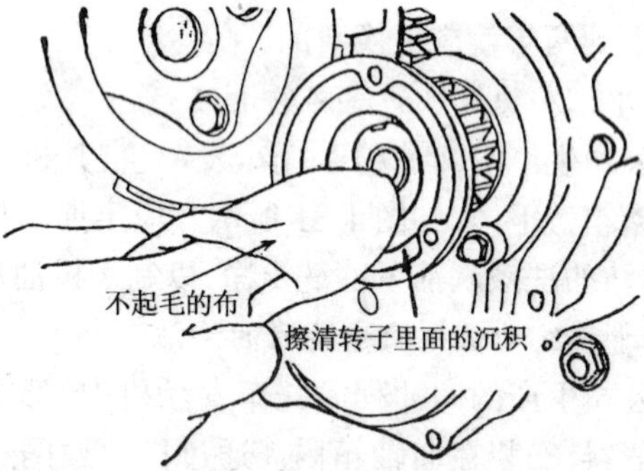

图 1-32　清洁机油滤清器

(4) 装上机油滤清器转子盖和曲轴箱盖。

拆装曲轴箱盖时,不要损坏垫片。一旦损坏,就需更换新垫,以防漏油。

8. 驱动链的保养与调整

驱动链应定期检查,检查的项目有:链条的松紧程度;链条的清洁程度;链条的磨损程度。检查方法如下:

(1) 拆下装在驱动链盖(又称大链盒)上的驱动链检查盖(一般用橡胶制成),将链条上下移动,察看其松紧度是否在10～20mm 范围内。若太松或太紧,则需要调整。

(2) 在检查链条松紧程度的同时,注意观察链条的清洁程度。若太脏或有锈斑,应清洗,并加油润滑。

(3) 把后轮支起,将驱动链盖拆下,拉出后轴上的开口销,松开轴两端的螺母和链条调节器(调节螺钉)上的锁紧螺母,慢慢拧动链条调节器,使链条张紧伸直(有的是用调整螺母来调节)。如图 1-33 所示,在链条上数出 21 个销子,用卡尺测量 21 个销子之间的距离,这段距离应当是 254mm。当这段被测距离超过 259mm 时,说明链条磨损已相当严重,应当更换链条。

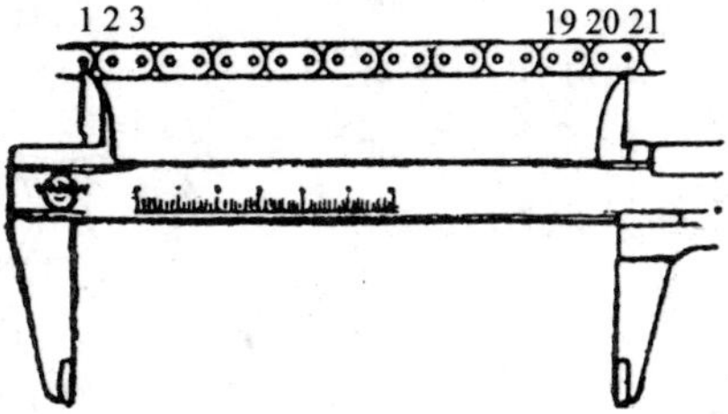

图 1-33　检测链条磨损程度

(4) 目测链条工作是否正常。将后轮支起离开地面,挂空档,用手慢慢转动后轮,注意观察:销子是否松旷;滚子有无损伤;链节是否锈蚀;链节有无扭曲或卡住现象;有无过度磨损。只要有其中之一种非正常现象,都应当予以更换。

如果发现链条太脏,则应将链条连接处的弹簧片(又称固定夹子)取下,再将接头片和接头轴取下,将链条取下来用无燃性或高燃点溶剂将链条洗干净(见图 1-34),用干净布擦干,涂上一层润滑油,再将链条装上。请注意,安装弹簧片时,一定要把方向装对,如图 1-35 所示。

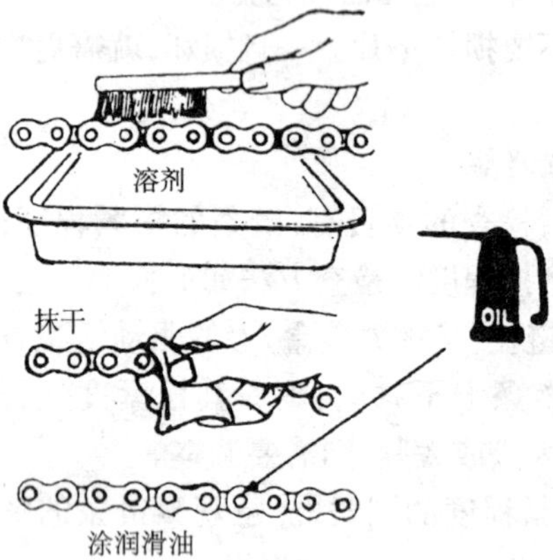

图 1-34　清洗链条

最好使用喷雾型链条润滑剂,以保证链条各部分能均匀、充分地润滑。

安装上链条以后,要重新调整链条的松紧,使其处于正常状态。

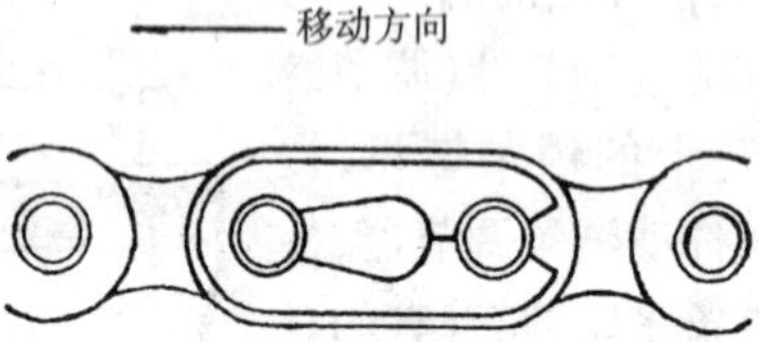

图 1-35　正确安装弹簧片

9. 链轮的检查

应检查链轮是否损坏、严重磨损或有其他缺陷。如图 1-36 所示,链轮处于图中右上角的磨损状况时还可以使用;链轮磨损到图中左上角的损坏状况时,便不能继续使用了。

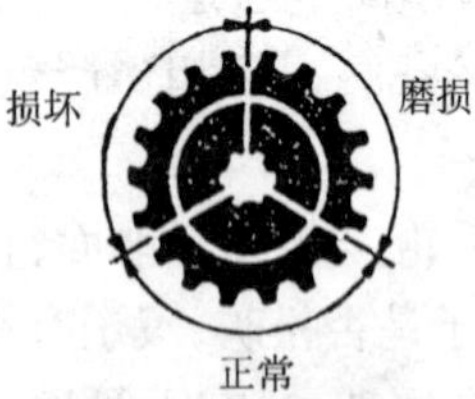

图 1-36　链轮磨损情况

请注意,凡链轮有磨损,不要换上

新链条;链条有磨损或拉长时,也不要换上新链轮。否则,新的链条或链轮会很快磨损。

10. 轮胎的检查

轮胎的检查主要是轮胎气压与磨损情况的检查。

检查轮胎气压的方法有两种:一是用轮胎压力表,如图1-37所示;二是靠目测,参见图1-1。轮胎内气压太高,骑行时既容易打滑,又容易“放炮”;轮胎内气压太低,骑行时容易损坏内胎。

图1-37　用气压表检查轮胎气压

轮胎磨损情况的检查,是用眼观察轮胎花纹是否磨平或用量具测量花纹的沟深。一般前轮胎的花纹沟深不能小于1.6mm,后轮胎的花纹沟深不能小于2.0mm。

11. 点火系统的检查与调整

(1) 断电器触点的检查:断电器触点应保持清洁,无烧蚀和磨损。图1-38所示的“○”表示触点正常,“×”表示不正常。触点烧蚀或磨损后,轻者可用细砂纸(一般用金相砂纸)打磨,恢复其正常形状,重者则需更换。

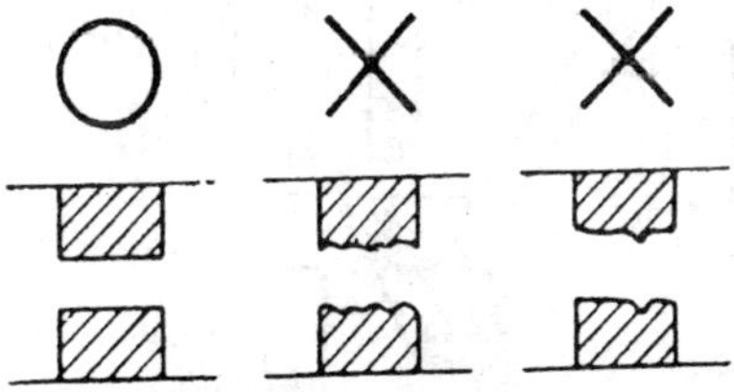

图1-38　断电器触点的检查

断电器触点的间隙一般为0.3～0.4mm。检查方法如图

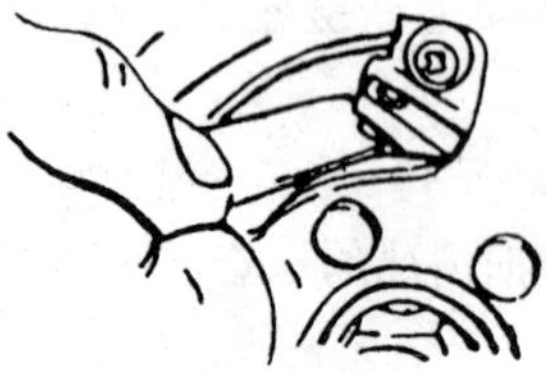

图 1-39　断电器触点的检查

1-39 所示，转动曲轴，当触点间隙张开到最大时用塞尺测量。如间隙不符合规定，则应拧松断电器定触点固定螺钉进行调整。

(2) 点火时间的检查与调整：点火时间的检查方法有三种。

① 通过检查点火提前量来检查点火是否正时。即当断电器触点分开的瞬间，检查活塞在气缸内所处的位置距上止点的距离是否符合规定。

② 用定时蜂鸣器检查点火时间。如图 1-40 所示，①为定时蜂鸣器，②为接地。将火花塞取下，按图中所示连接蜂鸣器，然后逆时针方向转动飞轮，直至飞轮上定时标记①与飞轮里边的定时板②对准为止(见图 1-41)。如果点火正时，当①与②对准时，蜂鸣器就会发出蜂鸣声；如果①与②对准时，蜂鸣器不出声，则需调整断电器触点间隙或定子盘位置。由于

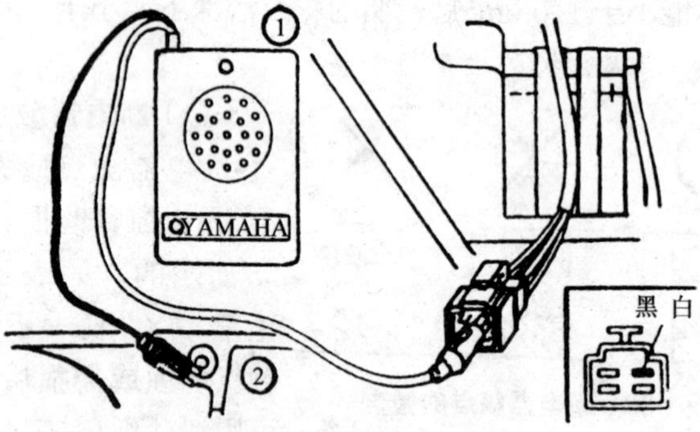

图 1-40　检查点火时间

是以蜂鸣器发出的声音来判断点火是否正时，故这种方法较简单方便。

③ 用调试灯检查点火时间。调试灯是一个普通的小灯泡，例如手电筒用的灯泡。灯泡的一极接在电池正极，另一极接在接线插座上(见图 1-42)，电池的负极接地。逆时针转动飞轮，使飞轮上的"F"记号与箱体上的刻线对准。此时调试灯亮，说明点火正时；若调试灯不亮，说明点火不正时，应调整。

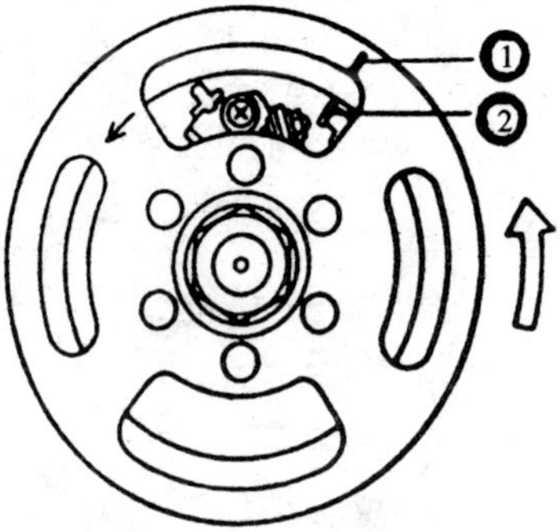

图 1-41 飞轮上定时标记与定时板对准

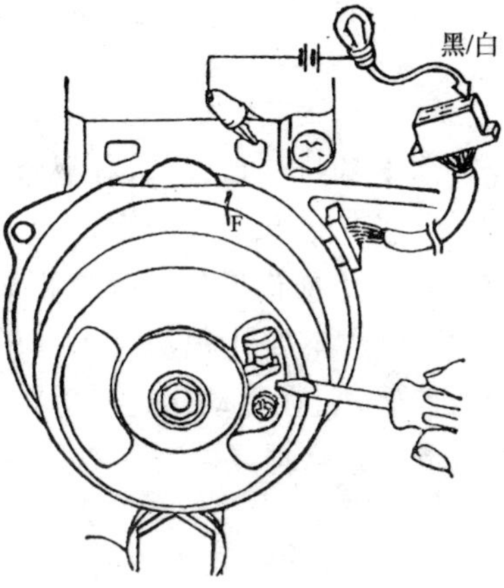

图 1-42 用试灯检查点火时间

调整时，需拧松断电器定触点固定螺钉或定子盘固定螺钉，通过调整触点间隙或改变定子盘位置，使"F"记号对准箱体上的刻线，调试灯亮。调整好以后，要重新检查触点间隙。

12. 四冲程发动机气门间隙的检查与调整

气门间隙系指气门摇臂与气门挺杆的最大间隙。以 CG125 发动机为例，在检查气门间隙时，将磁电机飞轮上的记号"T"与箱体上的刻线对正(见图 1-43)，此时活塞正处于

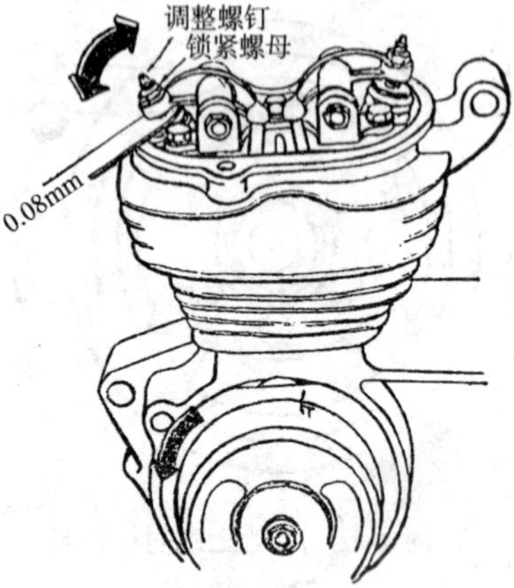

图 1-43　气门间隙的检查与调整

上止点位置，用塞尺检查气门间隙应为 0.08mm。如果不是，可以松开锁紧螺母，转动调整螺钉进行调整，使 0.08mm 的塞尺能通过间隙，同时又感到有些阻力时，间隙就合适了。再拧紧锁紧螺母，转动曲轴，按上述方法检查气门间隙，直到间隙合适且稳定为止。为转动曲轴时省力，可暂时将火花塞取下，调整好以后再装上。

13. 清除积炭

清除积炭的部位有：气缸体上的排气口、气缸盖燃烧室、活塞顶、活塞环槽、排气管内壁、消声器等。

清除积炭要用钝器轻轻刮，以免损伤零件表面。积炭刮除后，要用洗涤汽油清洗。请注意，不要让积炭掉入曲轴箱里。因为积炭颗粒很硬，掉入曲轴箱，在发动机运转时，会随着扫气流进入气缸，造成气缸壁严重磨损或拉缸。

第二章　本田 NH90M 型摩托车

NH90M 型摩托车、LEAD90 型摩托车和 LEAD50 型摩托车都是由日本本田公司生产的踏板式摩托车。它们属同一系列车型，采用单缸、风冷、二冲程发动机和自动变速器，车体较长，座椅宽大，造型美观大方，是受人喜爱的车型。尤其是 NH90M 和 LEAD90 型摩托车的结构、排量、功率等主要技术参数都基本相同，因此，本书这两种车型的内容可以参照阅读，互相补充。

第一节　NH90M 型摩托车的总体构造和主要技术参数

一、总体构造

NH90M 型摩托车由发动机、供油系统、点火系统、传动系统、行走系统、制动系统和操纵系统等部分组成。整车外形如图 2-1 所示。

1. 外形尺寸和净质量

总长度：1750mm　　轴距：1235mm

总宽度：715mm　　座垫高度：745mm

总高度：1060mm　　搁脚高度：386mm

离地间隙：110mm　　净质量：84kg

2. 行走系统

图 2-1　NH90M 型摩托车

类型:踏板组合摇臂式

前悬挂系:自由行程,底端铰链 66mm

后悬挂系:自由行程,电动组合振板 82mm

轮胎规格(前后):100/90—1056J

前轮胎气压:150kPa

后轮胎气压:仅驾驶者时 175kPa

驾驶员加乘员时 225kPa

前制动器:在倾斜的地方液压盘 247.1cm^2

后制动器:在倾斜的地方机械导向从动盘 86.3cm^2

燃油容量:7.2L

后倾角:28°00′

车尾:80mm

3. 发动机部分

发动机型式:单缸、风冷、二冲程

气缸配置:倾斜 15°的单气缸

缸径×行程:48.0mm×49.6mm
排量:89ml
压缩比:6.2∶1
发动机机油容量:1.2L
减速箱机油量:0.12L
润滑系统:分离润滑
空气过滤系统:氨基甲酸乙酯泡沫塑料
气缸压力:1000kPa
进气方式:簧片阀控制
排气口打开时:83°BBDC(下止点之前)
排气口关闭时:82°ABDC(下止点之后)
扫气口打开时:58°BBDC(下止点之前)
扫气口关闭时:58°ABDC(下止点之后)
机油泵类型:柱塞泵

4. 化油器

类型:柱塞式
主喷嘴:#90
”怠速喷嘴:#38
空气调节螺钉初始开度:1.5/8 旋出
浮子高度:8.0mm
怠速:1800r/min

5. 传动系统

离合器:干式自动离心式
变速器:无级变速器
齿轮传动比:2.3/0.8
终级减速比:9.428

6. 电气系统

点火系统:CDI

点火正时:上止点前 17°(1800r/min)

磁电机类型:交流发电机

磁电机输出功率:0.077kW(5000r/min)

火花塞间隙:0.6~0.7mm

前照灯(近光/远光):12V 35W/35W

尾灯/制动灯:12V 5W/10W×2

转向灯:12V 10W×4

仪表灯:12V 1.7W×2

转向指示灯:12V 3.4W×2

二、扭矩标准

1. 标准紧固件扭矩值(见表 2-1)

表 2-1 标准紧固件扭矩值

紧固件类型	扭矩(N·m)	固定件类型	扭矩(N·m)
5mm 六角螺栓和螺母	5	5mm 螺丝	4
6mm 六角螺栓和螺母	10	6mm 螺丝	9
8mm 六角螺栓和螺母	22	6mm 突缘螺栓(10mm 头部)	12
10mm 六角螺栓和螺母	35	10mm 突缘螺栓(10mm 头部)及螺母	27
12mm 六角螺栓和螺母	55	12mm 突缘螺栓及螺母	40

2. 发动机关键紧固件扭矩值(见表 2-2)

表 2-2 发动机关键紧固件扭矩值

项目	数量	螺纹直径(mm)	扭矩(N·m)
气缸盖			
气缸盖螺栓	4	6	10
火花塞	1	14	14

续表 2-2

项　　目	数 量	螺纹直径(mm)	扭矩(N·m)
主动轮/离合器/从动轮			
主动盘螺母	1	10	37
主动盘特殊螺母	1	28	55
离合器外侧螺母	1	10	40
终级减速器			
变速箱油位检测螺栓	1	10	13
变速箱盖特殊螺栓	8	10	14
左曲轴箱盖特殊螺栓	7	6	13
左曲轴箱盖螺栓	1	6	12
磁电机/启动离合器			
飞轮安装螺母	1	10	40
冷却风扇安装螺栓	2	6	8
燃油系统			
化油器安装螺栓	2	6	10

3. 车架部分关键紧固件扭矩值(见表 2-3)

表 2-3　车架关键紧固件扭矩值

项　　目	数 量	螺纹直径(mm)	扭矩(N·m)
发动机安装			
发动机吊架螺母(车架侧面)	1	10	73
发动机安装螺栓	1	10	40
前轮/悬挂系/转向机构			
转向立柱锁紧螺母	1	25.4	70
转向立柱调整螺母	1	25.4	
方向把安装螺栓	1	10	40

续表 2-3

项　　目	数 量	螺纹直径(mm)	扭矩(N·m)
前轴螺母	1	12	60
前减震器安装螺母(上)	2	8	27
前减震器安装螺钉(下)	2	8	1
前减震器安装螺母(下)	2	8	18
前减震器降压孔锁紧螺母	2	8	20
枢轴臂螺母	2	10	45
前制动圆盘螺栓	3	8	40
后轮/悬挂系/制动器			
后轴螺母	1	16	120
减震器安装螺母(上)	1	10	40
减震器安装螺母(下)	1	8	27
后制动臂螺栓	1	6	6
后制动踏杆固定销	2	8	18
后减震降压孔锁紧螺母	1	8	20
液压制动			
制动器输油软管螺栓	2	10	35
排气阀	1	8	6
扭矩铰链螺栓(制动钳侧面)	1	8	30
扭矩铰链衬套(前叉侧面)	1	10	40
制动钳带销螺栓	1	8	13
制动钳导向销	1	8	23
制动钳悬挂销	1	8	18
制动钳销塞	1	8	2.5
主油缸盖螺钉	2	4	1.5
其他			
消声器固定螺栓	2	8	33
机油泵钢索限位螺栓	2	5	7
6mm 突缘螺栓(8mm 头部)		6	9

三、索缆和电线束的安装与整理

在检查、调整或维修时，免不了要将原车上的索缆或电线束拆开，调整或修理以后，应整理复原并安装好。为了不弄错，要掌握以下要领和要求：

(1) 松散的导线或电缆有碍于安全，在整理固定后，检查一下是否牢固。

(2) 不要将导线塞入焊接缝中或挤压在固定夹端部。

(3) 将电缆和导线分别用带子固定在指定的位置上。将带子束紧并仅仅使其绝缘面与导线相接触。

(4) 装配好的导线不必束得过紧或过松。

(5) 在电缆或导线必须接触的尖锐边、角，应用电工胶带或软绝缘管将其保护起来，并在使用胶带前将电缆或导线彻底擦净。

(6) 当电缆或导线的绝缘物质损坏时，要用具有保护性的胶带将电线立即缠起来。

(7) 合理安装导线，使其免受尖锐的边、角的损伤。避开螺栓或螺丝突出的端部。避开排气管或其他热的部件。

(8) 切记要让绝缘孔圈恰好在它们的槽中。

(9) 固定好的导线请仔细检查，切不可与活动的或滑动的部件互相干扰，切不可有扭曲和绞结的地方。

(10) 沿着手把装配的导线不要太紧、太松，而且在任何驾驶位置都不能与邻近的或周围的部件互相干扰。

(11) 不要弯折或扭曲钢索。损坏了的钢索不能可靠地工作，而且可能会胶住或粘合。

各主要索缆和电线的安装如图 2-2 至图 2-10 所示。

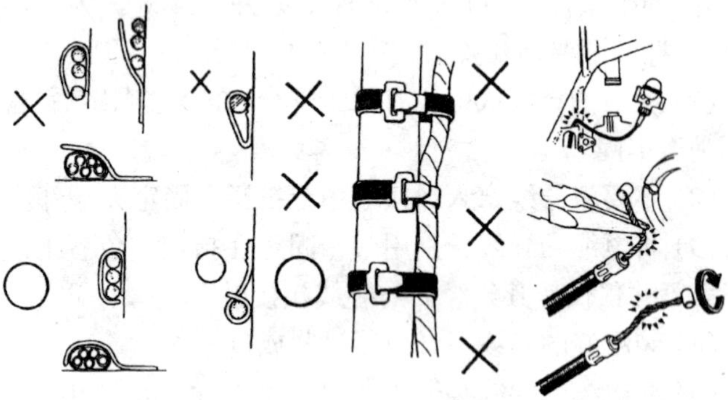

图 2-2　索缆和电线的安装与整理

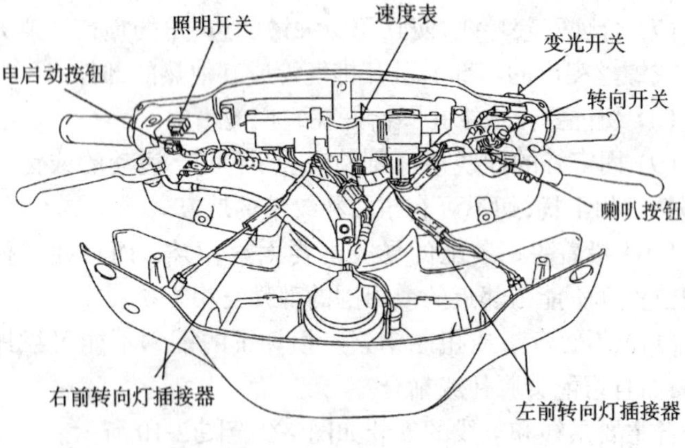

图 2-3　钢索与配线(一)

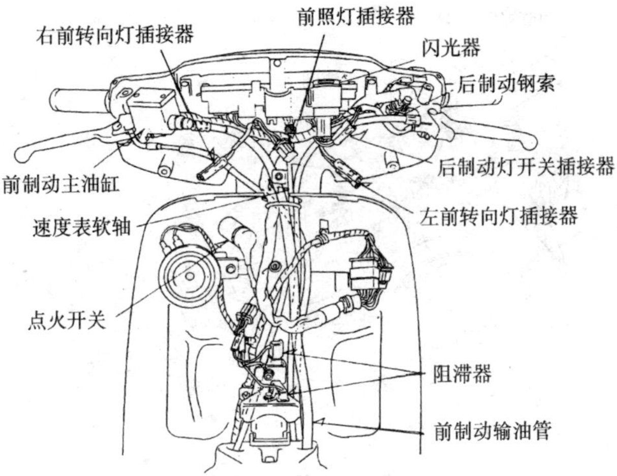

图 2-4　钢索与配线(二)

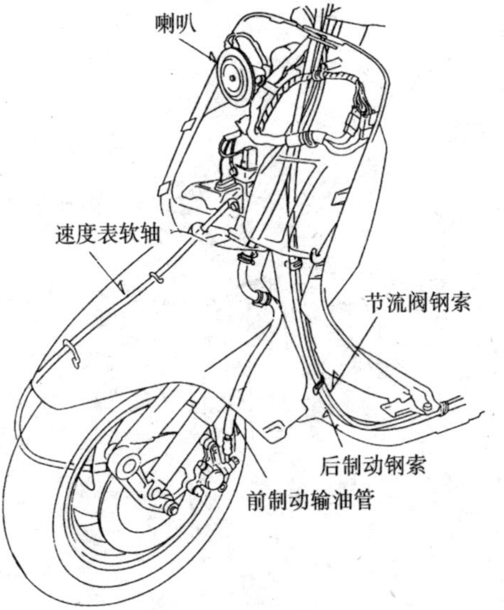

图 2-5　钢索与配线(三)

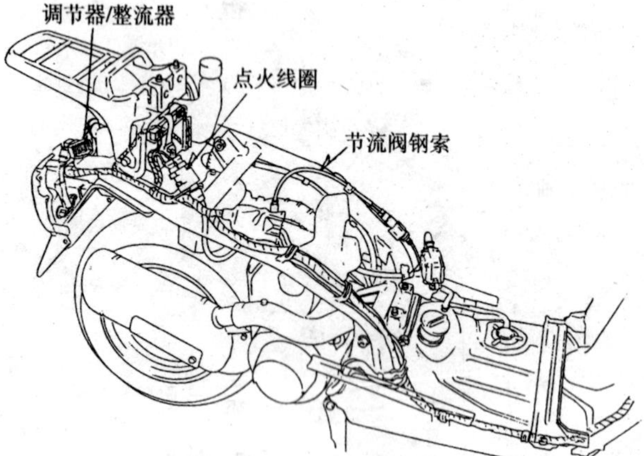

图 2-6　钢索与配线(四)

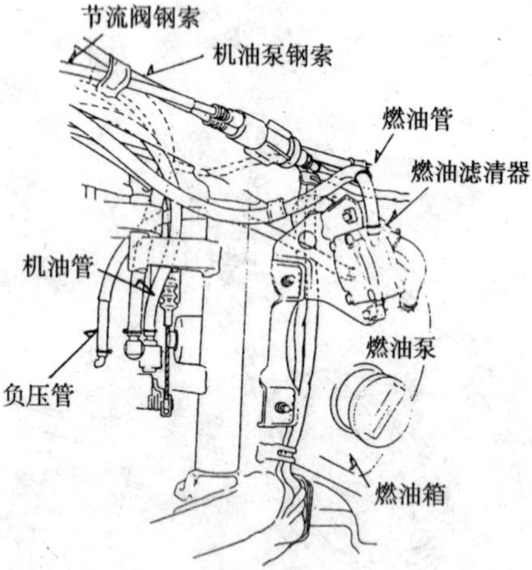

图 2-7　钢索与配线(五)

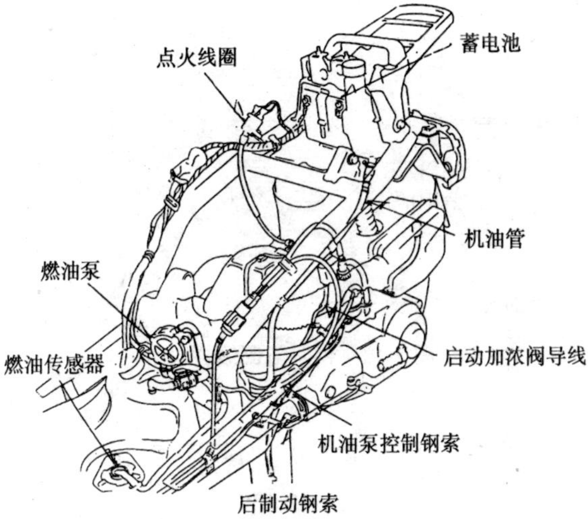

图 2-8　钢索与配线(六)

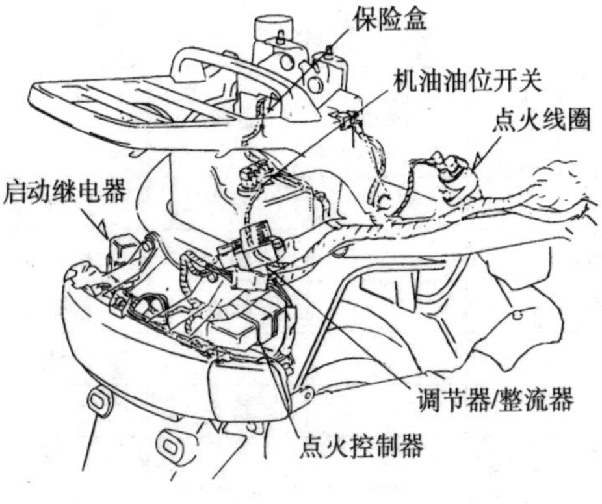

图 2-9　钢索与配线(七)

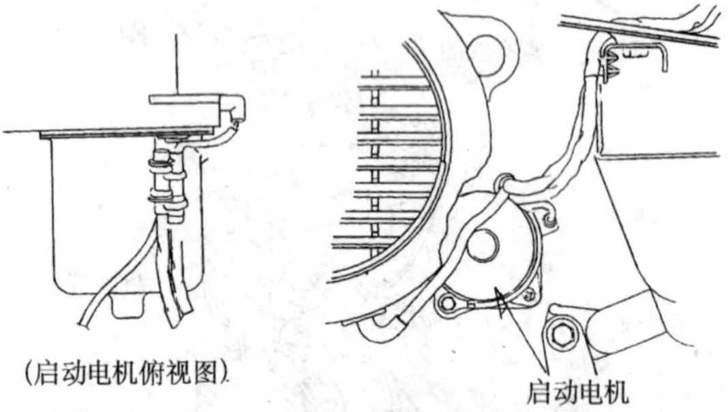

图 2-10　钢索与配线(八)

第二节　NH90M 型摩托车的保养

一、正常行驶状态下的保养里程

在正常行驶状态下,应按照表 2-4 所规定的保养周期进行。

表 2-4　保养里程表　(km)

项目 \ 里程	1000	4000	8000	12000
燃油管		检查	检查	检查
节流阀操纵钢索		检查	检查	检查
机油泵和油管		检查	检查	检查
空气滤清器		清洗	清洗	清洗
火花塞		检查	检查	检查
清除积炭			清洗	
化油器怠速	检查	检查	检查	检查
终级减速油	每 2 年更换一次			

续表 2-4

项目 \ 里程	1000	4000	8000	12000
制 动 油		检查	检查	检查
制动片/蹄块磨损		检查	检查	检查
制动系统	检查	检查	检查	检查
制动灯开关		检查	检查	检查
前 照 灯		检查	检查	检查
离合器蹄块磨损			检查	
侧 支 架		检查	检查	检查
螺母、螺栓、固定器	检查		检查	
车轮/轮胎		检查	检查	检查
车头转向轴承	检查			检查

请注意:表中的“检查”不仅是检查,同时也包括清洗、调整、加润滑油,视具体情况和需要而定。

对于空气滤清器,在潮湿或灰尘多的地区行驶时,应缩短保养周期,以免滤芯过早堵塞,增大进气阻力。

二、关键零部件的检查与保养

1. 燃油管

如图 2-11 所示,首先拆掉中央罩,将燃油管暴露出来。观察油管,如发现油管有裂隙、损坏或者泄漏的地方,应更换。

2. 节流阀操纵钢索

又称油门拉线。主要检查钢索有无腐蚀、损伤或弯折,如有,应更换;还应检查油门转把的自由间隙是否符合 2～6mm 的要求,否则,应进行调整。

3. 机油泵和机油管

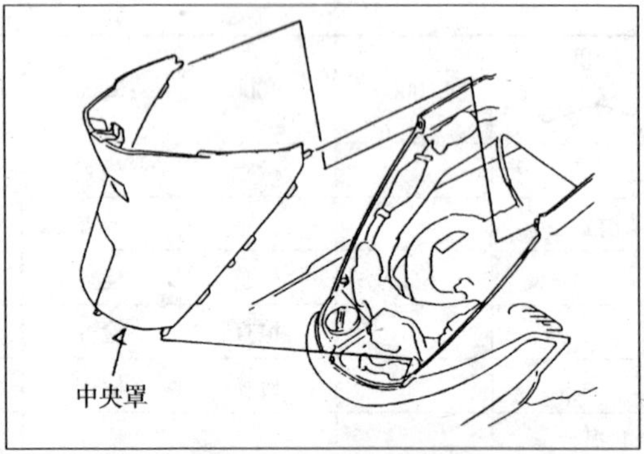

图 2-11　中央罩的拆卸

如前所述，拆掉中央罩以后，将油门转把转到油门全开的位置，保证机油泵控制杆上的标记对准泵体上的标记线（见图 2-12），即使对不准，也只能使标记线处于开启一侧 1mm 范围内，绝对不允许将标记线落在节流阀关闭一侧，否则会因供油太少而造成发动机磨损。如果油泵控制杆上的标记不能达到这一要求，则应通过调节机油泵控制钢索限位器来调整。

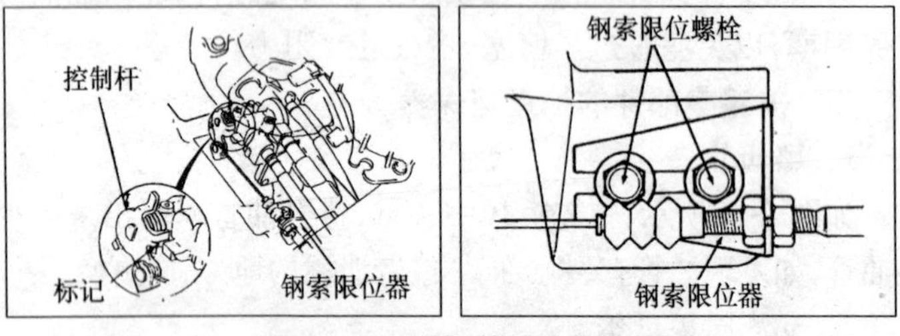

图 2-12　机油泵的检查与调整

然后，启动发动机，由怠速状态缓慢升速，观察是否确保机油泵控制杆操纵有效。

机油泵控制杆打开过大，会导致发动机启动困难；机油泵控制杆打开不足,则会因供油少而导致发动机过热,加速磨损。

4. 空气滤清器

首先按如下步骤拆卸(见图 2-13):

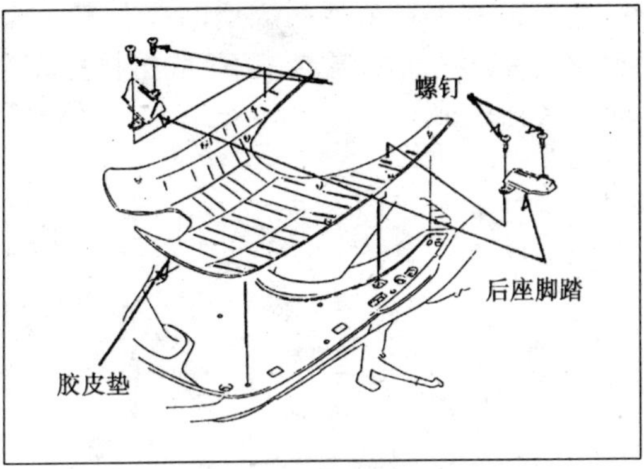

图 2-13　拆下胶皮垫

(1) 拆掉螺钉和后座脚踏。

(2) 拆掉底板胶皮垫。

(3) 卸下如图 2-14 所示的螺钉和调整夹。

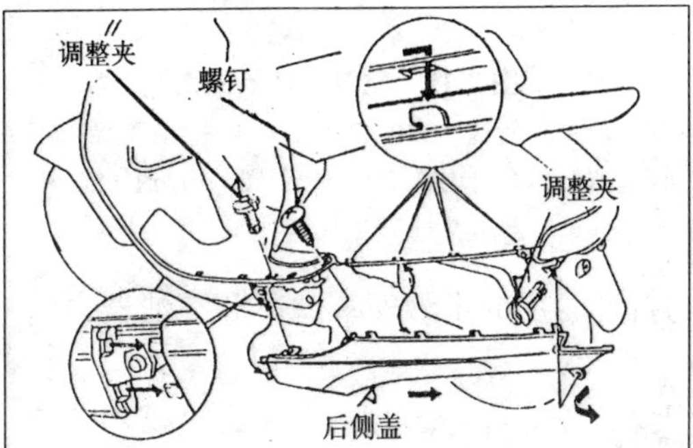

图 2-14　卸下后侧盖

(4) 卸下后侧盖。

(5) 拆下空气滤清器盒盖。

(6) 取出空气滤清器滤芯。

然后，将滤芯在不易燃或高燃点的溶剂中清洗并挤压至干。再放入干净的机油中浸泡一下，取出挤去多余的机油。结构如图 2-15 所示。

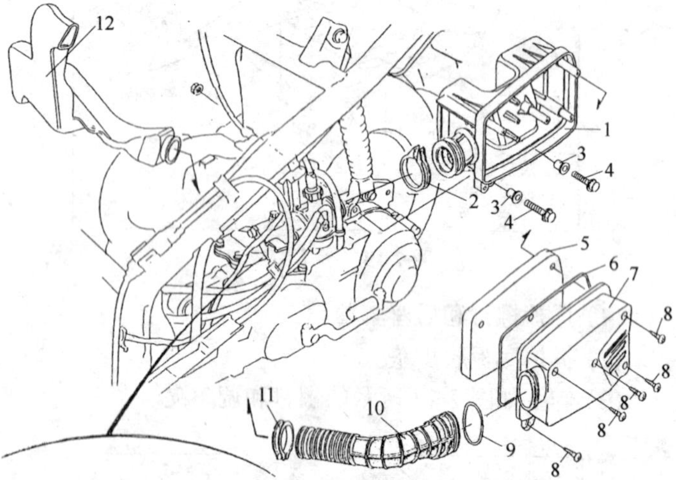

图 2-15　空气滤清器的结构

1. 空气滤清器盖　2. 管箍　3. 衬套　4. 六角法兰面螺栓　5. 滤芯　6. 密封圈　7. 滤清器盖　8. 自攻螺钉　9. 密封圈　10. 通气管　11. 管箍　12. 通气室

按与拆卸相反的步骤安装滤芯和空滤器，并将后侧盖等装好。

5. 火花塞

打开座垫和保护罩。清洗火花塞底座周围的污垢，拆下火花塞帽，旋下火花塞。

用肉眼观察火花塞电极有无损伤,中心电极应该呈方角,侧电极应该是等厚的。如果火花塞有明显破损,或者绝缘体有破裂,应更换。

火花塞间隙应为0.6～0.7mm,可用塞尺测量。间隙过大或过小,对发动机的启动或运转不利,应小心地弯折侧电极进行调整。间隙调好后,放好火花塞垫圈,用手将火花塞拧进去,防止错牙。然后用火花塞扳手拧紧到规定的扭矩:14N·m。

6. 化油器怠速的调整

用调整化油器的方法来调整发动机的怠速必须具备的前提条件是:完成发动机所有的保养项目并达到规定的要求;发动机启动后运转一些时间,达到了热平衡状态。

具体操作步骤是:

(1) 将摩托车支在空气流通的平坦地面上,启动发动机,预热10min左右。

(2) 油门转把处于自由状态。

(3) 用转速表(目前通常用感应式,在没有转速表的情况下凭听觉判断)测量发动机转速,其怠速应为1800±180r/min。

(4) 如果怠速偏高或偏低,则应通过调节怠速调节螺钉来调整:右旋使螺钉进入则转速降低,左旋使螺钉退出则转速升高。怠速调节螺钉的位置如图2-16所示。化油器结构如图2-17所示。

7. 制动油的检查

前制动为盘式制动器,制动力靠制动油来传递,制动油保持适量,方能保证制动有效,因此,检查制动油量是行车安全的重要措施之一。通过位于车把上的油位观察孔检查,如果

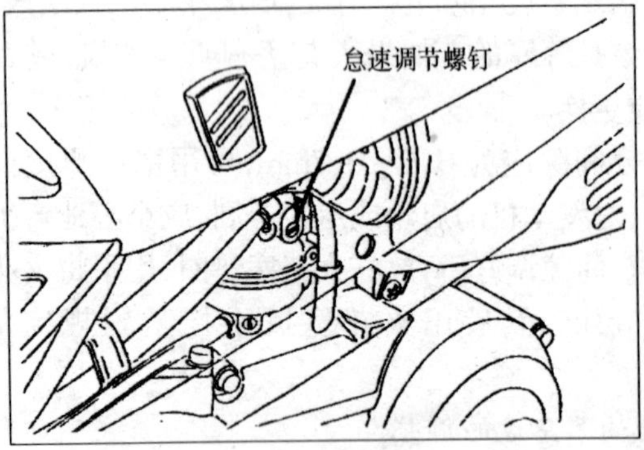

图 2-16　怠速调整

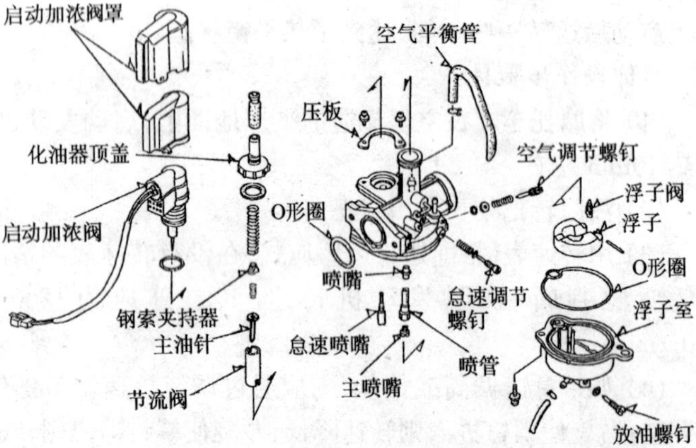

图 2-17　化油器

能看到油平面，说明油量尚在下限之上，但也应当加油了。这时，可拆掉保护盖、主油缸盖、保护罩、隔板和隔膜，将密封容器中装的 DOT3 或 DOT4 油注入到储油箱的上限水平，同时检查该系统是否有漏油现象。制动油位如图 2-18 所示，制动油缸结构如图 2-19 所示。

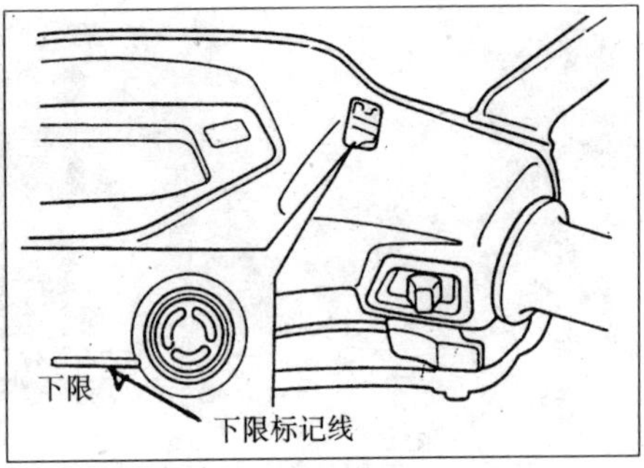

图 2-18　制动油位

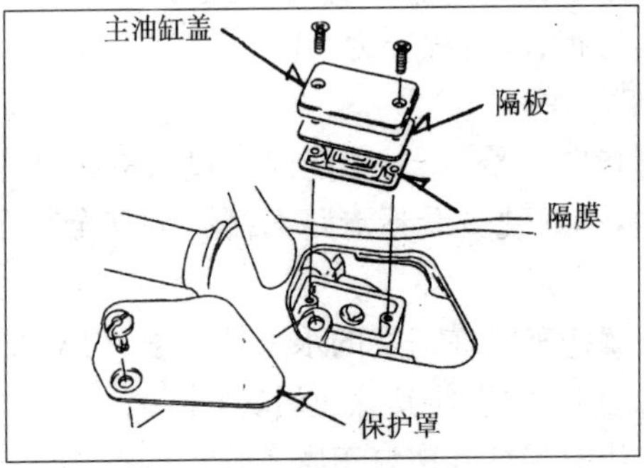

图 2-19　制动油缸

8．制动片和制动蹄块磨损检查

检查前制动片(制动盘)是否有磨损。如果制动片上的磨损线达到了制动盘的边缘,应更换制动片。否则,会因制动失效而影响行车安全。

后制动是鼓式制动结构,当使用制动杆(见图 2-20)而制动臂与制动盘上的"△"标记对齐时,说明制动蹄块的磨损已达到极限,这时应当更换制动蹄块。否则,会因后制动失效而造成行车事故。

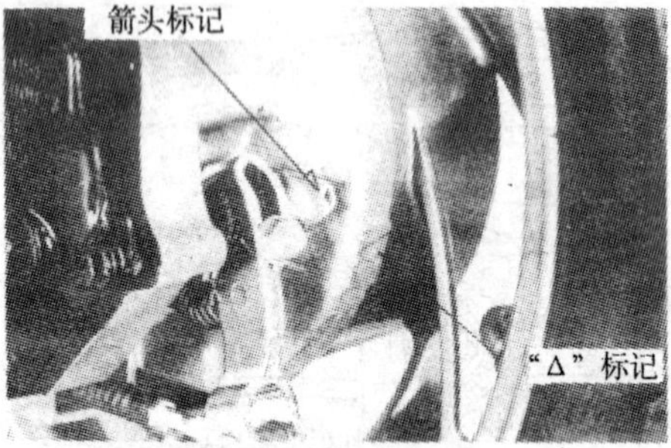

图 2-20　后制动蹄块磨损检查

后制动除了检查制动蹄块磨损量之外，还应检查后制动拉杆的自由行程，该行程应为 10～20mm。

9．前照灯指向

前照灯指向调整不当，会使迎面过来的机动车驾驶员造成眩目，或本车驾驶员看不清路面而影响安全行车。检查方法如下：

(1) 将摩托车放在坚实的水平地面上，用中央支架支起。

(2) 启动发动机，使其怠速运转。

(3) 确认前照灯和尾灯正常工作。

(4) 检查前照灯变光开关是否正常。

(5) 通过水平调整螺钉来调整前照灯光束，使光束向前方照射在 10m 左右的路面上。

10．前后减震功能检查

用力压车把，观察前减震器是否能压得下去，抬得起来，有无卡滞现象；观察前减震器装置有无损伤，螺母、螺栓有无松动，如有松动，应拧紧到规定的扭矩值。

通过向下压几次车架的尾部，检查后减震器的功能。

11. 紧固件的检查

对车架上所有的螺母和螺栓,按保养表(见表 2-4)规定的周期和表 2-3 规定的项目及扭矩值进行检查,并使之符合规定。

12. 轮胎的检查

检查轮胎有无切口、嵌入的钉子或其他损伤。在冷态下检查轮胎气压是否符合要求。

第三节　燃油供给系统

NH90M 摩托车的燃油供给系统包括燃油箱、燃油泵、空气滤清器、化油器等。

燃油供给系统的结构如图 2-21 所示。图中示出了空气滤清器的结构及其安装关系、化油器及簧片阀的安装关系和燃油泵的安装关系。

燃油供给系统的主要参数和规格见本章附录一。

化油器的结构和调整已如前述,空气滤清器的结构和拆卸、保养在第二节也作了介绍,这里重点介绍启动加浓阀和燃油泵。

一、启动加浓阀

启动加浓阀是在摩托车低温启动时,短时间增加供油量而使摩托车易于启动。

启动加浓是电控的,因此检查启动加浓阀工作是否正常,应按以下步骤:

(1) 测量启动加浓阀和插接器接线柱之间的电阻,标准值为 3.2～5.6Ω。如果所测电阻值超出标准值范围,应更换启动加浓阀。

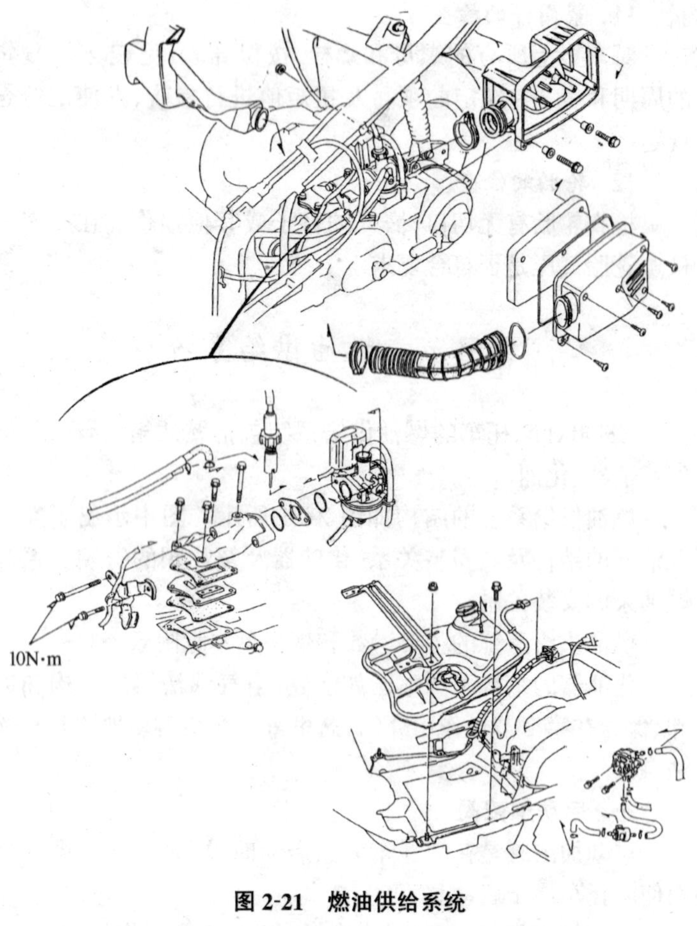

图 2-21 燃油供给系统

(2) 拆掉前护罩，断开启动加浓阀插接器，测量阻滞器两端电阻，标准值应为 6.3～7.1Ω。

(3) 拆掉化油器并冷却 30min，启动加浓阀插接器接线柱不与蓄电池相连(见图 2-22)，将一条乙烯管接燃油加浓回路并向管中吹气，空气应能进入回路中。如果空气不能进入回路中，应更换启动加浓阀。

(4) 将启动加浓阀插接器接线柱连接蓄电池（见图2-23)，将一条乙烯管插入燃油回路并向管中吹气，空气应不能吹入回路中。如果空气进入回路中，则应更换启动加浓阀。

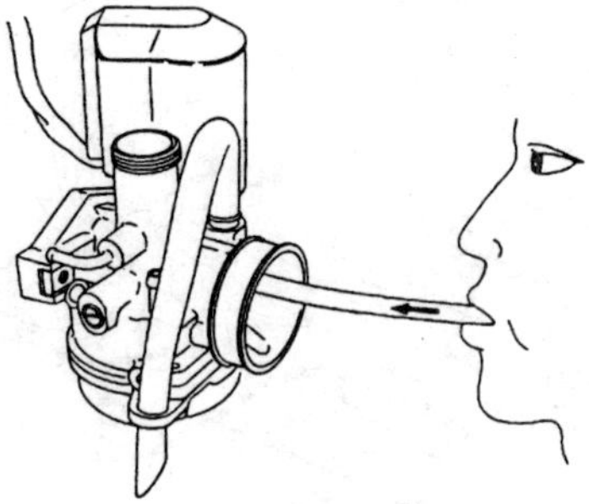

图 2-22 启动加浓阀的检查(一)

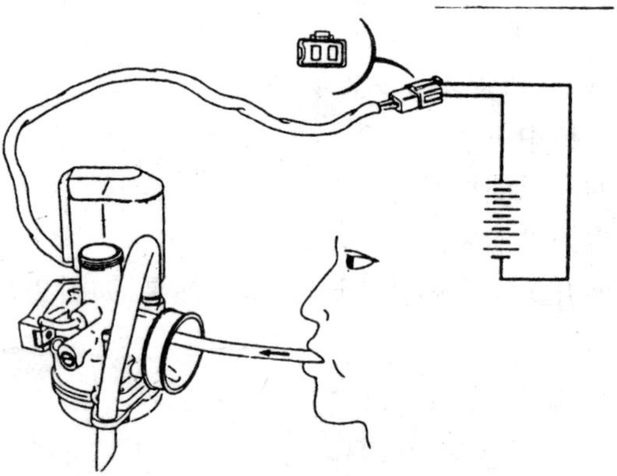

图 2-23 启动加浓阀的检查(二)

二、燃油泵

1. 燃油泵的检查

在检查燃油泵输油之前，先要预热发动机并检查怠速是否在规定的范围之内。

在怠速运转状态下，从化油器上断开燃油管，让燃油从油

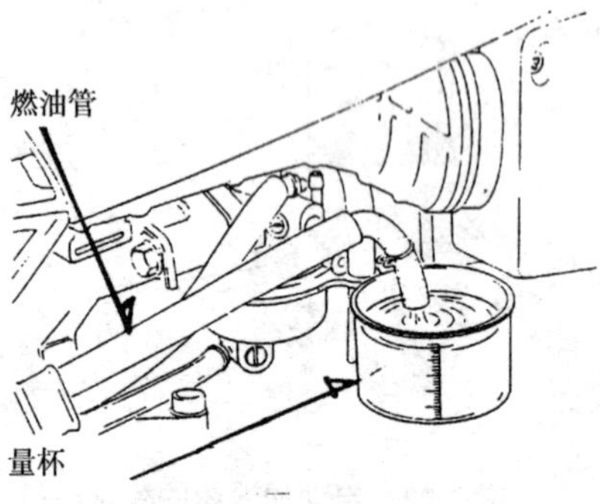

图 2-24　燃油泵的检查

管中流出 5s 以上，然后如图 2-24 所示，让油流入量杯中 10s，停止发动机运转，并接上燃油管。这时量杯中的燃油应当有 38.3ml。

如果燃油泵输油值低于标准值 38.3ml，这时应检查油管、负压管和燃油滤网有无阻塞或损坏。如果经检查这些部件都正常，说明燃油泵有问题，应更换。

2. 燃油泵的拆卸与安装步骤

(1) 拆掉中央罩。

(2) 断开燃油过滤管。

(3) 拆掉燃油泵固定螺栓。

(4) 断开负压管和燃油管，拆下燃油泵，如图 2-25 所示。

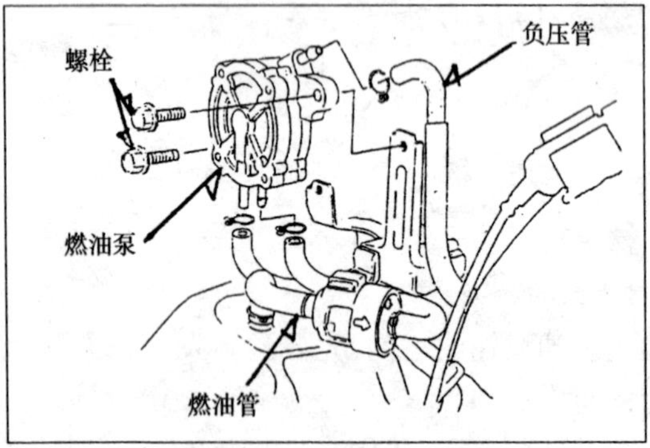

图 2-25　拆卸燃油泵

燃油泵的安装顺序与拆卸顺序相反，安装完后，应将燃油泵和燃油管中的空气排除，以防止气阻。

3. 排除空气的方法

装回燃油泵后，按以下步骤排除燃油泵和燃油管中的空气：

(1) 拆掉左后侧盖。

(2) 从化油器上断开燃油管并通过相应燃油管从其他容器中补充汽油，如图 2-26 所示。

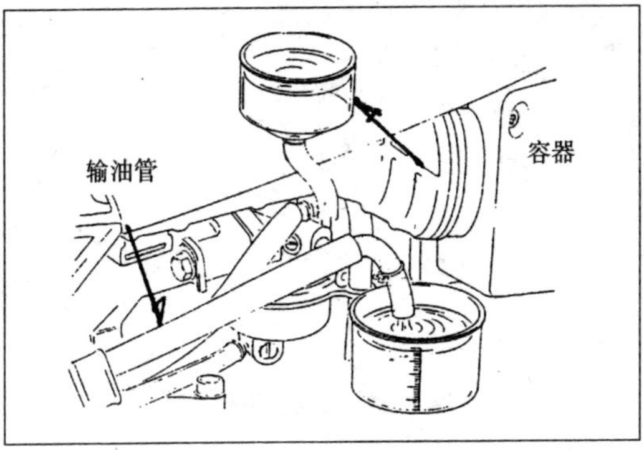

图 2-26　排除空气

(3) 启动发动机并使之怠速运转，带动燃油泵直至燃油从燃油管中流出，同时观察流出的燃油中无气泡为止。

(4) 停止发动机运转，将燃油管接到化油器上。

三、燃油箱的拆卸与安装

1. 燃油箱的拆卸步骤

(1) 断开燃油传感器插接器。

(2) 卸下固定底板的螺栓，把底板取下，同时要塞住燃油管，防止燃油流出。

(3) 如图 2-27 所示，拆下固定燃油箱小螺栓、垫圈，取下燃油箱。

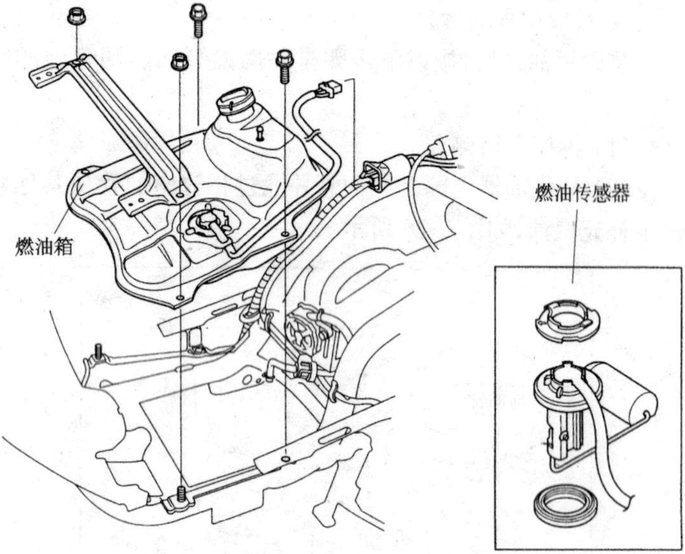

图 2-27　燃油箱的拆卸

(4) 必要时，可顺时针方向旋转燃油系统固定座，然后取下燃油传感器。

2. 燃油箱的安装

基本上按与拆卸相反的步骤进行，但要注意以下几点：

(1) 安装燃油传感器时，先把燃油密封垫放在燃油箱上，将燃油传感器座的槽对齐燃油箱上的定位薄片，再装回燃油传感器。

(2) 安装燃油传感器固定座并顺时针旋转，锁住燃油传感器，确保固定座与燃油箱之间的箭头对齐。

(3) 连接燃油传感器插接器，并注意插接牢靠。

第四节　发动机的拆卸与安装

当进行曲轴的维修时,必须拆卸发动机。

一、发动机的拆卸步骤

(1) 卸下车体护罩和空气滤清器盒。

(2) 断开磁电机、启动电机和启动加浓阀导线插接器。

(3) 松开化油器顶盖并从化油器中取出节流阀。

(4) 摘下火花塞帽。

(5) 拆掉后制动调整螺母、连接销和后制动钢索。

(6) 拆掉中央罩。

(7) 从燃油泵上摘下燃油管。

(8) 从曲轴箱上取下燃油泵负压管。

(9) 拆掉机油泵控制钢索限位器。

(10) 从机油泵控制杆上摘下油泵控制钢索。

(11) 从机油泵上取下机油输入管,并立即塞住油管,防止机油流出。

(12) 拆掉后减震器下端固定螺栓。

(13) 在发动机下边放一个台架或垫块,拆掉发动机固定螺栓和螺母并从车架上拆下来。发动机与车架的连接关系如图 2-28 所示。

二、发动机的安装

发动机的安装按与拆卸相反的步骤进行,注意要按规定的扭矩值拧紧发动机固定托架螺母、发动机固定螺母和后减震器下端固定螺栓。

发动机安装之后应进行下列检查和调整:

(1) 各有关索缆的连接。

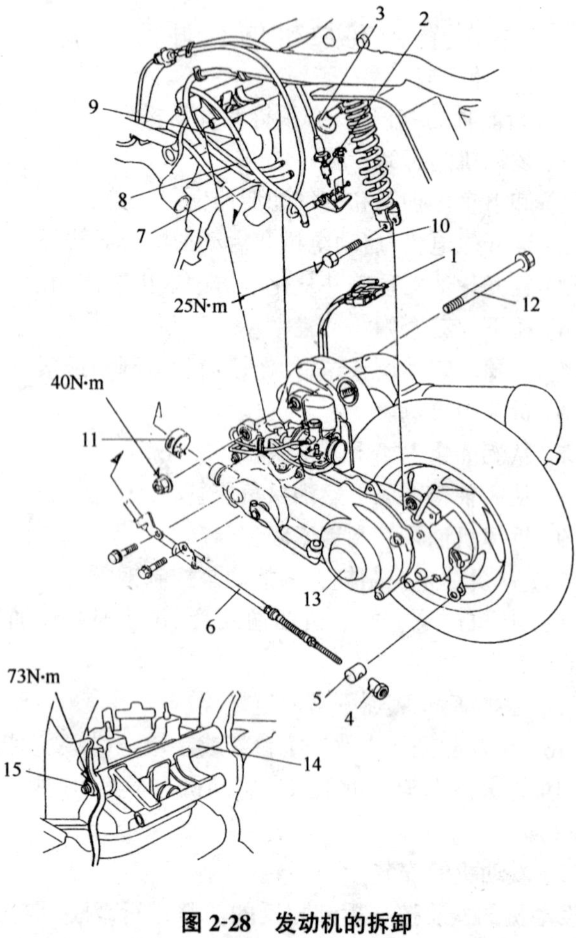

图 2-28　发动机的拆卸

1. 磁电机启动线/启动电机线路　2. 节流阀　3. 火花塞盖　4. 后制动钢索调节螺母　5. 摇臂接头　6. 制动钢索　7. 机油泵和油箱　8. 橡塑管　9. 汽油油管　10. 后减震器螺栓　11、12. 发动机固定螺栓　13. 发动机　14. 发动机吊架　15. 发动机吊架螺母

(2) 化油器的调整。

(3) 后制动钢索的调整。

(4) 排除机油泵中的空气。

第五节　气缸盖、气缸体和活塞

一、注意事项

在对气缸盖、气缸体和活塞进行拆卸、检查和维修保养时,一定要注意以下几点:

(1) 在对气缸盖、气缸体和活塞进行拆卸、检查和维修保养时,完全可以在车架上进行,不必将发动机从车架上卸下。

(2) 在拆卸之前,先要将发动机外表面清洁,防止杂物和灰尘进入气缸和曲轴箱。

(3) 将气缸体和曲轴箱配合表面上的衬垫全部拆除。

(4) 在分解和组装气缸盖、气缸体和活塞时,一定要轻拿轻放,防止磕碰伤配合表面。

(5) 在对零件进行检查前,先清洗、晾干;组装前,要在所有的滑动表面涂上干净的二冲程发动机油。

气缸体、气缸盖和活塞结构分解关系(或装配关系)如图 2-29 所示。

二、气缸盖

1. 拆卸步骤

(1) 卸下行李箱。

(2) 卸下排气消声器。

(3) 摘下火花塞帽。

(4) 取下冷却风扇罩。

(5) 卸下保护罩。

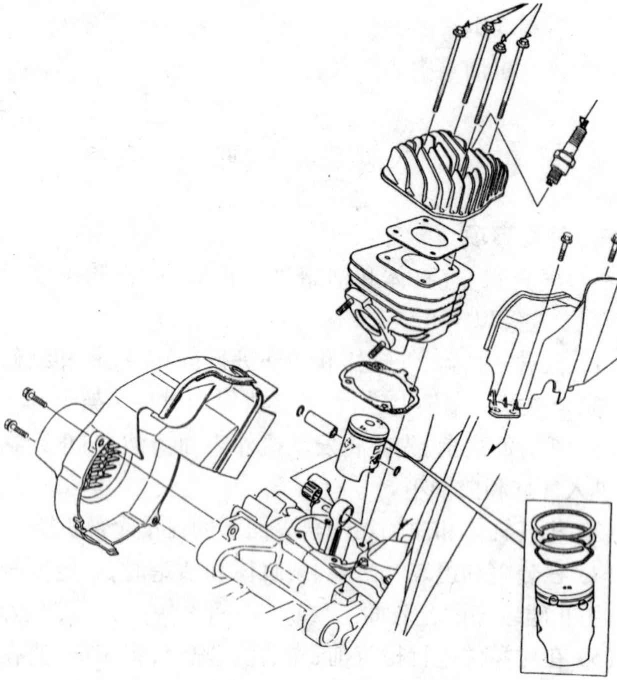

图 2-29　气缸盖、气缸体和活塞的拆卸

(6) 拆下火花塞。

(7) 按对角方式分 2～3 次拧松并最终卸下 4 颗气缸盖固定螺栓，然后取下气缸盖和衬垫。

2．检查

(1) 清除燃烧室和活塞顶部的积炭，注意不要刮伤燃烧室表面和密封面。

(2) 清洁气缸盖衬垫表面。

(3) 用直尺和塞尺检查气缸盖的平面度（见图 2-30），其使用极限不得大于 0.1mm。

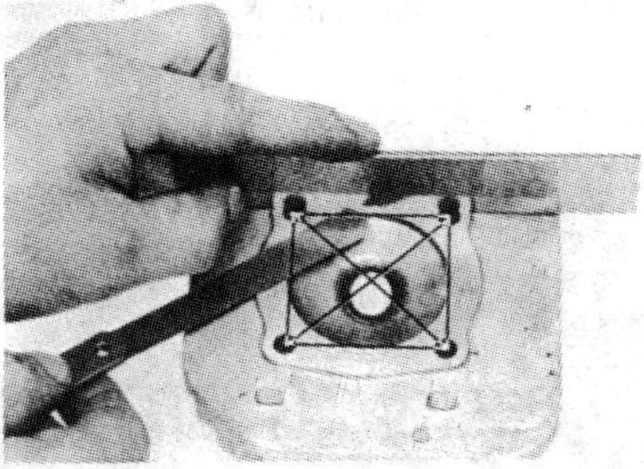

图 2-30　气缸盖的检查

3. 安装

(1) 应更换一个新的气缸盖衬垫,装上气缸盖并采取对角交叉分 2~3 次拧紧 4 颗气缸盖固定螺栓,其扭矩值为10N·m。

(2) 安装并拧紧火花塞,扭矩值为 14N·m。

(3) 安装保护罩。

(4) 安装风扇罩、火花塞帽、排气消声器和行李箱。

三、气缸体和活塞

1. 拆卸步骤

(1) 拆掉车体护罩。

(2) 拆掉气缸盖。

(3) 卸下气缸体。请注意,不要损伤活塞,绝对不能在气缸体与曲轴箱之间插上起子撬或敲击散热片。

(4) 卸下气缸体之后,用一干净的毛巾围在连杆周围堵住曲轴箱上的气缸体安装孔。

(5) 用专用钳子拆掉活塞销卡簧。

(6) 从活塞内压出活塞销。请注意,在压活塞销时不要把作用力加在连杆侧面,不要损伤活塞表面,不要把卡簧掉入曲轴箱。

(7) 轻轻撑开活塞环,在开口对面一侧向上提起,将活塞环从活塞上拆下来。活塞和活塞环的拆卸如图 2-31 和图 2-32所示。

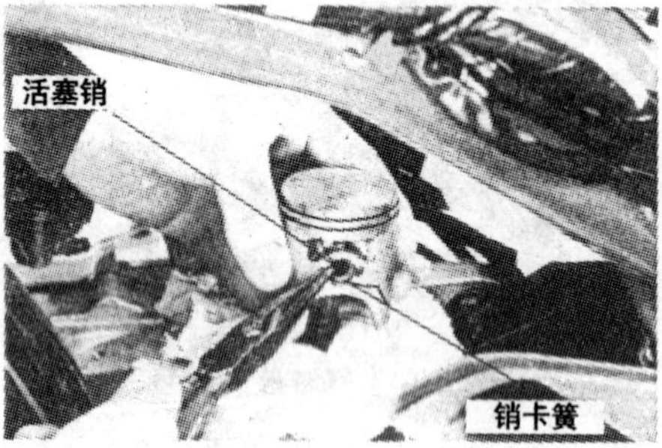

图 2-31　活塞的拆卸

图 2-32　活塞环的拆卸

图 2-33　气缸体测量

2. 检查

(1) 观察气缸体内孔和活塞裙部有无明显的拉伤痕迹。有轻微拉伤,可用金相砂纸打磨修整;有严重拉伤,应更换或镗缸修理,重配活塞。

(2) 气缸体孔的磨损测量。应在纵向三个位置互相垂直的两个方向进行,如图 2-33 所示。气缸体孔的使用极限尺寸为 ϕ48.05mm。

(3) 用直尺和塞尺检查气缸体与曲轴箱配合平面的平面度(检查方法可参见图 2-30),使用极限为 0.10mm。

(4) 在活塞裙部底端向上 5.7mm 处测量活塞裙部直径(见图 2-34),使用极限为 ϕ47.900mm。

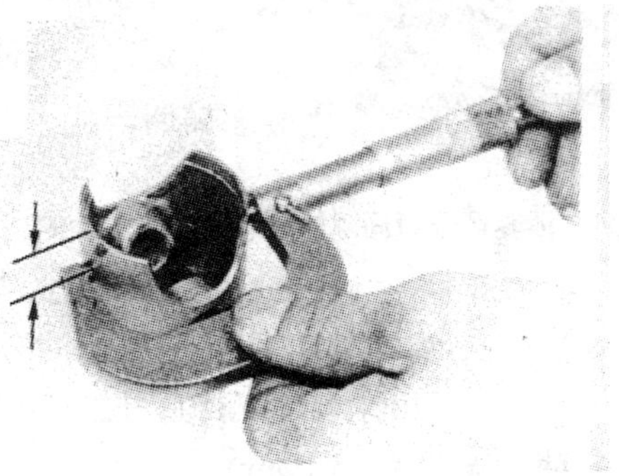

图 2-34　活塞测量

(5) 根据测得的气缸体孔径和活塞裙部直径,计算出配合间隙。该间隙使用极限为 0.10mm。

(6) 如图 2-35 所示,分别测量活塞销孔内径和活塞销外径。活塞销孔内径使用极限为 12.03mm,活塞销外径使用极限为 11.98mm。

图 2-35　活塞销孔与销的检查

(7) 根据所测得的活塞销孔内径实际尺寸和活塞销外径实际尺寸计算两者的配合间隙。该间隙使用极限为 0.03mm。

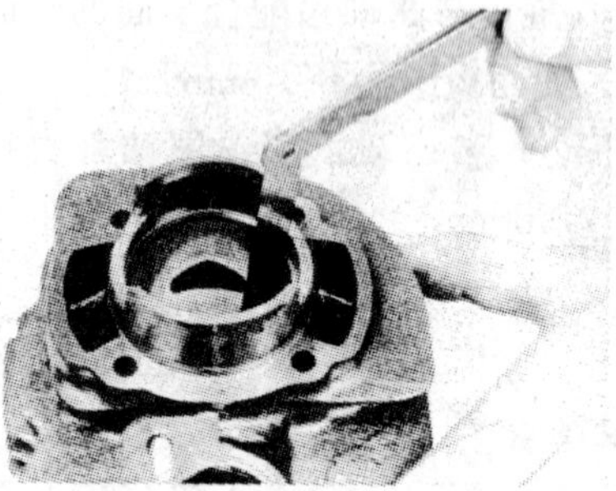

图 2-36　活塞环开口间隙的测量

(8) 在气缸体内孔尺寸合格的情况下,用活塞将活塞环推入气缸内距底部 30mm 处(见图 2-36),用塞尺测量活塞环的开口间隙。其使用极限分别为:

顶环　0.60mm;

第二环　0.40mm。

(9) 将连杆小头轴承和活塞销装入连杆小头,手感检查其配合间隙,以手感不松旷为准,如图 2-37 所示。测量连杆小头内径,使用极限为 17.03mm。

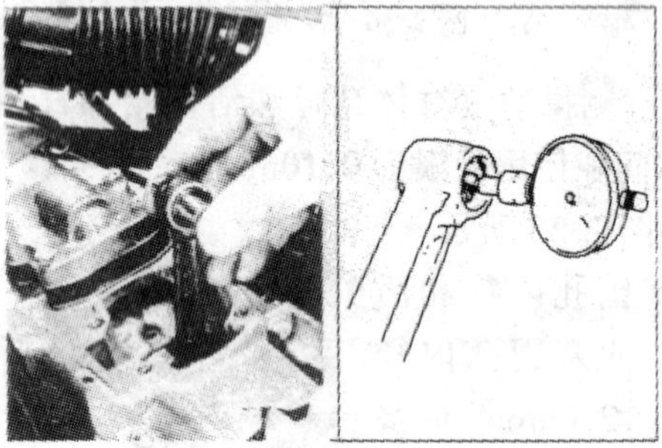

图 2-37　连杆小头的检查

3. 安装

(1) 将活塞上的活塞环槽内的积炭及污物清除干净,在活塞上部外表面及活塞环上涂些二冲程机油。如图 2-38 所示,将活塞环有标记的一面朝上,装在活塞上,并如图 2-39 所示,活塞环开口要对准环槽中的定位销。

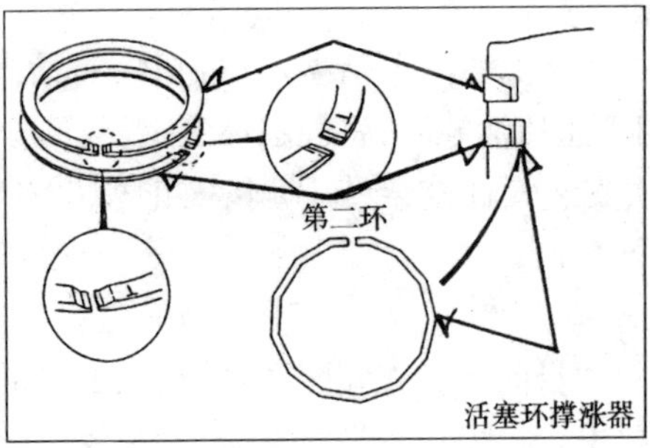

图 2-38 活塞环标记

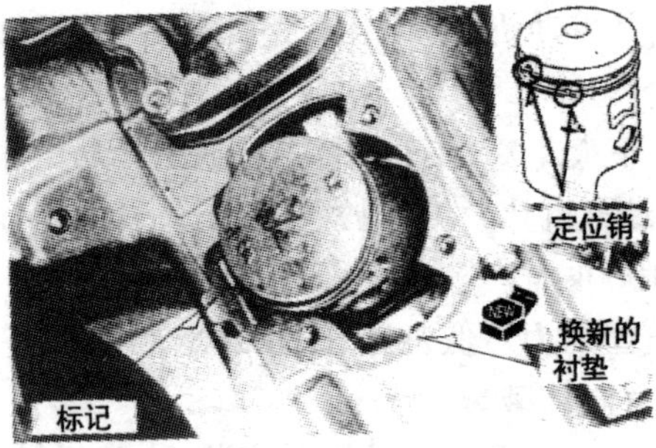

图 2-39 定位销与衬垫

(2) 拆除气缸体与曲轴箱配合表面上的衬垫,擦拭干净。

(3) 将干净毛巾围在活塞周围,塞好曲轴箱孔,防止安装时掉进零件。

(4) 将干净的二冲程机油涂在滚针轴承和活塞销上,然后将滚针轴承装入连杆小头孔内,装回活塞并使活塞顶上的"EX"标记朝向排气口。

(5) 装入活塞销并安装一个新的活塞销卡簧(又称挡圈)。

(6) 取下毛巾,安装新的气缸体衬垫,将有标记的面朝上

(见图 2-39)。

(7) 用二冲程机油润滑活塞和气缸体,将活塞环开口对准定位销,用手压住活塞环,将气缸体装上。

(8) 依次安装气缸盖、冷却风扇、火花塞帽、排气消声器、车体护罩和行李箱。

4. 压力试验

压力试验的目的是检查安装后,发动机工作是否正常,装配是否合乎要求。

试验方法如下:

(1) 启动发动机,预热 10~15min 后停止运转,使其冷却下来。

(2) 卸下火花塞,在火花塞孔上放一个压力表,节流阀全开,运转启动电机几分钟,观察气缸压力表的读数,气缸压力应不低于 1000kPa。

如果气缸压力过低,可能的原因是:气缸盖衬垫漏气;活塞环破裂;气缸体破裂。

只要按上述步骤认真检查和安装,在热运转时无异常响声和卡滞现象,气缸压力就能达到规定的压力值。

第六节　脚踏启动装置和驱动机构

本节所介绍的相关零件外形如图 2-40 所示。

一、相关故障

1. 发动机启动后摩托车不能起步

(1) 传动皮带磨损。

(2) 离合器衬套磨损或损坏。

(3) 从动盘弹簧折断。

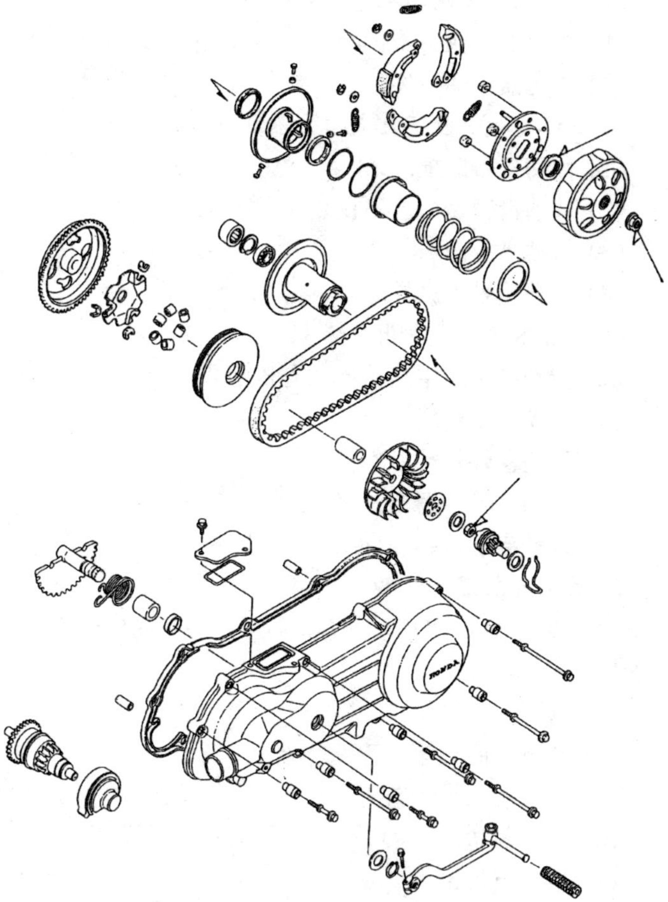

图 2-40　脚踏启动机构与驱动机构

(4) 从动轮轴花键损坏。

(5) 簧片阀故障。

2. 发动机失速或摩托车行驶速度不稳

(1) 离合器蹄块弹簧折断。

(2) 离合器衬套损坏。

3. 高速行驶性能不良或动力不足

(1) 传动皮带磨损。

(2) 从动盘弹簧性能不良。

(3) 从动盘故障。

(4) 从动轮轴承磨损。

4. 离合器异响或发出臭味

(1) 传动皮带或主动轮上沾有机油或润滑脂。

(2) 传动皮带磨损。

(3) 从动盘弹簧性能不良。

(4) 从动轮轴承磨损。

二、脚踏启动机构

1. 左曲轴箱盖的拆卸

为检查、拆卸脚踏启动机构,需先拆卸左曲轴箱盖,拆卸步骤如下:

(1) 卸下空气导管。

(2) 卸下左曲轴箱盖特殊螺栓。

(3) 卸下左曲轴箱盖。

(4) 卸下衬垫。

(5) 取下定位销。

2. 脚踏启动机构的拆卸步骤

(1) 转动启动蹬杆,利用轴向推力卸下启动机构的从动齿轮、摩擦弹簧和垫圈。

(2) 拆卸启动蹬杆。

(3) 从启动轴上卸下弹性挡圈和垫圈。

(4) 从左曲轴箱盖上卸下启动轴和复位弹簧，拆下轴套和套环。启动轴、复位弹簧、轴套外形如图 2-41 所示。启动从动齿轮、摩擦弹簧如图 2-42 所示。套环和轴套的安装位置如图 2-43 所示。

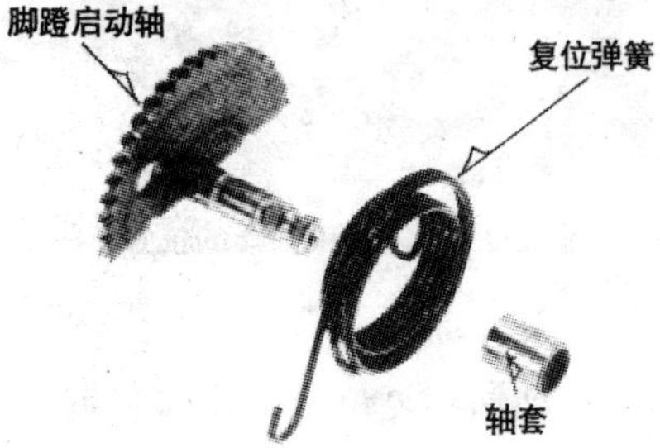

图 2-41 启动轴、复位弹簧和轴套

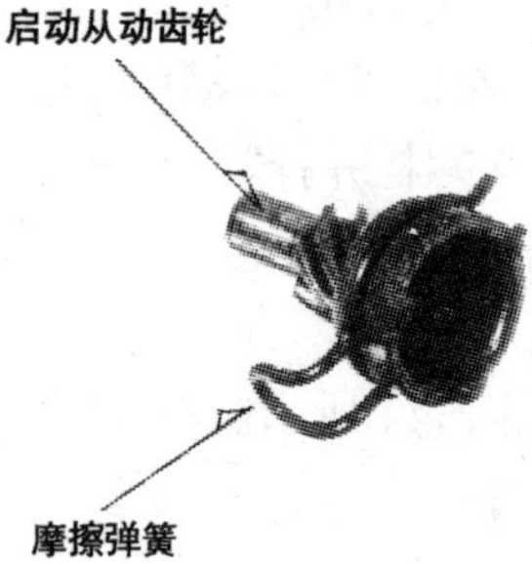

图 2-42 启动从动齿轮、摩擦弹簧

3．脚踏启动机构的检查

主要用目测检查脚踏启动轴和轴套、复位弹簧、启动从动齿轮、摩擦弹簧和垫圈以及套环有无明显的磨损或损坏。

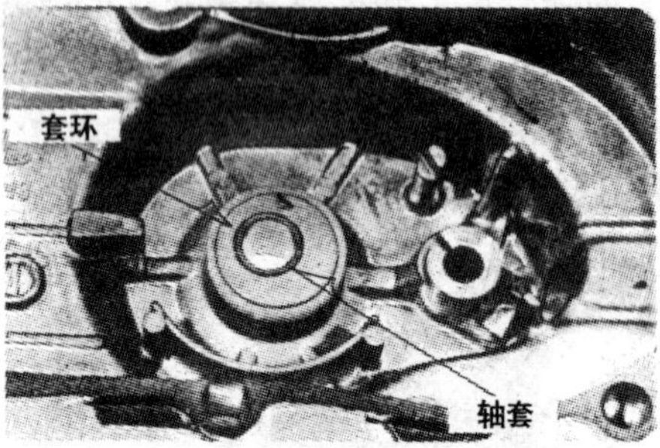

图 2-43　套环和轴套的位置

4．安装

(1) 将轴套、启动轴和复位弹簧装到左曲轴箱盖上。

(2) 安装垫圈和弹性挡圈。

(3) 安装从动齿轮、摩擦弹簧和垫圈。

(4) 安装启动蹬杆并用锁紧螺栓固牢。

(5) 在左曲轴箱上装好定位销。

(6) 将密封垫圈装入左曲轴箱环槽内，然后装上左曲轴箱盖，安装金属夹板和特殊螺栓并拧紧。

(7) 最后装上空气导管。

三、主动轮

主动轮总成构造如图 2-44 所示。在主动皮带轮盘上设有风扇叶片，进行自身冷却。

1．拆卸

(1) 如图 2-45 所示，用万能夹固定主动轮，卸下主动皮带轮盘螺母，然后依次卸下垫圈和启动棘轮，再卸下主动皮带轮盘。

(2) 卸下传动皮带。

(3) 卸下衬套和自动离心式主动盘。

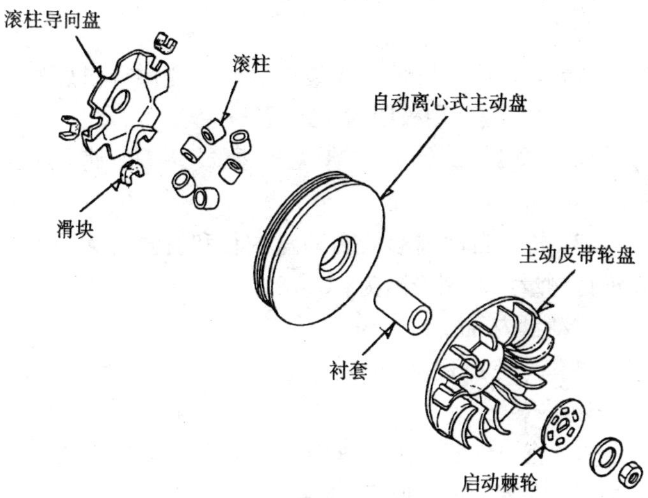

图 2-44　主动轮总成

图 2-45　主动轮拆卸

(4) 拆下滚柱导向盘和滚柱。

2. 检查

(1) 观察传动皮带有无裂痕、破裂、变形或过度磨损；测量皮带宽度，其使用极限为16.5mm。

(2) 检查每个滚柱有无磨损或损坏，使用极限为ϕ15.40mm。

(3) 检查自动离心式主动盘内径和衬套有无损伤，并对其进行测量。使用极限为：

主动盘内径:24.60mm

衬套外径:23.94mm

3. 安装

(1) 将滚柱装入主动盘内。请注意，不要加润滑油脂。

(2) 安装滚柱导向盘。

(3) 将主动盘总成装到曲轴上。

(4) 把传动皮带放到从动轮上。

(5) 压紧传动皮带以加宽从动轮接触面积，然后把传动皮带放到主动轮轴套上。

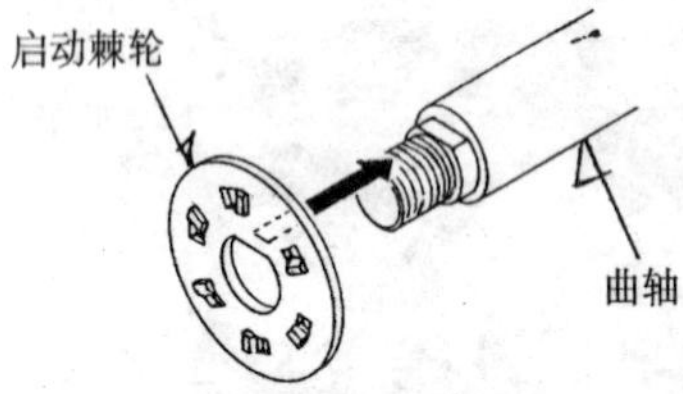

图 2-46　安装启动棘轮

(6) 将主动盘装到曲轴上。

(7) 如图 2-46 所示，安装启动棘轮、垫圈和螺母，要确保棘轮孔平面与曲轴上的平面对准。

(8) 用万能夹固定好主动皮带轮，然后按扭矩值 40N·m 拧紧主动轮螺母。

请注意，不要使传动皮带或轮面沾上机油。

四、离合器与从动轮

1．拆卸离合器

(1) 拆掉左曲轴箱盖。

(2) 如图 2-47 所示，用万能夹固定住离合器罩，然后拆下离合器罩螺母。

图 2-47　拆卸离合器

(3) 拆下离合器罩。

(4) 卸下自动离心式离合器从动盘及离合器，如图 2-48 所示。

图 2-48　拆卸离合器

(5) 在皮带轮总成上装离合器弹簧压缩器，然后压紧压缩器以取出螺母，如图 2-49 所示，用台钳夹住离合器弹簧压缩器，用套筒扳手拆下锁紧螺母。

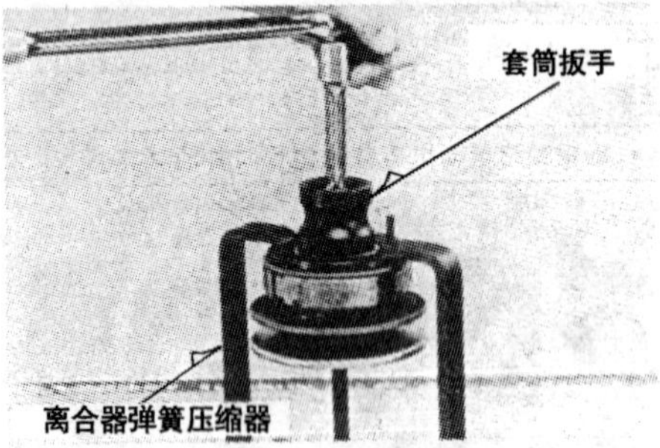

图 2-49　拆卸离合器

(6) 松开离合器弹簧压缩器，从从动轮上拆掉离合器和弹簧，拆掉密封衬套。

(7) 拆卸导向销、导向销滚柱和从动轮盘，并从从动轮盘上拆下 O 形圈和油封。

2. 检查离合器

(1) 测量从动盘弹簧长度。其自由长度使用极限为 137.5mm。

(2) 检查从动轮盘总成有无磨损或损坏，测量主动盘外径，其使用极限为 33.94mm。

(3) 检查轴承的转动情况，如果轴承窜动明显，应更换轴承。

(4) 检查从动盘有无损伤，测量从动盘内径，其使用极限为 34.06mm。

(5) 测量离合器罩内径，其使用极限为 112.50mm。

(6) 如图 2-50 所示，测量每个蹄块的厚度，其使用极限为 2.0mm。

图 2-50　测量蹄块厚度

3. 离合器蹄块的更换与安装

当离合器蹄块过度磨损而必须更换时，按以下程序进行：

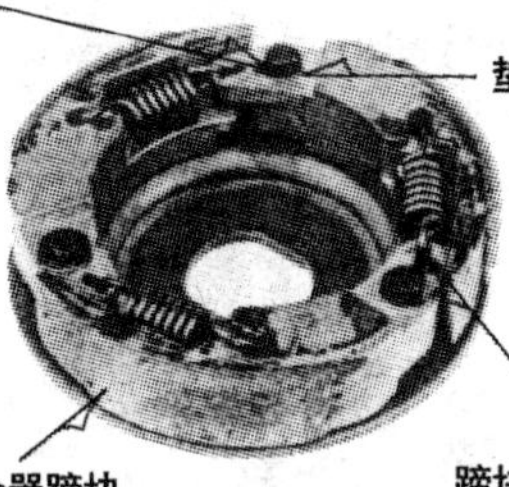

图 2-51　离合器蹄块

(1) 拆掉 E 形卡夹和垫圈(见图 2-51)，然后拆掉离合器蹄块和弹簧。

图 2-52　减震橡胶垫

(2) 检查减震橡胶垫(见图 2-52)有无损伤，必要时更换。

(3) 换新的离合器蹄块时，先将离合器弹簧装到新的离合器蹄块上，在枢轴上涂以薄层油脂，最后将离合器蹄块装入主动盘并用垫圈和E形夹固定。

4. 从动轮总成

从动轮总成结构如图2-53所示，是由从动盘、滑动从动盘、导向销、密封衬套、O形圈及油封组成的。

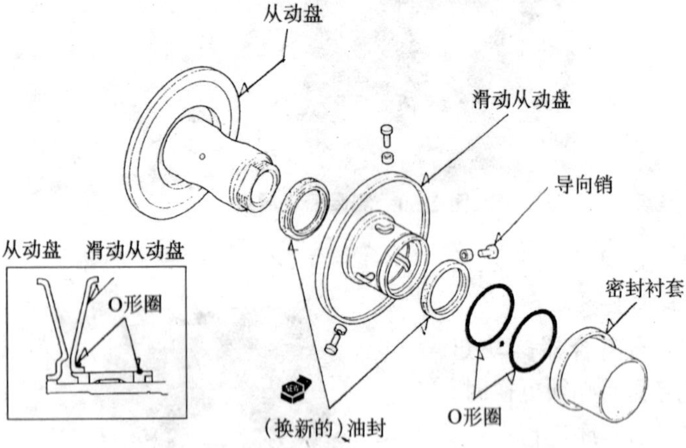

图 2-53　从动轮总成

5. 安装

(1) 将离合器及从动轮总成装回主动轴上。

(2) 安装离合器罩和螺母。

(3) 用万能夹夹住离合器罩，将螺母拧紧至规定扭矩值：40N·m。

(4) 安装驱动螺栓和主动盘。

(5) 安装左曲轴箱盖。

第七节　末级减速器

这里讲的末级减速器是经皮带变速至从动轮，将动力传递到减速器上，通过减速后由驱动轴带动后轮旋转，驱动摩托车行驶的减速机构。

减速器总成如图 2-54 所示。

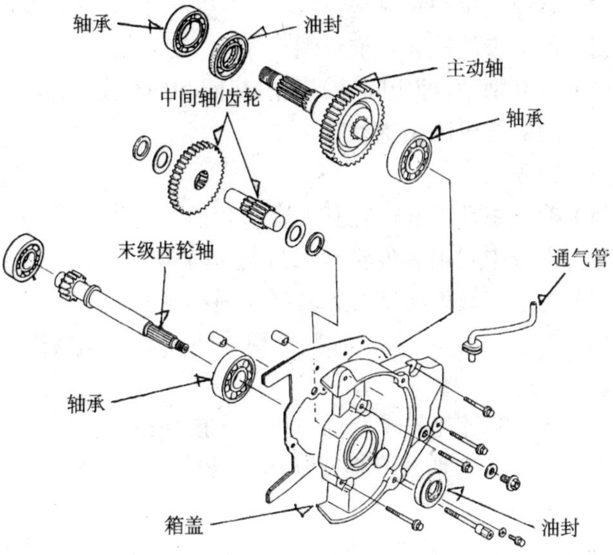

图 2-54　减速器总成

一、相关故障

1．发动机启动后摩托车不动

原因可能是减速器损坏，传动皮带因摩擦发热而烧结卡住。

2．异常噪声

原因可能是齿轮磨损、卡住或破裂，轴承破裂。

3．漏油

原因可能是油位太高，油封破裂或磨损。

二、拆卸程序

(1) 拆下后轮。

(2) 卸下离合器与从动轮。

(3) 在减速箱下放一油盆，卸下放油螺栓，将油放出，然后拆下连接螺栓和盖。

(4) 拆掉定位销和衬垫。

(5) 拆下齿轮轴和止推垫圈。

(6) 拆卸副轴（即中间轴）齿轮、垫圈和侧垫。

(7) 用液压机压出主动轴。

三、检查

(1) 检查主动轴和齿轮有无磨损和损坏。

(2) 检查中间轴和齿轮有无磨损和损坏。

(3) 检查末级齿轮轴有无磨损和损坏。

(4) 检查主动轴、末级齿轮轴轴承和油封有无磨损和损坏。

(5) 检查减速箱轴承和油封有无磨损和损坏。

上述零件如有明显磨损或损坏，应更换。

四、安装

安装步骤按与拆卸相反的程序进行。安装轴承和油封时，要用专用工具，以保证安装准确和不损伤轴承和油封。

在安装箱盖前，先将通气管装入箱盖槽内。安装箱盖并将螺栓拧紧后，将推荐的本田四冲程发动机油（SAE10W/40）或代用品注入减速箱，容量为 120ml。

第八节　曲轴箱和曲轴

在拆卸分解曲轴箱之前要先拆卸下列部件：发动机、化油器、油泵、簧片阀、磁电机、气缸盖、气缸体、活塞和启动电机。

一、相关故障

与曲轴箱、曲轴有关的常见故障是发动机异响。故障原因可能是曲轴颈轴承破裂，曲轴箱轴承破裂，变速箱轴承破裂。为了找出真正的原因，必要时要拆卸分解曲轴箱并检查曲轴。

曲轴箱与曲轴的结构如图 2-55 所示。

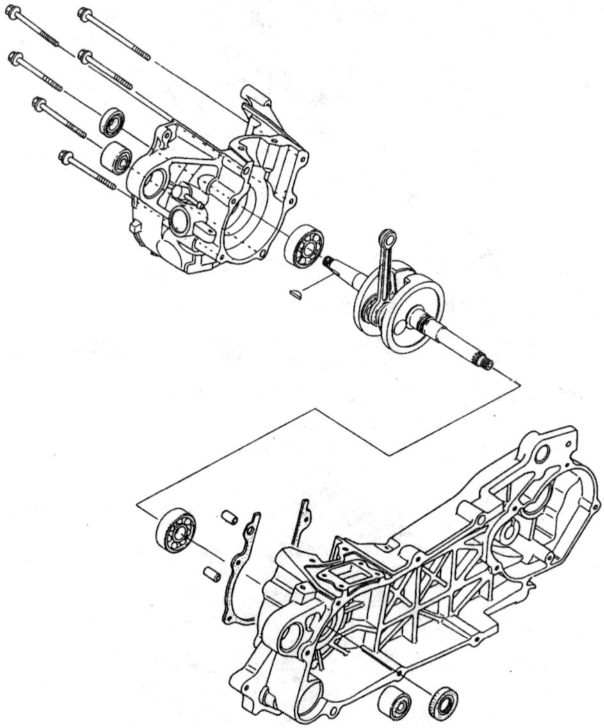

图 2-55　曲轴箱与曲轴

二、曲轴箱的分解

(1) 拧下连接左右曲轴箱的螺栓，然后如图 2-56 所示，将箱拆卸器安放在右曲轴箱上,转动扳手,用拆卸器中间螺杆顶在曲轴上,将右曲轴箱与左曲轴箱分开。

图 2-56　曲轴箱分解(一)

(2) 拆下定位销。

(3) 拆掉螺栓和箱盖组件。

(4) 将箱拆卸器安装在左曲轴箱上,用拆卸右曲轴箱的办法,将左曲轴箱与曲轴分开(见图 2-57)。

图 2-57　曲轴箱分解(二)

(5) 如果曲轴颈轴承仍留在曲轴上,可如图 2-58 所示,用万能轴承拆卸器拆掉曲轴颈轴承。

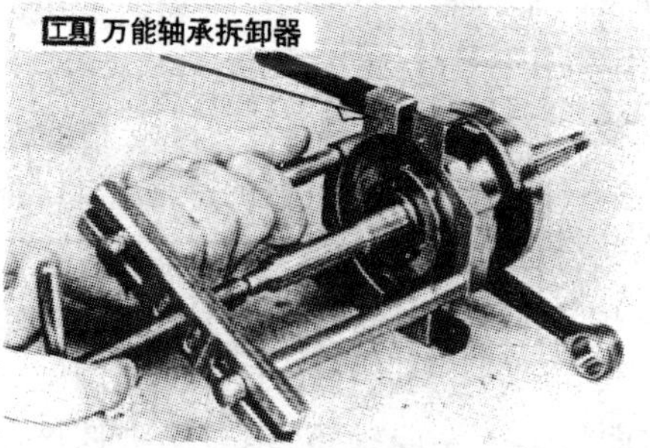

图 2-58　曲轴颈轴承拆卸

三、检查

(1) 用塞尺测量连杆大头轴向间隙(侧隙)。

(2) 如图 2-59 所示,在 X 和 Y 方向取两点测量连杆大头径向间隙,其使用极限为 0.04mm。

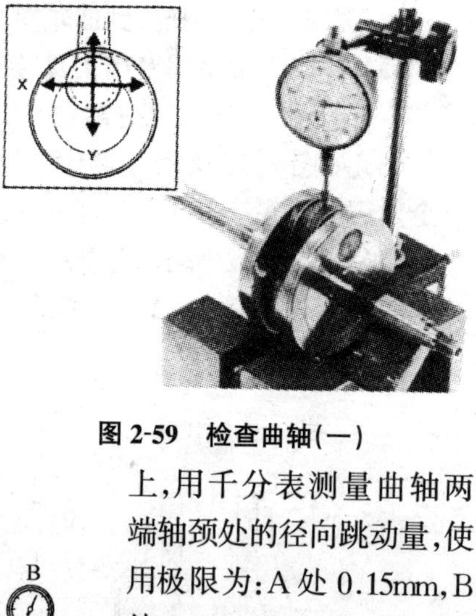

图 2-59　检查曲轴(一)

(3) 如图 2-60 所示,将曲轴放在 V 形铁支架上,用千分表测量曲轴两端轴颈处的径向跳动量,使用极限为:A 处 0.15mm,B 处 0.10mm。

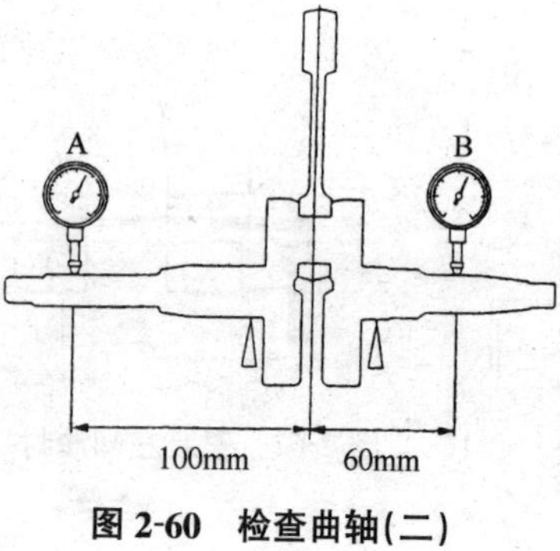

图 2-60　检查曲轴(二)

(4) 用手指转动各个轴承的内圈,内圈应能平滑快速转动;轴承外圈在曲轴箱内应不能转动,方为正常。如发现不符合这些要求,应更换轴承。拆卸与安装轴承时,要用专用工具。

四、安装

(1) 将左右曲轴箱结合面上的液态密封材料清除干净,但不能损伤结合面。

(2) 将干净的二冲程机油加到所有的运动面或滑动表面上。

(3) 将曲轴装入左曲轴箱,用专用工具将曲轴压进左曲轴箱轴承中,并使轴向到位。

(4) 将液态密封胶涂到曲轴箱配合表面上,装上定位销。

(5) 将右曲轴箱用专用工具装入曲轴并使左右曲轴箱合拢,按对角方式分 2～3 次拧紧曲轴箱螺栓。

(6) 如图 2-61 所示,用专用工具安装曲轴箱右侧曲轴油封至低于曲轴箱表面 12.5～13.5mm 处。

(7) 如图 2-62 所示,用专用工具安装曲轴箱左侧油封至低于曲轴箱表面 2.5～3.5mm 处。

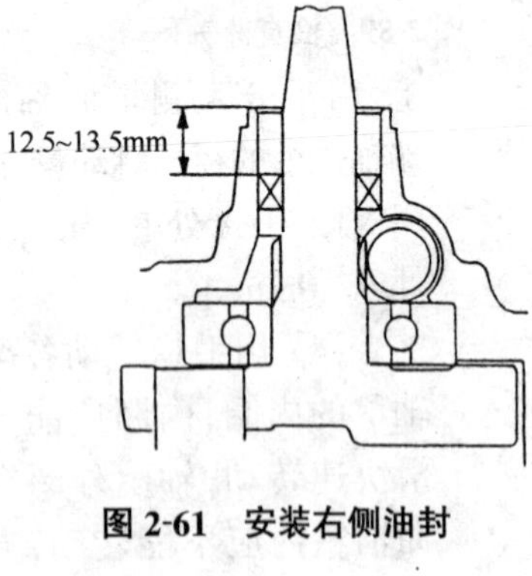

图 2-61　安装右侧油封

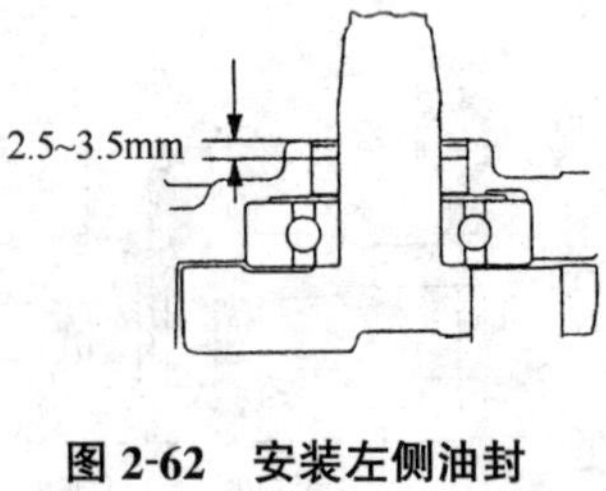

图 2-62　安装左侧油封

第九节　前轮、前悬挂与转向机构

前轮、前悬挂与转向机构的结构如图 2-63 所示。

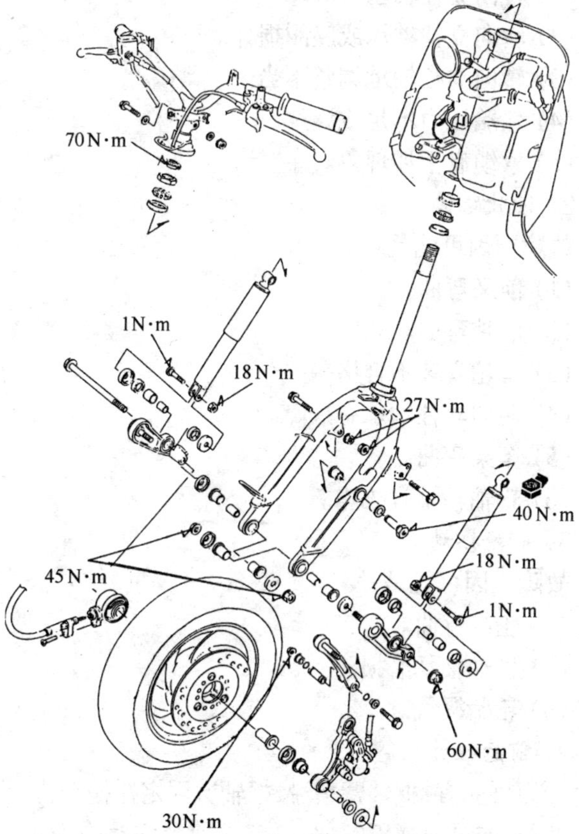

图 2-63　前轮、前悬挂与转向机构

一、相关故障

常见的与本节所述装置相关的故障有以下几方面：

1. 转向困难

故障原因可能是：

(1) 转向立柱轴承有故障。

(2) 转向立柱轴承或座圈损坏。

(3) 转向立柱轴承调整不当。

(4) 轮胎压力不足或漏气。

(5) 索缆有干涉现象。

2. 行驶跑偏

故障原因可能是：

(1) 前叉弯曲。

(2) 前轴弯曲。

(3) 车轮安装不合格。

(4) 转向立柱轴承有故障。

(5) 车架弯曲。

(6) 轮轴轴承有故障。

3. 前轮摆动

故障原因可能是：

(1) 轮缘弯曲。

(2) 轮轴轴承磨损。

(3) 轮胎漏气。

4. 前悬挂异响

原因可能有：枢轴臂粘滞，枢轴臂固定器松动。

此外，如果前减震发软，一定是前叉弹簧弹力不足；如果前减震发硬，则是减震器有卡滞现象，需拆卸前减震器检查维修。

二、前轮

前轮的结构如图 2-64 所示。

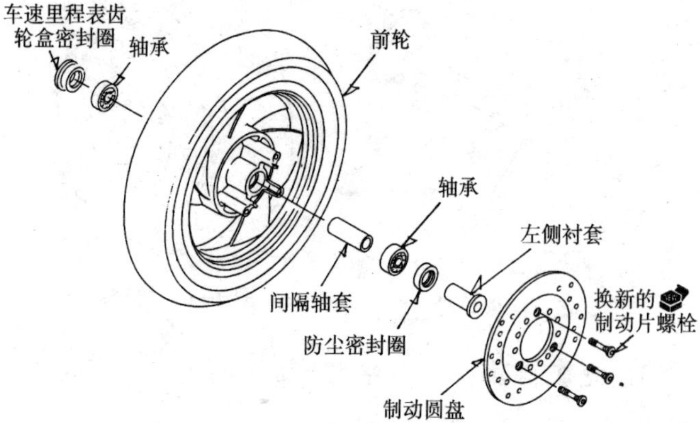

图 2-64　前轮总成

1. 拆卸

(1) 将车子架起,前轮悬空。

(2) 拆掉安装软轴的螺丝,把车速里程表软轴从速度表齿轮箱中拆卸下来。

(3) 拆掉轮轴螺母,拆卸轮轴和前轮。

请注意,拆掉前轮后,不要使用前制动杆,否则会使卡钳活塞移出而不容易再装回去。

2. 检查

(1) 把轮轴放在 V 形铁上(见图 2-65),用千分表检查其跳动量。该跳动量的使用极限为 0.2mm。实际的跳动量是轮轴旋转一周测得数据的 1/2。

(2) 如图 2-66 所示把车轮放在旋转台架上,用千分表检查轮缘的径向跳动和轴向跳动(又称为端跳),其使用极限皆为 2.0mm。

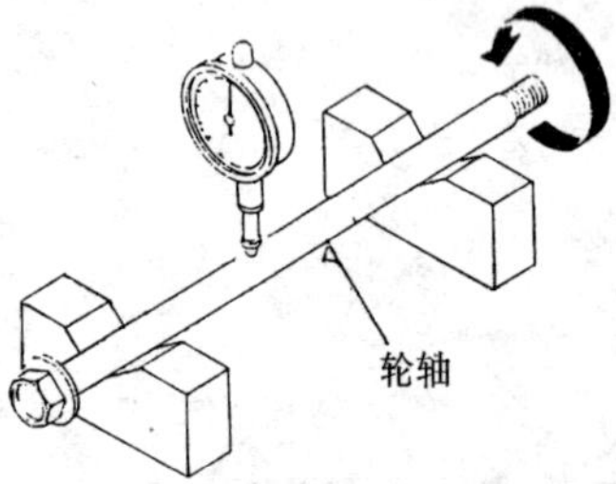

图 2-65　检查轮轴

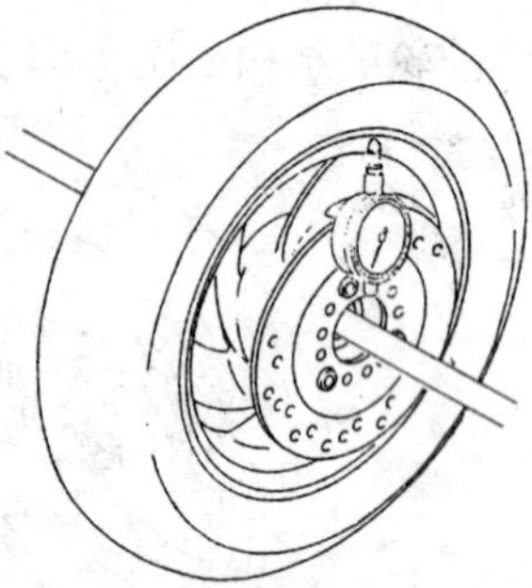

图 2-66　检查轮缘

(3) 检查制动盘是否平整，其平面度的使用极限为 0.3mm。

(4) 检查车轮轴承，如同检查曲轴箱轴承一样。轴承转动应灵活，无卡滞，外座圈应紧固于轮毂内。如果轴承不能平稳而无声地转动，或者座圈松松地坐在轮毂内，应更换轴承。

3. 安装

把制动盘插在两制动钳中间时，注意不要损伤制动片。安装的程序与拆卸的程序相反。

轮轴紧固螺母的拧紧力矩为 60N·m。

三、前减震器

前减震器的拆装很简单，只要拆卸或装上上、下固定螺母即可。安装时固定螺栓、螺母的扭矩值为 27N·m。

四、前叉

前叉的形状、前叉与前立管连接件如图 2-67 所示。安装前叉时，除了注意加注润滑脂以外，还要调整好轴向间隙，既要转动灵活，轴向又不能上下窜动。

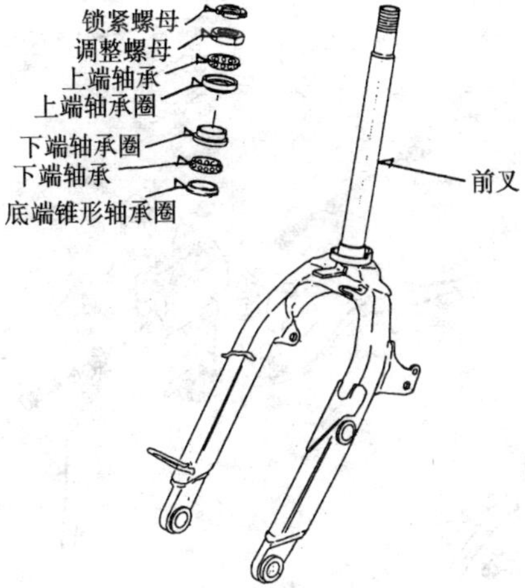

图 2-67　前叉

第十节　前制动器

NH90M 型摩托车前制动采用液压盘式制动器,其液压系统结构如图 2-68 所示。

一、相关故障

1. 制动拉杆软弱无力

原因可能有:

(1) 液压系统内有空气。

(2) 液压装置泄漏。

(3) 制动摩擦片、制动盘脏污。

(4) 制动钳活塞密封圈磨损。

(5) 主油缸活塞密封圈磨损。

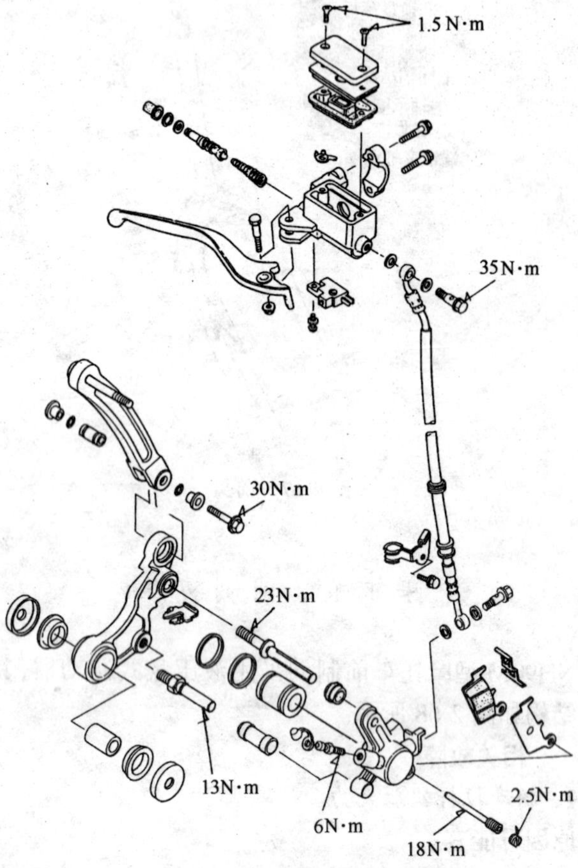

图 2-68　液压盘式制动器

(6) 制动摩擦片、制动盘磨损。

(7) 制动钳脏污。

(8) 制动钳不能正常滑动。

(9) 主油缸内油量偏低。

(10) 油通道堵塞。

(11) 制动圆盘变形而不平整。

(12) 制动钳活塞粘滞或磨损。

(13) 主油缸活塞粘滞或磨损。

(14) 主油缸污染。

(15) 制动拉杆弯折。

2. 感觉制动拉杆硬——过渡性差

原因可能是:

(1) 制动系统堵塞或通道狭窄。

(2) 制动钳活塞粘滞或磨损。

(3) 制动钳不能正常滑动。

(4) 制动钳活塞密封圈磨损。

(5) 主油缸活塞粘滞或磨损。

(6) 制动拉杆弯折。

3. 制动器动作粘滞

原因可能是:

(1) 制动摩擦片或圆盘脏污。

(2) 车轮未校正。

(3) 制动摩擦片变形。

(4) 制动圆盘弯曲、变形。

(5) 制动钳不能正常滑动。

二、液面检查与排气

请注意,制动油液具有很强的侵蚀作用,在维修保养时,不要让制动油液喷溅到表面为油漆、塑料或橡胶的部位。

检查制动油液面时,首先把摩托车用主支架支起、放正,保持主油缸与地面平行,再观察主油缸液面。当液面在下限线以下时,应当补充制动液。

在补加制动液或更换制动液后,为了保证制动有效,必须进行排气,即将液压系统中的空气排出。在排气前,一定要先加油至上限,防止因液面低而在排气时又进入空气。

将一根通气软管连接到通气阀上,松开制动钳通气阀,前后摆动制动拉杆,当油不再从通气阀流出来时,停止这一操作。然后再往主油缸中补充制动液至上限线。

如果制动器排气阀不起作用,也可以按下述方法进行排气:用制动拉杆给制动系统加压,直到从储油箱的小孔中流出的油中没有气泡而且感到制动杆有阻力为止。然后补充制动油至上限线。

三、制动圆盘的检查

制动圆盘的检查主要有以下两项:

1. 圆盘厚度

检查方法如图 2-69 所示。圆盘厚度的使用极限为 3.0mm。

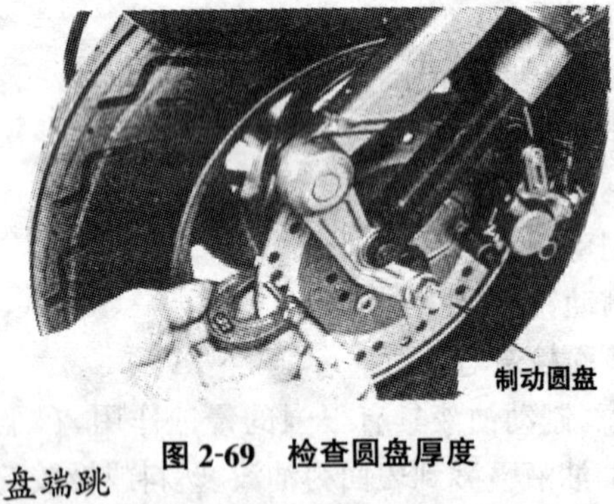

图 2-69　检查圆盘厚度

2. 圆盘端跳

检查方法如图 2-70 所示,使用极限为 0.3mm。

四、主油缸的检查

检查主油缸内径,其使用极限为 11.055mm;测量主活塞外径,其使用极限为 10.945mm,如图 2-71 所示。

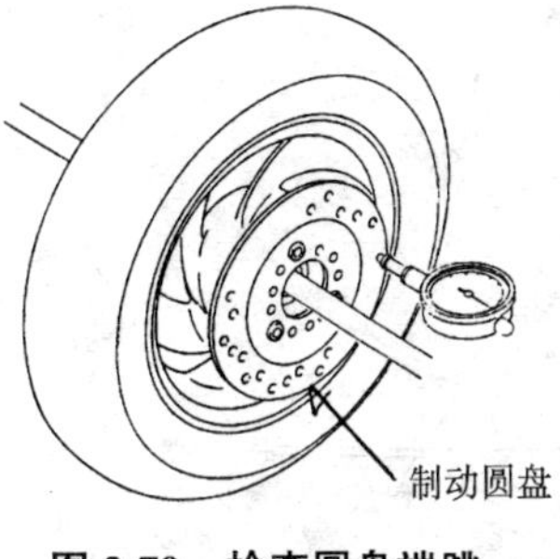

图 2-70　检查圆盘端跳

图 2-71　检查主油缸

五、制动钳的检查

制动钳的油缸与活塞的结构与检查部位如图 2-72 所示。应检查制动油缸、制动钳活塞有无凹痕或损伤,分别测量制动钳油缸内径和制动钳活塞外径。油缸内径使用极限为 27.06mm,活塞外径使用极限为 26.91mm。

图 2-72　检查制动钳

第十一节　后轮、后悬挂与后制动器

后轮、后悬挂与后制动器结构如图 2-73 所示。

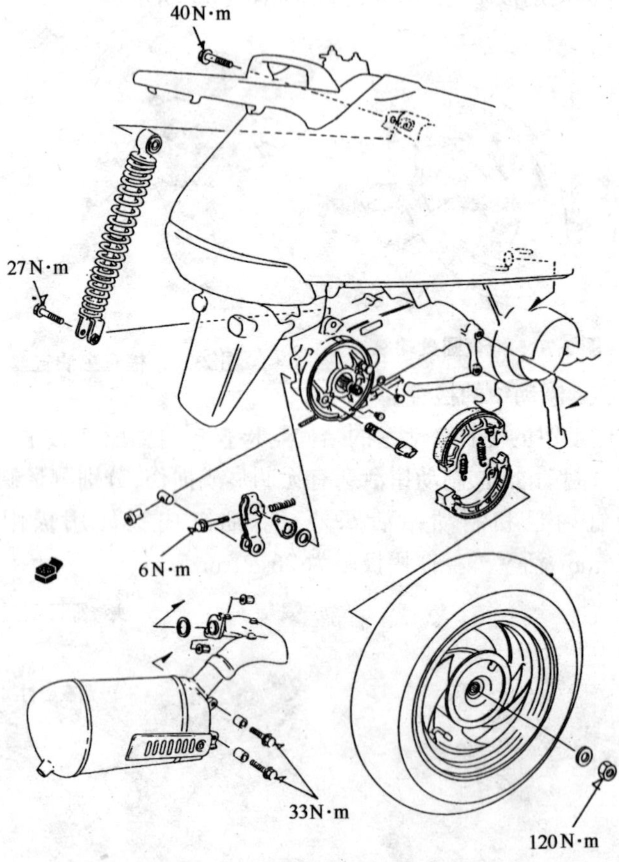

图 2-73　后轮、后悬挂与后制动器

一、相关故障

与本节所述结构有关的故障,常见的如下:

1. 后轮摆动

原因可能是:

(1) 轮缘偏斜。
(2) 轮胎有问题。
(3) 轮轴没有紧固好。
(4) 轮胎压力不足。

2. 车轮转动困难

原因可能是：
(1) 制动器调整不当。
(2) 末级轴(即动力输出轴)轴承有故障。

3. 减震太软或太硬

太软可能因为减震器弹簧弹力弱,或减震系统漏油;太硬可能是因为阻尼杆弯曲。

4. 悬挂异响

往往是减震器出了故障或者是固定器松动。

5. 制动器发生“嘎嘎”声

原因可能是：
(1) 制动器摩擦片磨损。
(2) 制动鼓磨损。
(3) 制动器摩擦片脏污。
(4) 制动鼓脏污。

6. 制动杆动作不柔和或回位很慢

原因可能是：
(1) 回位弹簧磨损或折断。
(2) 制动器自由间隙调整不当。
(3) 摩擦片或制动鼓脏污后,制动鼓粘滞。
(4) 制动蹄块与凸轮接触处磨损。
(5) 制动钢索因缺乏润滑而粘滞。
(6) 制动凸轮磨损。

(7) 制动摩擦片安装不当。

7. 制动效果不佳

原因可能是:

(1) 制动器调整不当。

(2) 制动摩擦片磨损。

(3) 制动鼓磨损。

(4) 制动凸轮磨损。

(5) 制动摩擦片脏污。

(6) 制动鼓脏污。

(7) 制动摩擦片安装不当。

(8) 制动钢索缺乏润滑而粘滞。

(9) 制动蹄块与凸轮接触处磨损。

(10) 制动臂与凸轮花键连接打滑。

二、后轮的检查

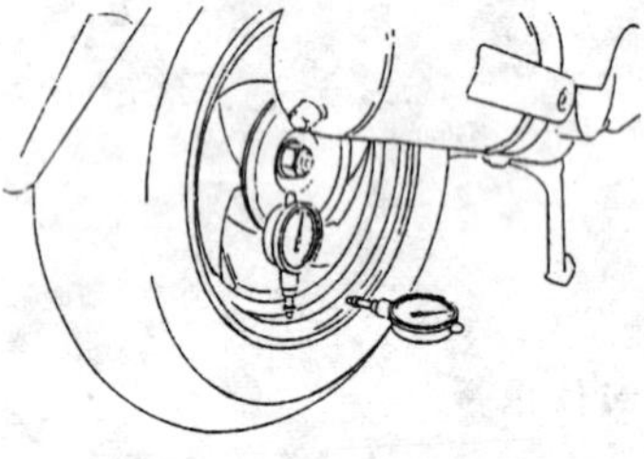

图 2-74　检查后轮

后轮主要检查轮缘偏心率,即如图 2-74 所示,检查其径向跳动和端向跳动是否超过使用极限 2mm。

在安装后轮时,后轴螺母一定要拧至规定的扭矩值 120N·m。否则,后轮安装不牢靠将发生故障。

三、后制动器的检查

后制动器的结构如图 2-75 所示。后制动器的检查主要是测量后制动鼓的内径,其使用极限为 111mm;测量制动摩擦片的厚度,其使用极限为 2.0mm。当超过使用极限时,应当通过更换制动蹄块来解决。否则会达不到应有的制动效果而不能保证安全行驶。制动蹄块一定要成对更换。当拆下制动蹄块进行检查并重新安装时,应当安装到原来的位置上。

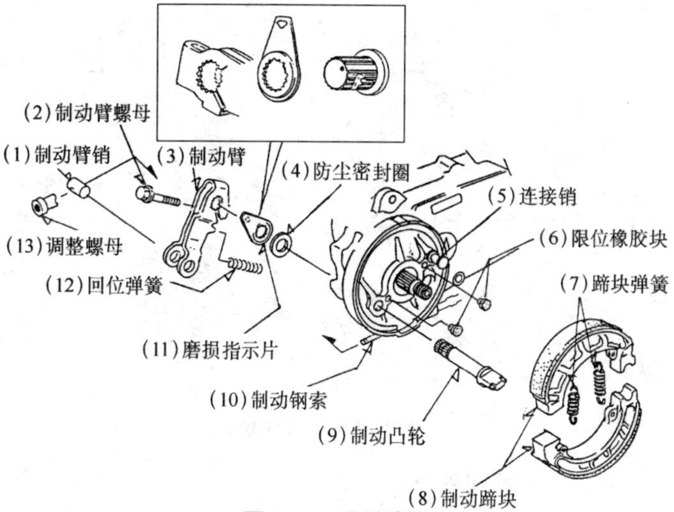

图 2-75 后制动器

四、后减震器的安装

后减震器的安装主要注意上下端两个固定螺栓要拧紧到规定的扭矩值:

上端固定螺栓 40N·m;

下端固定螺栓 27N·m。

第十二节 系统图示

本节以图示方法介绍 NH90M 型摩托车车体底盘、蓄电池与充电系统、点火系统、电启动、灯光音响信号系统的结构、拆卸、检修等。

一、车体底盘

车体底盘部分的结构如图 2-76 所示。

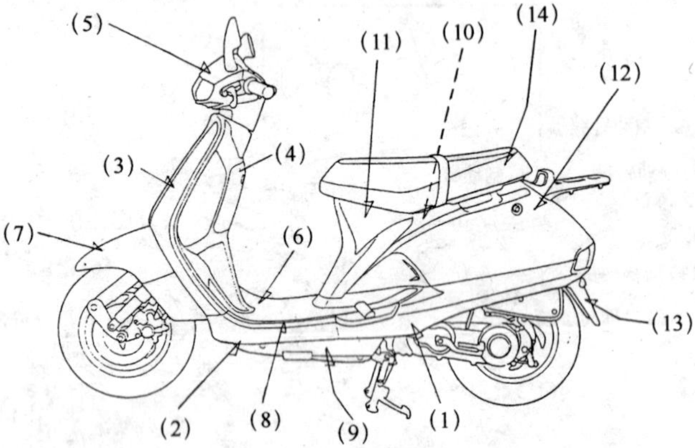

图 2-76　车体底盘

车体底盘拆卸程序如下：

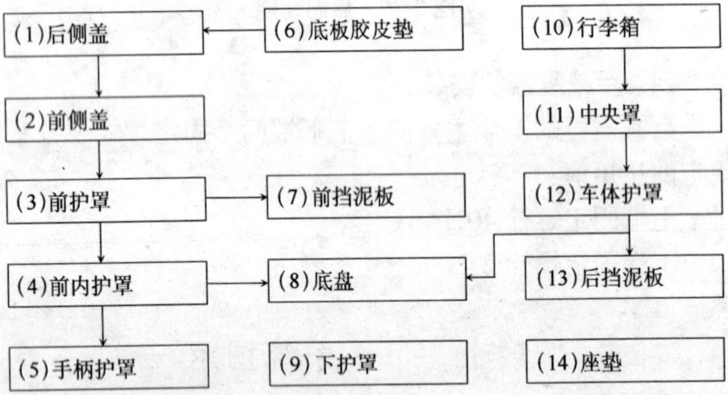

二、蓄电池与充电系统

蓄电池与充电系统的构成、零部件在车上的安装位置和线路如图 2-77 所示。

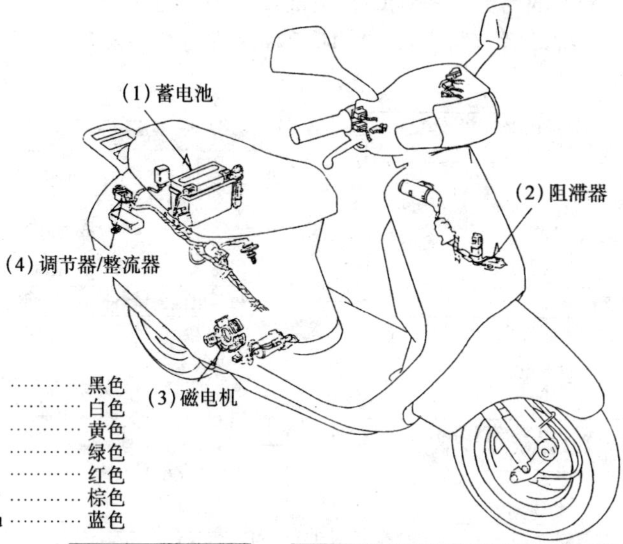

Bl ………… 黑色
W ………… 白色
Y ………… 黄色
G ………… 绿色
R ………… 红色
Br ………… 棕色
Bu ………… 蓝色

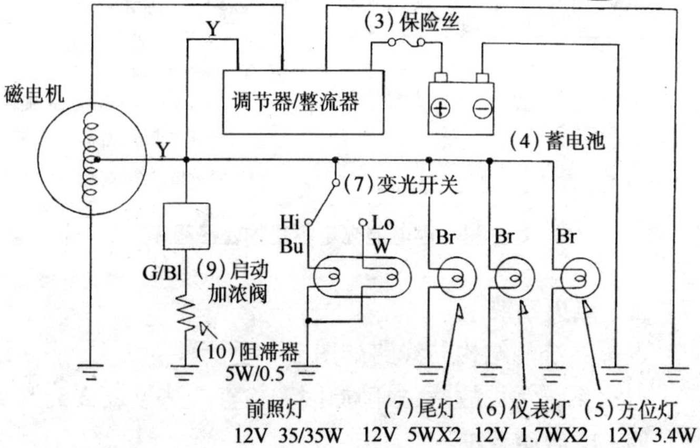

图 2-77 蓄电池与充电系统

蓄电池与充电系统的常见故障是蓄电池充电不足。当发生这一故障时,可按图 2-78 所示程序进行检查和维修。

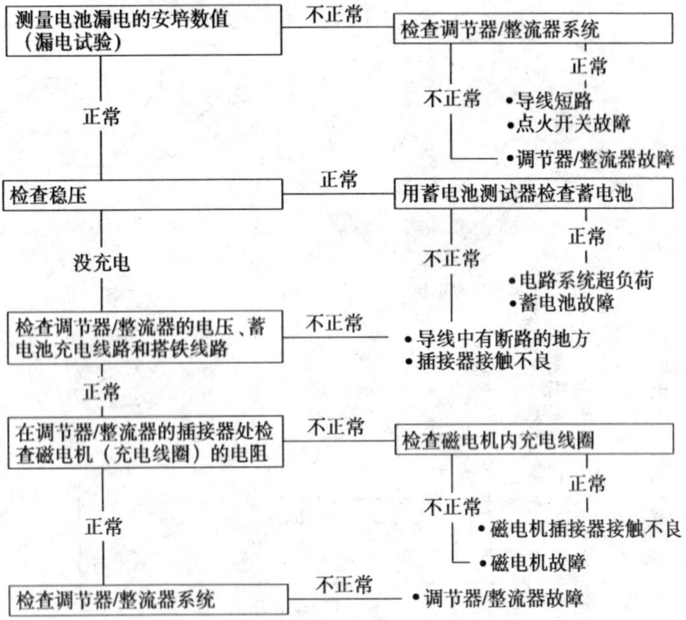

图 2-78　蓄电池充电不足的检修程序

三、点火系统

点火系统的结构与线路如图 2-79 所示。

点火系统常见故障、故障原因和检查方法见表 2-5。

四、电启动系统

电启动系统的部件在车上的安装位置及线路如图 2-80 所示。

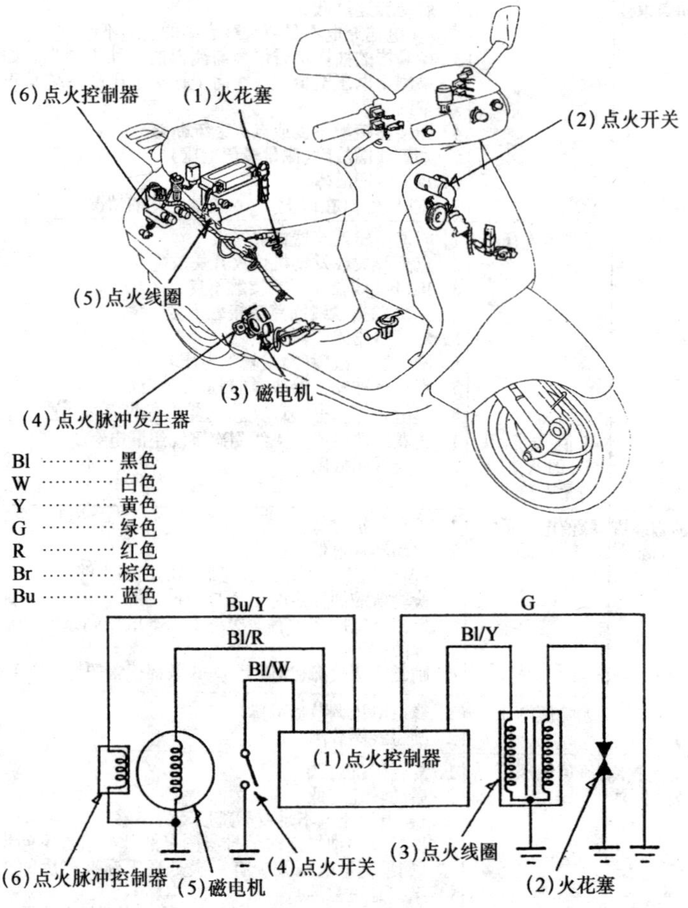
(6)点火控制器
(1)火花塞
(2)点火开关
(5)点火线圈
(3)磁电机
(4)点火脉冲发生器
Bl ………… 黑色
W ………… 白色
Y ………… 黄色
G ………… 绿色
R ………… 红色
Br ………… 棕色
Bu ………… 蓝色
Bu/Y
Bl/R
Bl/W
G
Bl/Y
(1)点火控制器
(6)点火脉冲控制器
(5)磁电机
(4)点火开关
(3)点火线圈
(2)火花塞

图 2-79　点火系统

表 2-5 点火系统故障检查

异常情况		可能原因(按数字序号检查)
点火线圈初级电压	峰值电压低	1. 复合阻抗过低 2. 启动转速过低 ·蓄电池充电不足或脚蹬启动的动力不够 3. 检验器的抽样定时信号与测得的脉冲不同步。如果测量电压至少有一次高于标准电压则系统是正常的 4. 插接器接触不良或点火系统断路 5. 励磁线圈故障(测量峰值电压) 6. 点火线圈故障 7. ICM 故障(在以上 1～6 条都正常的情况下)
	无峰值电压	1. 峰值电压调节器接线错误 2. 点火开关或发动机熄火开关故障 3. ICM 接线器松了或接触不良 4. ICM 的搭铁线断路或接触不良 5. 峰值电压调节器故障 6. 励磁线圈故障(测量峰值电压) 7. 点火脉冲发生器故障(测量峰值电压) 8. ICM 故障(当上述 1～7 条都正常的情况下)
	峰值电压正常,但火花塞仍无火花	1. 火花塞故障或点火线圈次级绕组漏电 2. 点火线圈故障
励磁线圈	峰值电压低	1. 复合阻抗过低 2. 启动转速过低 ·蓄电池充电不足或脚蹬启动的动力不够 3. 检验器的抽样定时信号与测得的脉冲不同步。如果测量电压至少有一次高于标准电压则系统是正常的 4. 励磁线圈故障(当以上 1～3 条都正常的情况下)
	无峰值电压	1. 峰值电压调节器故障 2. 励磁线圈故障
点火脉冲发生器	峰值电压低	1. 复合阻抗过低 2. 启动转速过低 ·蓄电池充电不足或脚蹬启动力不够 3. 检验器的抽样定时信号与测量的脉冲信号不同步(如果测量电压至少有一次是高于标准电压的则系统是正常的) 4. 点火脉冲发生器故障(当以上 1～3 项都正常的情况下)
	无峰值电压	1. 峰值电压调节器故障 2. 点火脉冲发生器故障

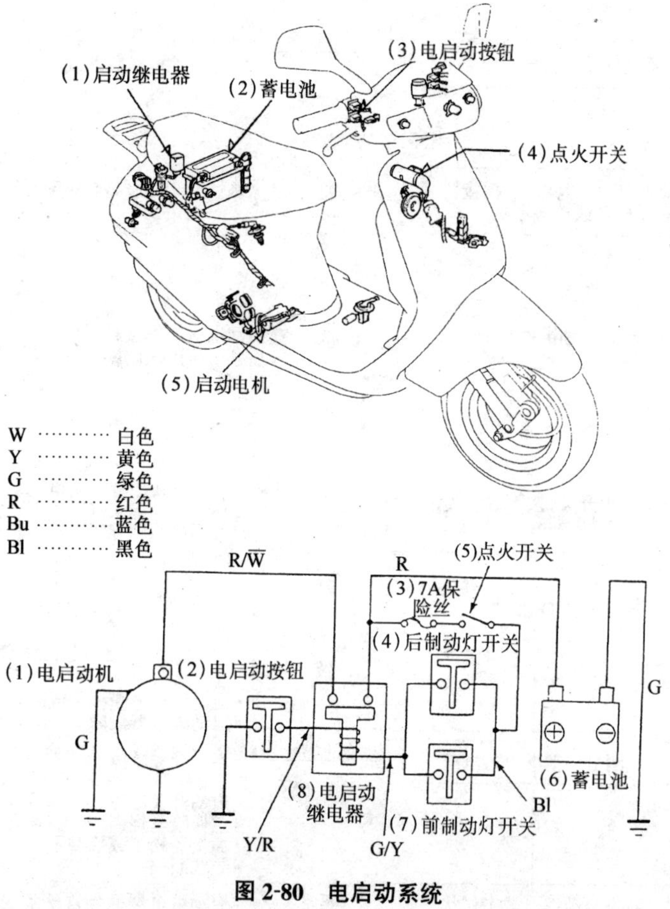

图 2-80 电启动系统

电启动系统的常见故障是启动电机不转。在检修前，首先要检查主保险丝有无烧断，同时要确认蓄电池已充足了电，而且处于良好状态。当确认主保险丝与蓄电池都处于正常状态而启动电机仍不能转动时，可按图 2-81 所示的程序进行检修。

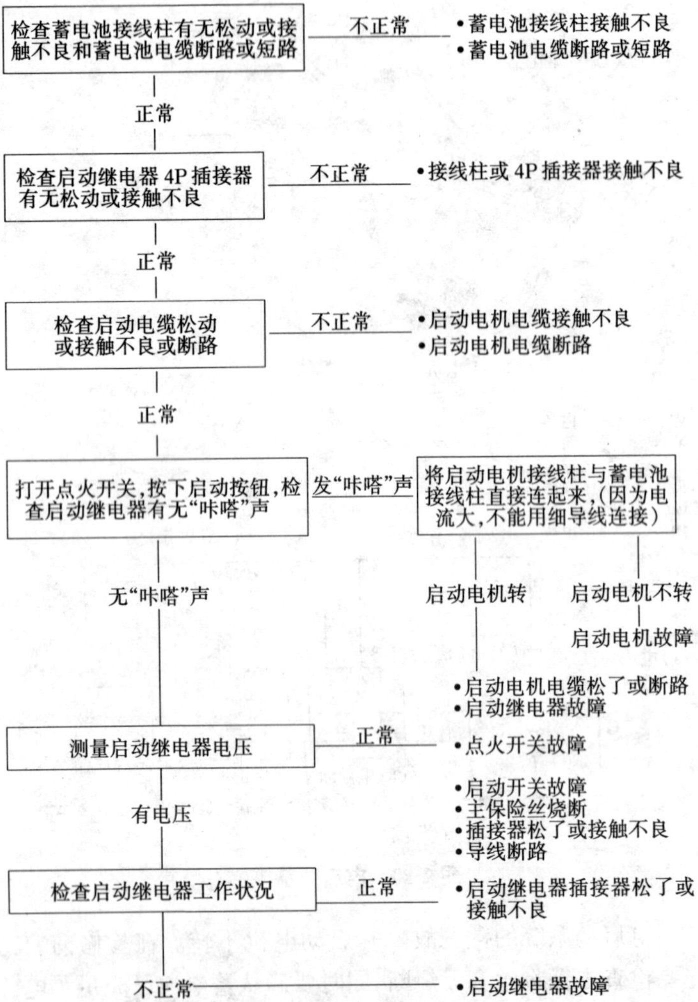

图 2-81　电启动系统故障检修

五、照明及信号指示系统

照明、音响及灯光指示信号系统的部件在车上的安装位置如图 2-82 所示。

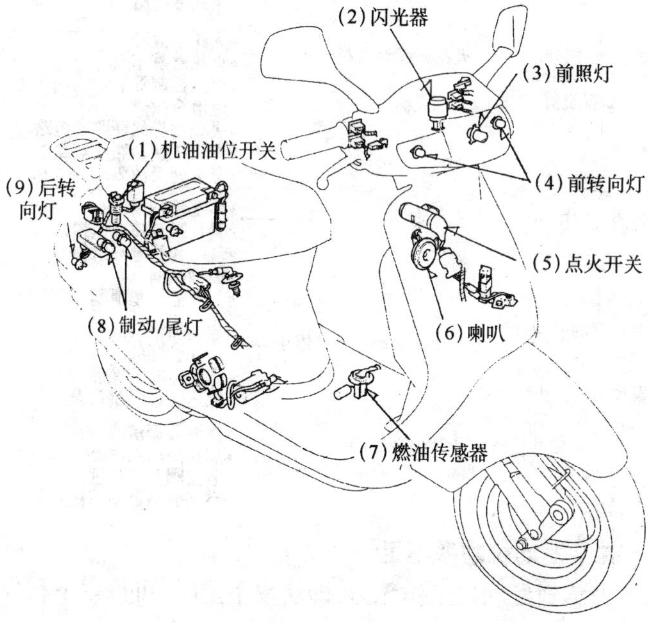

图 2-82　照明信号系统

第十三节　常见故障及排除

有些常见故障在前述结构及保养时已作了介绍，现就发动机常见故障的分析程序作一说明。

一、发动机不能启动或启动困难

当发动机不能启动或启动困难时，可按以下程序检修：

可能的原因

1.通过松开放油螺钉检查燃油能否流入化油器 —— 不能流入化油器 →
- 油箱中无油
- 燃油管到化油器管道被阻塞
- 燃油滤网被阻塞
- 浮子阀阻塞
- 燃油箱盖上通气孔阻塞
- 燃油泵故障

流入化油器 ↓

2.进行火花试验 —— 火花弱或无火花 →
- 火花塞故障
- 火花塞脏了
- 点火控制器故障
- 磁电机故障
- 火花塞导线断路或短路
- 点火线圈断路或短路
- 点火开关故障

火花状况良好 ↓

3.检测气缸压力 —— 压力低 →
- 活塞环粘滞
- 簧片阀故障或被损蚀
- 气缸和活塞环磨损
- 曲轴箱漏气
- 气缸盖衬垫泄漏

压力正常 ↓

4.以正常的启动过程启动 —— 发动机启动但马上停止 →
- 启动加浓阀故障
- 进气管漏气
- 点火定时不准确
- 怠速转速调整错误

发动机不点火 ↓

5.拆卸火花塞并检查 —— 火花塞潮湿 →
- 化油器满溢
- 启动加浓阀故障
- 节流阀开启过度
- 空气滤清器滤芯被阻塞

干燥

二、发动机功率不足

当感到发动机工作无力，即功率不足时，可按以下程序检修：

可能的原因

1.发动机稍稍加速 —— 发动机转速不上升 →
- 空气滤清器滤芯被阻塞
- 燃油被截流
- 燃油箱盖上的通气孔被阻塞
- 消声器被阻塞

发动机转速升高 ↓

2.检查点火定时 —— 不正确 →
- 点火控制器故障
- 磁电机故障

正确 ↓

3.检测气缸压力 —— 太低 →
- 气缸或活塞环磨损
- 气缸盖衬垫漏气
- 曲轴箱泄漏
- 簧片阀故障或被损蚀

正确 ↓

4.检查化油器是否阻塞 —— 被阻塞 →
- 化油器未定期进行维修保养

无阻塞

↓

5.拆卸火花塞　　被污垢阻滞或弄脏 ——→ •火花塞未定期进行维修保养
•火花塞使用的温度范围不合适

未被污垢阻滞或弄脏

↓

6.检查发动机是否过热　　过热 ——→ •气缸或活塞磨损
•混合气太稀
•燃油牌号选用不当
•过多的积炭聚在燃烧室中
•点火定时过早

不过热

↓

7.迅速加速或高速运转　　发动机发出声 ——→ •过多的积炭聚在燃烧室中
•燃油牌号选择不当
•点火定时过早
•混合气过稀

发动机无撞击声

三、在低速和怠速时工作状态不良

发动机在低速和怠速时转速不稳，甚至停转，可按以下程序检修：

可能的原因

1.检查点火正时　　不正确 ——→ •点火控制器故障
•磁电机故障

正确

↓

2.检查化油器空气调节螺钉调节是否正确　　不正确 ——→ •混合气太浓
（螺钉应向外调）
•混合气太稀
（螺钉应向里调）

正确

↓

3.检查进气管道有无空气漏泄　　有泄漏 ——→ •化油器松动
•进气管垫圈损坏
•绝热O形圈损坏

无泄漏

↓

4.进行火花试验　　火花弱或火花间断 ——→ •火花塞被炭或湿的污垢阻滞
•点火控制器故障
•磁电机故障
•点火线圈故障
•火花塞导线断路或短路
•点火开关故障

火花状况良好

↓

5.检查启动加浓阀　　不正常 ——→ •启动加浓阀故障

正常

四、发动机在高速时工作状态不良

发动机在高速时转速不稳或功率明显下降，可按以下程序检查：

检查步骤	结果	可能的原因
1.检查点火正时	不正确 →	•点火控制器故障 •磁电机故障
正确 ↓		
2.化油器上的燃油管断开	燃油流动受阻 →	•油箱无油 •燃油管道或燃油滤网阻塞 •燃油箱盖的通气孔阻塞 •燃油泵故障
燃油自由流动 ↓		
3.拆卸化油器并检查喷嘴有无阻塞	被阻塞 →	•未定期清洗
未被阻塞 ↓		
4.检查启动加浓阀	不正常 →	•启动加浓阀故障
正常		

附录　主要维修参数

一、供油系统

项	目	规　　格
化油器	识别编号	PB11P
	喷管直径	16.0mm
	浮子高度	8.0mm
	主喷嘴	#90
	怠速喷嘴	#38
	空气调节螺钉开启	1～5/8 转向外侧
	怠速	(1800±100)r/min
油门手柄间隙		2～6mm
燃油泵流量		0.23L/min

扭矩值：

化油器固定螺栓　　10N·m

二、气缸盖、气缸体与活塞

(mm)

项　　目		标　准　值	使用极限
气缸盖平面度			0.10
气缸体平面度			0.10
气缸内径	A	48.000～48.005	48.05
	无标志	48.005～48.010	48.05
活塞外径(活塞裙部底端向上 7.5mm)	A	47.954～47.960	47.90
	无标志	47.960～47.966	47.90
气缸与活塞配合间隙		0.039～0.051	0.10
活塞销孔内径		12.002～12.008	12.03
活塞销外径		11.994～12.000	11.98
活塞与活塞销配合间隙		0.002～0.012	0.03
活塞环开口间隙	顶环	0.15～0.30	0.60
	第二环	0.15～0.30	0.40
连杆小头内径		17.005～17.017	17.03

三、脚踏启动机构、主动轮、从动轮与离合器

(mm)

项　　目	标　准　值	使用极限
大皮带轮外径	15.92～16.08	15.40
滑动主动盘衬套内径	23.989～24.052	24.60
主动盘凸缘外径	23.960～23.974	23.94
传动皮带宽度	17.5	16.5
离合器外缘内径	112.0～112.2	112.5
离合器蹄块厚度	3.0	2.0
从动盘弹簧自由长度	137.5	137.5
从动盘外径	33.965～33.985	33.94
滑动从动盘衬套内径	34.000～34.025	34.060

扭矩值:

主动盘螺母	40N·m
从动盘螺母	55N·m
离合器外侧螺母	40N·m

四、曲轴连杆

(mm)

项目		标准值	使用极限
连杆大头侧间隙		0.15~0.55	0.80
连杆大头径向间隙		0.007~0.019	0.04
曲轴偏心率	A	0~0.05	0.15
	B	0~0.05	0.10

五、前轮、前悬挂与转向机构

(mm)

项目		标准值	使用极限
车轴偏心率		—	0.2
轮缘偏心率	径向的	—	2.0
	轴向的	—	2.0

扭矩值:

前轴螺母	60N·m	
转向立柱锁紧螺母	70N·m	
方向把固定螺栓	40N·m	
前减震器固定螺母(上)	27N·m	
螺钉(下)	1N·m	
螺母(下)	18N·m	
枢轴臂螺母	45N·m	
前制动盘螺栓	40N·m	锁紧螺栓:要用新的更换
扭矩连杆螺栓(制动钳侧面)	30N·m	螺纹上涂锁定剂
扭矩连杆衬套(前叉侧面)	40N·m	锁紧螺栓:要用新的更换

六、后轮、后悬挂与后制动器

(mm)

项目		标准值	使用极限
车轴偏心率	径向	—	2.0
	轴向	—	2.0

续表

项目	标准值	使用极限
制动鼓内径	110	111
制动摩擦片的厚度	4.0	2.0

扭矩值：

后轴螺母	120N·m	要给螺纹涂油
后减震器固定螺栓(上)	40N·m	
(下)	27N·m	
后制动臂螺栓	6N·m	锁紧螺栓：要用新的更换
消声器固定螺栓	33N·m	

七、液压盘式制动器

(mm)

项目	标准值	使用极限
制动油	DOT3 或 DOT4	—
制动圆盘厚度	—	3.0
制动圆盘偏心率	—	0.3
主油缸内径	11.000～11.043	110.55
活塞外径	10.957～10.984	10.945
制动钳油缸内径	27.000～27.050	27.06
制动钳活塞外径	26.918～26.968	26.91

扭矩值：

制动输油软管螺栓	35N·m	
扭矩铰链螺栓(制动钳侧面)	30N·m	将锁定液涂到螺纹上
扭矩铰链衬套(前叉侧面)	40N·m	锁紧螺栓：请更换新的
制动钳带销螺栓	13N·m	将锁定液涂到螺纹上
制动钳导向销	23N·m	将锁定液涂到螺纹上
制动垫销	18N·m	
制动垫销塞	2.5N·m	
制动器排气阀	6N·m	
储油箱盖螺钉	1.5N·m	

八、蓄电池与充电系统

项目		规格
蓄电池	容量	12V 3A·h
	充电电流	标准值:0.4A/最大值:4A
	充电时间	标准值:8~10h/快速:30min
	20℃时电压	13.0~13.2V
调节器/整流器	类型	SCR单向导通,半波整流
	照明线圈稳压	12.0~14.0V/5000r/min
	充电线圈稳压	13.0~15.0V/5000r/min
磁电机	充电线圈电阻	0.3~1.2Ω(20℃)
	照明线圈电阻	0.1~1.0Ω(20℃)

九、点火系统

项目			标准值
火花塞	标准	NGK	BR6HSA
		NIPPONDENSO	W20FR-L
	低温时(5℃以下)	NGK	BR4HSA
		NIPPONDENSO	W14FR-L
	发动机高速运转时	NGK	BR8HSA
		NIPPONDENSO	W24FR-L
点火正时			17°BTDC/1800r/min
点火初级线圈电阻			0.18~0.23Ω(20℃)
点火次级线圈电阻		带火花塞帽	6.5~9.7kΩ(20℃)
		不带火花塞帽	2.8~3.4kΩ(20℃)
磁电机励磁线圈电阻值			400~800Ω(20℃)
点火脉冲发生器电阻值			50~200Ω(20℃)

十、照明、信号系统

项目		规格
灯泡	前照灯	12V 35W/35W
	方位灯	12V 3.4W
	制动灯/尾灯	12V 10W/5W
	远光指示灯	12V 3W
	仪表灯	12V 1.7W×2
	转向指示灯	12V 10W×4
	油位指示灯	LED(发光二极管)
主保险丝		7A

第三章　本田 CD90 型摩托车

CD90 型摩托车是一种排量适中,性能优越,适合中国人体型的城乡兼用型摩托车。其最高车速大于 80km/h,经济车速为 30～50km/h,最低百公里油耗仅有 1.1L。该车启动性能好,无论冬天、夏天,一踩即着车。行驶噪声低,最大噪声(加速噪声)也只有 83dB(A),怠速时,几乎听不到发动机的声音。制动可靠,车速 30km/h 时制动距离仅 4m。它还具有良好的爬坡性能和令人满意的可靠性及耐久性。

第一节　CD90 型摩托车的总体构造与技术参数

CD90 型摩托车结构上与我国重庆嘉陵机器厂生产的 JH70 型和洛阳嘉陵摩托车厂生产的 LJ90 型摩托车大同小异,是一种中小排量的二轮骑式摩托车。

一、总体构造

发动机排量为 90ml,卧式、四冲程、自然风冷。采用先进的顶置凸轮轴和 CDI 电子点火系统,进排气系统的设计消声良好。变速器为四档(循环档)常啮合齿轮;发动机至后车轮的动力传动使用链条,传动简便可靠。车架为脊骨式,用钢板冲制而成,结构简单牢固。前叉使用伸缩管式弹簧液压减震器;后减震使用可三级调整变距变径弹簧液压式减震器;制动系统为压铸轮辋盘式液压前制动和鼓式后制动。

二、整车主要部件位置及名称

总体结构如图 3-1 和图 3-2。图注中带“＊”标记为图中不可见部件。

图 3-1　CD90 摩托车整车左视图

1. 后视镜　2. 导流罩　3. 转向灯　4. 前照灯　＊5. 制动钳　＊6. 制动盘　7. 车把锁　8. 喇叭　9. 气门室盖　10. 化油器　11. 油箱开关　12. 变档踏板　13. 双梯　14. 单梯　＊15. 空滤器　16. 载物架　17. 后尾灯组合

三、主要技术参数

整车和发动机的技术数据及各零部件螺丝连接的扭矩值见表 3-1 至表 3-4。

表 3-1　CD90 型摩托车技术参数

项　　目	数　据	单　　位
长×宽×高	1880×660×1015	mm
净 质 量	97	kg

续表 3-1

项　　目		数　　据	单　　位
载　重		150	kg
轴　距		1230	mm
鞍座高度		750	mm
最小离地间隙		100	mm
乘 人 数		2	人
性能	最高车速	大于 80	km/h
	启动性能	小于 6	s
	最大噪声	小于 83	dB(A)
	制动性能	小于 7(初速 30km/h)	m
	爬坡能力	大于 22	(°)
	经济车速	30～50	km/h
	最低等速油耗	1.1	L/100km
车轮	轮辋结构	铝合金压铸	
	轮胎规格	2.75—17	英寸
	前轮胎气压	180	kPa
	后轮胎气压	220	kPa
	前轮制动方式	盘式液压	
	后轮制动方式	内胀式	
油箱容积		8.5	L
备用油箱容积		1.4	L
前悬挂		液压弹簧减震器	
后悬挂		后平叉组,可以三级调整变距变径弹簧液压式	
燃油牌号		70 号以上汽油(中国)	

表 3-2 CD90 型摩托车发动机技术参数

项目		技术参数
型式		单缸、风冷、四冲程
缸径×行程		47.0mm×49.5mm
排量		85.9ml
压缩比		9.1:1
最大功率		5.2kW/7500r/min
最大扭矩		7.4N·m/6000r/min
最低空车稳定转速		1500r/min
*配气相位	进气门开	0°上止点(TDC)
	进气门关	20°下止点后(ABDC)
	排气门开	30°下止点前(BBDC)
	排气门关	2°上止点前(BTDC)
气门间隙(冷车)		0.05mm(进排气门同)
润滑方式		压力与飞溅相结合
机油泵型式		摆线转子式
润滑油容量		0.8L
启动方式		反冲式
离合器	型式	湿式多片
	操作方式	手操作机械式
初级减速比		4.059
变速器		四档循环变速

续表 3-2

项目		技术参数
变速比	一档	2.833
	二档	1.706
	三档	1.283
	四档	1.043
终级减速比		2.643
传动方式		链条传动
点火方式		CDI 电子点火
点火角		15°BTDC/1500r/min

* 配气相位所标角度为进排气门开闭至 1mm 时对应的曲轴转角。

表 3-3 重要部位螺纹扭矩值

名称		数量	螺纹直径(mm)	扭矩 (N·m)
发动机	气缸头盖螺母	4	6	11
	凸轮链轮螺栓	2	5	9
	气缸头螺栓	1	6	11
	气缸螺栓	1	6	9
	离合器中心锁紧螺母	1	14	42
	磁电机转子锁母	1	10	42
	气门调节螺钉锁母	2	5	9
	火花塞	1	10	35
	放油螺塞	1	12	23
	滤油转子锁母	1	14	42
	凸轮链张紧密封螺栓	1	14	23

续表 3-3

名　　称		数　量	螺纹直径(mm)	扭矩(N·m)
发动机	变速鼓挡板螺栓	1	6	17
	变速鼓定位板螺栓	1	6	12
	变速鼓安装螺栓	1	6	12
	主动链轮安装螺栓	2	6	11
车体	发动机与车架紧固螺母	2	8	25
	前轮轴螺母	1	12	60
	后轮轴螺母	1	12	60
	前减震器紧固螺栓	4	8	25
	后减震器紧固螺栓(母)	4	10	40
	发动机与排气管连接螺母	2	6	12
	平叉铰链螺母	1	12	60
	链轮轴螺母	1	18	60

表 3-4　除重要部位外的标准紧固件扭矩值

规格及名称	扭　矩 (N·m)
5mm 螺栓、螺母	4.5~6.0
6mm 螺栓、螺母	8.0~12.0
8mm 螺栓、螺母	18.0~25.0
10mm 螺栓、螺母	30.0~40.0
12mm 螺栓、螺母	50.0~60.0
5mm 螺钉	3.5~5.0
6mm 螺钉	7.0~11.0
6mm 带法兰的螺栓及螺母	10.0~14.0
8mm 带法兰的螺栓及螺母	24.0~30.0
10mm 带法兰的螺栓及螺母	35.0~45.0

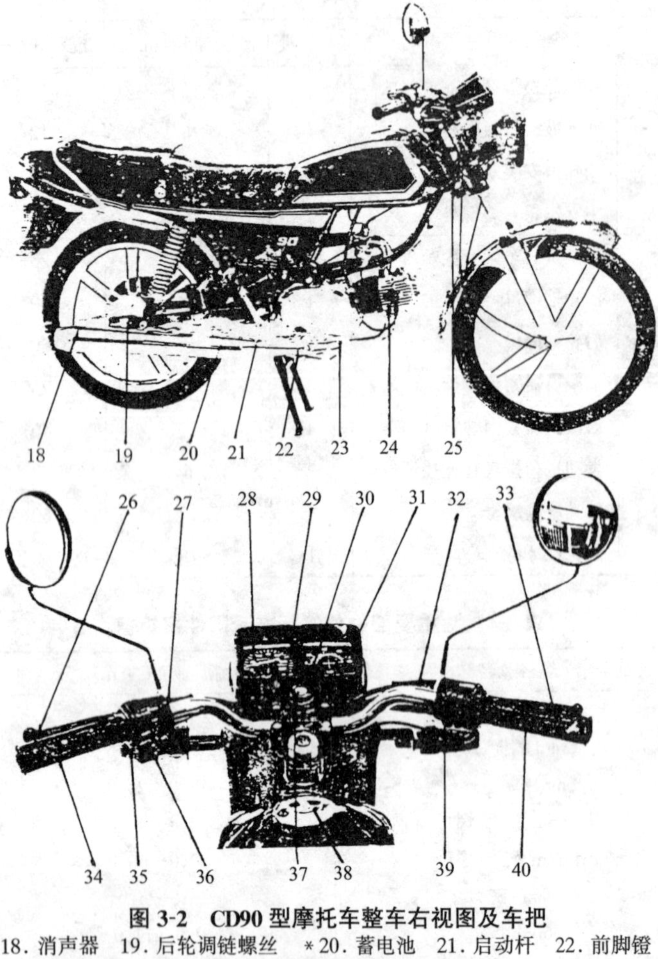

图 3-2　CD90 型摩托车整车右视图及车把

18. 消声器　19. 后轮调链螺丝　＊20. 蓄电池　21. 启动杆　22. 前脚镫　23. 后制动踏板　24. 火花塞和高压帽　25. 鞍座锁拉杆　26. 离合器手把　27. 离合器线调整螺钉　28. 仪表盘　29. 转向显示灯　30. 空档灯　31. 档位对照盘　＊32. 制动液盒　33. 前制动手把　34. 离合器握把　35. 变光开关组合　36. 喇叭按钮　37. 点火开关　38. 油箱盖　39. 照明开关　40. 油门转把

第二节　CD90型摩托车使用方法、调整和保养

一、各部件的名称及其应用

1. 点火开关

车钥匙旋至“OFF”位置时，全车电路关闭，摩托车不能发动，此时钥匙可以拔出。钥匙旋至“ON”位置时，全车电路接通，此时发动机可以启动，钥匙自锁，拔不出来。

2. 仪表盘

(1) 车速表：表盘上指针指示的数字为摩托车行驶速度(km/h)。

(2) 里程表：记录摩托车行驶的累积里程，黑底蹦字数目为×1km；白底蹦字单位为×0.1km。

(3) 转向显示灯：该灯闪亮时表示转向指示灯正在工作。

(4) 空档指示灯：该灯点亮时表示摩托车发动机的变速器处于空档位置。

(5) 档位对照盘：盘上显示出不同车速下应使用的变速器档位。

仪表盘如图3-3所示。

图3-3　仪表盘

1. 速度表　2. 里程表　3. 转向显示灯　4. 空档指示灯　5. 档位对照盘　6. 点火开关

3．前灯开关

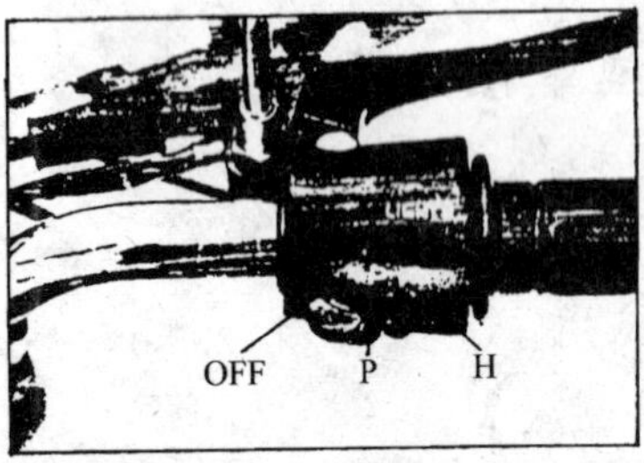

图 3-4　前灯开关

如图 3-4 所示，开关处于“H”位置时，大灯、尾灯和仪表盘照明灯均点亮；开关处于“P”位置时，位置灯、尾灯和仪表盘照明灯均点亮；开关处于“OFF”位置时，大灯、仪表盘照明灯、尾灯和位置灯均关闭。

4．转向灯开关

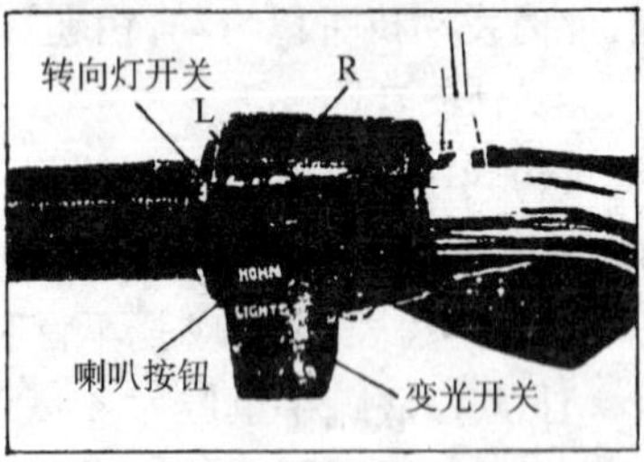

图 3-5　转向灯开关

如图 3-5 所示，将转向灯开关推至“L”(Left)位置时，左侧转向灯即接通，示出向左转弯信号，左转弯显示灯闪亮；转向灯开关处于“R”(Right)位置时，右侧转向灯接通，示出向右转弯信号，右转弯显示灯闪亮；转向灯开关处在 L 位和 R 位中间时，转向灯和转向显示灯都关闭。

5．变光开关

如图 3-5 所示，变光开关放于 HI 位置时，前照灯射出远光(即高光束)；变光开关处于 LO 位置时，前照灯射出近光(即射出低光束)；夜间与前方来车会车时，应使用近光。

6．喇叭按钮

按钮被压下时，电源与喇叭接通，喇叭即发出响声；抬起按钮，喇叭声即中断(见图 3-5)。

7. 汽油箱盖开关

如图 3-6 所示,将车钥匙插入油箱盖锁孔并旋至位置 1,再逆时针旋拧油箱盖,即可将油箱盖拧下;将锁孔插着钥匙的油箱盖放入油箱口,顺时针旋紧,然后把车钥匙旋到位置 2,拔出车钥匙,油箱盖即被锁定。请注意,油箱加油时发动机应熄灭,并严防周围使用明火。

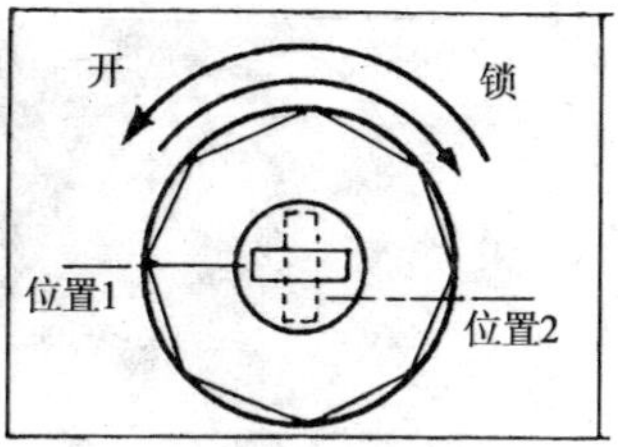

图 3-6　汽油箱盖

8. 车把锁的使用

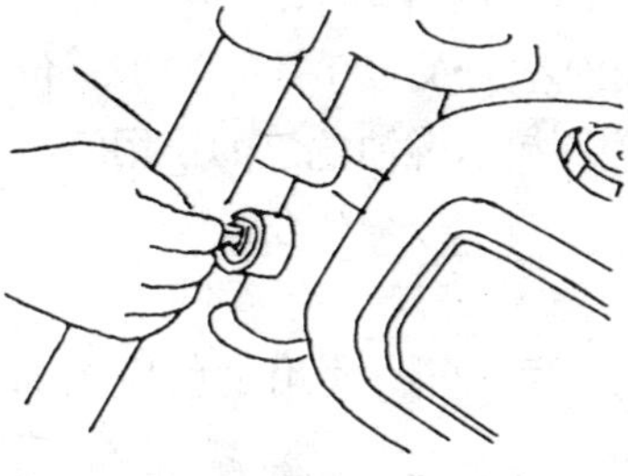

图 3-7　车把锁

如图 3-7 所示,上锁:将车把向右转,拨开锁盖将钥匙插入锁芯,逆时针转动,将锁芯向里推到底,然后顺时针转动钥匙到原位抽出,将锁盖复位,此时车把被锁住不能转向。开锁:拨开锁盖将钥匙插入锁芯逆时针转动,待锁芯弹出后,将钥匙顺时针转到原位抽出,将锁盖复位。

9. 鞍座锁的使用

如图 3-8 所示,欲打开鞍座时,用手向前拉动鞍座锁拉杆,同时,用手把鞍座向上掀起即可打开。

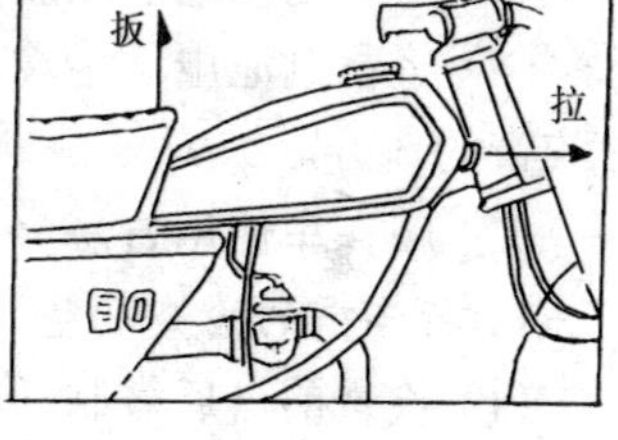

图 3-8　鞍座锁的使用

10. 油箱开关的使用

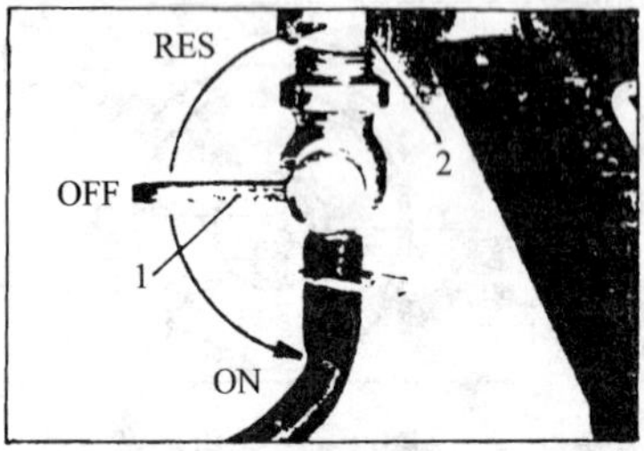

图 3-9　油箱开关

如图 3-9 所示，将油箱开关扳手 1 旋拧到位置"ON"时，油箱与化油器连接油路接通，发动机即可工作。将开关扳手 1 旋拧到"OFF"位置时，油路关闭，发动机不能工作。在"ON"位置时汽油用光后，应将开关扳手 1 旋拧到"RES"位置，此时化油器与备用油箱油路接通，也提示驾驶员车上只有备用油箱的 1.4L 汽油可供行车了，应该及时添加汽油。油箱再加满油后，应及时把开关扳手 1 由"RES"位置旋拧回"ON"位置，否则备用油箱揭示燃油危急的作用将不复出现。

11. 蓄电池的使用

该车使用 12V 3A·h 免维护蓄电池，使用之前应按如下步骤添加随车配带的电解液：

(1) 撕下蓄电池上的密封胶带。

(2) 取下蓄电池液盒的上盖。

(3) 将蓄电池电解液盒倒置插入蓄电池。

(4) 将蓄电池电解液盒的上盖，盖在蓄电池原先贴有密封胶带的地方。

二、摩托车使用方法

1. 行车前的检查调整

(1) 检查前盘后鼓制动器是否灵活可靠，必要时应调整。

(2) 仔细检查各部位紧固螺栓是否松动，如有松动应按规定要求加以紧固。

(3) 检查传动链条的松紧程度，必要时调整垂度和适当润滑。

(4) 用气压表检查前后轮胎的充气压力是否达到规定压力值。观察轮胎花纹是否磨损过度，有无裂痕，并应及时拔除扎在轮胎上的铁钉、玻璃等杂物。

(5) 检查方向把、油门转把的转动是否灵活。

(6) 检查燃油箱油位及有无漏渗油现象；检查发动机润滑油油位(见本章第三节)并按照气温要求补充润滑油。

(7) 检查仪表、喇叭、照明灯、转向灯等工作是否正常。

2. 发动机的启动

(1) 首先打开车把锁。

(2) 把车钥匙插入点火开关，并旋至“ON”位置。

(3) 将油箱开关扳手旋拧至“ON”位置。

(4) 确认变速器是否处于空档位置(空档灯应点亮)。

(5) 冷机启动时，可将阻风门扳手向上扳。

(6) 右手转动油门转把至全行程的1/8～1/4，用右脚将启动臂向下踩，使发动机启动，如一次踩动不成功，可继续踩。发动机启动着车后，把阻风门慢慢扳回并慢加油门预热发动机(热机启动时，可不关阻风门)。

3. 摩托车的起步

发动机经预热，即可起步行驶，乘骑者跨骑于鞍座上，双手握紧车把，左手握起离合器手把，先用右脚着地，左脚尖向下踩动变速踏板，变换成第一档。然后换成左脚着地，右脚踏在前脚镫上，以备起步不稳车冲出去时右脚踩制动。随后右手渐渐加大油门同时左手慢慢松开离合器手柄，只要左右手动作配合协调，就可以保证摩托车平稳起步。左右手的配合需要精心地练习。

4. 摩托车行驶中的换档

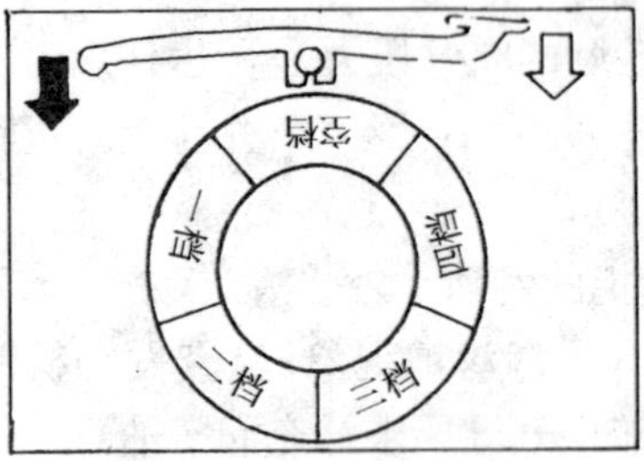

图 3-10 换档档位图

当用一档行驶至一定速度时，收小油门，握起离合器，踩下变速踏板即可以换成第二档，此时可逐渐加大油门并协调地释放离合器，使车子进入二档行驶。以此类同方法可换上三档、四档。本车采用循环式变速机构（即循环档，见图 3-10），可以从最高档（四档）直接变换到空档。不同车速推荐使用的档位见表 3-5。这里要注意，无论是变换哪个档位，都必须先握起离合器并同时关小油门，否则将损坏机器。

表 3-5 不同档位适应的速度范围

速度范围(km/h)	档 位	速度范围(km/h)	档 位
0～25	一档	15～70	三档
10～50	二档	20～90	四档

5. 摩托车的制动

(1) 行车时应随时注意道路情况，尽量避免紧急制动。

(2) 制动时要关小油门，迅速脱开离合器，同时使用前后制动刹车。

(3) 单独使用前制动或后制动易产生摆动和侧滑，高速行驶时只使用前制动还会造成翻车，弯道紧急制动会引起侧滑,使摩托车难以控制。

(4) 在潮湿或松软的路面上行驶时应平稳操纵,尽量避免急刹车。

(5) 下长坡时,应该变换到低速档位行驶,以控制下坡车速,避免长时间使用制动,造成制动器发热损坏。

6. 摩托车的磨合

摩托车行驶的磨合里程为 1000km。前 500km 为第一阶段,最高时速不得超过 40km/h;后 500km 为第二阶段,最高时速不得大于 55km/h。磨合期内,摩托车不能载重物、爬陡坡、上长坡,行驶加速要柔和,道路要平坦,连续行驶路程不要超过 50km。每次行驶前应预热发动机 4min,使运动机件得以充分润滑。

7. 摩托车行驶中的注意事项

(1) 应尽量避免发动机无谓的空转,更不允许发动机高速空转,以防机件损坏。

(2) 要防止离合器处于半分离状态,因为这样将很快磨损离合器片并造成能量的损失。

(3) 爬坡时如感到发动机力量不足,要及时变换到低速档,以保证发动机不熄火并具有足够的牵引力。

(4) 高速行驶时不可单独使用前制动。下坡时不得空档滑行,因为这样操作是危险的,一旦下坡速度猛增时,挂空档则运动件不能起到辅助制动作用。

8. 摩托车的熄火停车和停放

当欲停车时,首先关闭油门,使摩托车逐渐减速,同时再握起离合器手柄,平稳柔和地使用前后制动器,并把发动机挂入空档位;然后松开离合器手柄,待车停稳,关闭点火开关,使发动机熄火。摩托车应停放到平坦、坚硬、干燥的地面上,支车时尽量用双梯。较长时间的停车应将油箱开关扳到“OFF”位置。长期不使用的摩托车，应松开化油器上的放油螺钉，将化油器中储存的油放干净，以避免锈蚀量孔（见图3-11）。最后，不要忘记把车锁好。

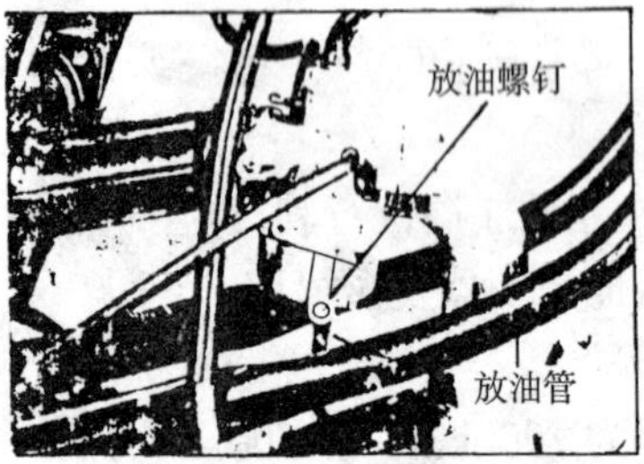

图3-11 化油器放油螺钉

三、摩托车调整与保养

1. 发动机的检查、调整与保养

(1) 发动机检查调整参数：

火花塞间隙：0.6～0.7mm

点火提前角度：上止点前15°（转速为1500r/min时）

进气门间隙（冷态）：0.03～0.07mm

排气门间隙（冷态）：0.03～0.07mm

油门转把自由行程：0.5～4mm

气缸压缩压力：$(1.0 \sim 1.4) \times 10^3$kPa（1000r/min时）

怠速：1500r/min

(2) 油路的检修：油管长期接触燃油，又受大气和阳光的作用，会老化变质，产生破损，甚至造成漏油，应及时更换新油管。在拆下油管时，旋拧下油箱开关即可检查燃油过滤网是否破损或被杂物堵塞，必要时应清洗或更换滤网（见图3-12）。

(3) 油门转把的检查调整：转动油门转把从全开位置到全关位置，检查油门拉线运动是否平滑，油门线走向是否合理，有无老化、损坏及扭曲。调整油门转把自由行程时

(0.5～4mm),可近似视为油门转把转过的位移。具体调整自由行程的步骤是:先移开防水胶套,调整调节螺丝1,如果还不能满足要求的自由行程,则再拧松螺母3,调整护套2的位置,即可调到规定值。调整完毕,把螺母3和螺母4锁紧,并将防水胶套移到原来位置(见图3-13)。

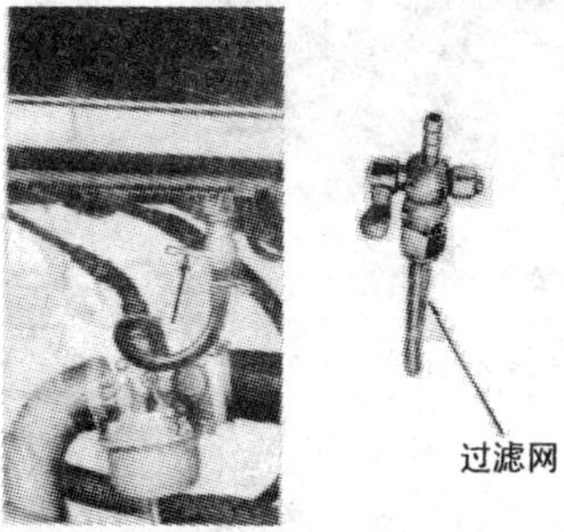

图3-12　燃油滤网

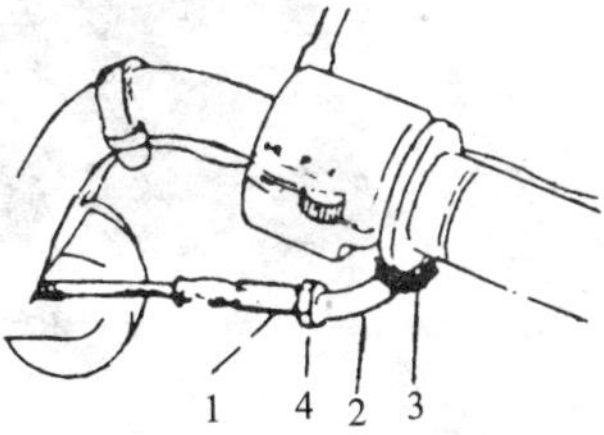

图3-13　油门转把

1. 调节螺丝　2. 调整护套　3、4. 螺母

(4) 空气滤清器芯的检查(见图3-14、图3-15):先拆下车

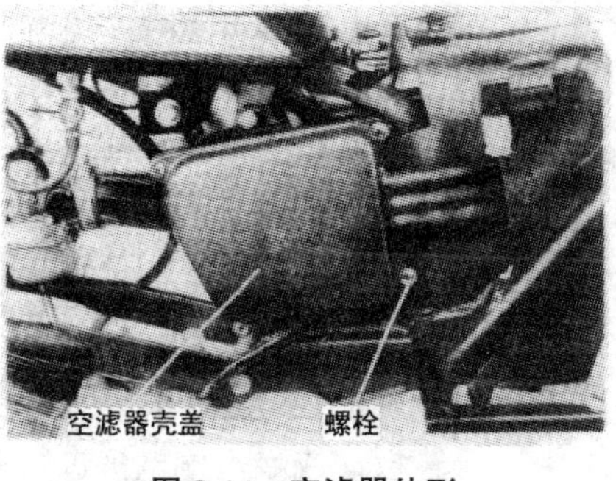

图3-14　空滤器外形

体左边护罩,然后卸下四个螺栓,拆下空滤器壳盖;再拆下小螺丝,取下滤芯架和滤芯。空气滤清器的维护清洗方法可参

阅第一章的有关内容。

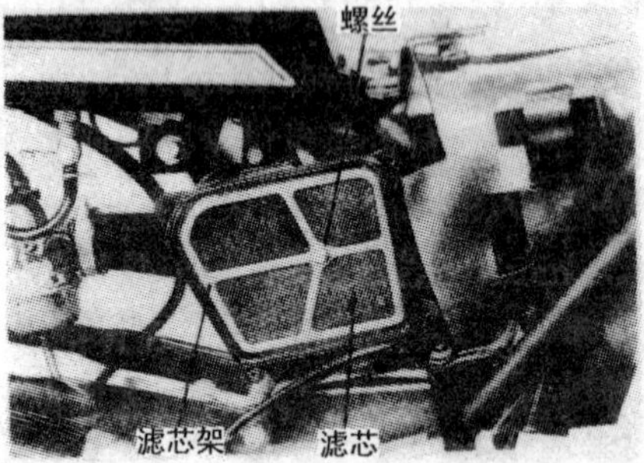

图 3-15　拆去壳盖后的空滤器

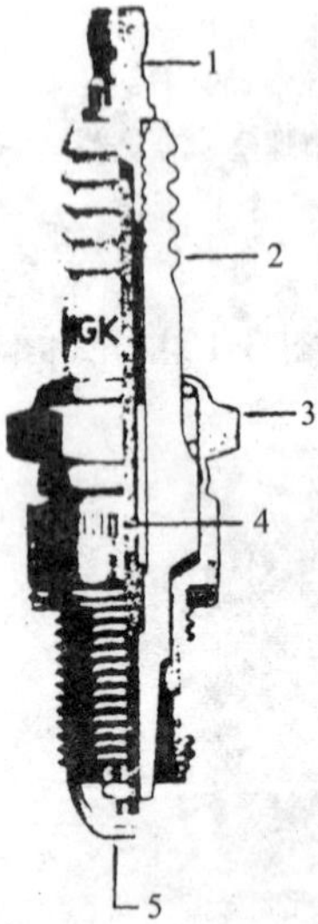

图 3-16　火花塞
1. 接线螺帽　2. 绝缘体　3. 壳体　4. 中心电极　5. 侧电极

(5) 火花塞：火花塞的结构如图 3-16 所示。其中心电极和侧电极使用耐高温、抗氧化、抗腐蚀且导电和传热性能均良好的金属材料制成。点火系统的高压电经接线螺母、接线螺杆输向中心电极，在与搭铁的侧电极间形成电火花，侧电极焊接布置在壳体下端面上。中心电极和侧电极应保持 0.6～0.7mm 的间隙。电极间隙过小会使电火花变得微弱，还易造成两极间积炭的跨连，使点火失效；间隙过大会使两极间跳火电压提高，当大到一定程度时，又会造成失火。通常以塞尺和专用间隙规检查电极间隙，不符合规定时，可轻轻扳动或敲击侧电极进行调整。

绝缘体使中心电极和侧电极保持良好的电绝缘性能，并固定中心电极，传导中心电极接收来的热量。绝缘体是用耐热、绝缘性好、导热性和机械强度优良的氧化铝陶瓷制作，其上部制成许多环状棱，以加大外表面的绝缘距离并增加散热表面。

壳体用钢制成，与绝缘体封固为一体，上下垫圈可使壳体与绝缘体之间保持良好的密封性。火花塞依靠壳体下部的螺纹固紧在气缸盖上，其拧紧扭矩值应为35N·m，壳体与气缸盖接触部位垫有密封垫圈，以防止燃烧室内的高温高压气体泄漏。

为了保证火花塞工作中具有自洁能力，同时裙部下端工作温度不超过易引起炽热点火的850℃。CD90型摩托车推荐的标准火花塞型号及可以使用的型号(日本产)见表3-6。

表3-6　CD90型摩托车使用的火花塞型号

	NGK	ND
标　　准	C6HSA	U20FS-U
可　　用	C5HSA	U16FS-U
	C7HSA	U22FS-U

摩托车在最初行驶1000km和每行驶2000～3000km应检查和保养火花塞。检查时，先拆下火花塞帽，清理火花塞周围的污垢，然后使用专用套筒扳手，待发动机冷却后拆下火花塞，检查有无损伤、污垢、积炭。如火花塞电极有明显的损耗或绝缘体出现裂纹、破碎，应更换新的。火花塞的积炭会使中心电极和侧电极间的绝缘电阻降低，造成漏电，甚至失火。可用钢丝刷轻轻除去积炭，严禁用高温火焰烧烤火花塞。

(6) 气门的检查与调整：

① 气门间隙的检查。在发动机处于冷机状态下，拆下左曲轴箱盖、气缸头左盖和气门盖，拆下火花塞。按反时针方向旋转磁电机飞轮，使磁电机飞轮上的“T”标记与左曲轴箱上

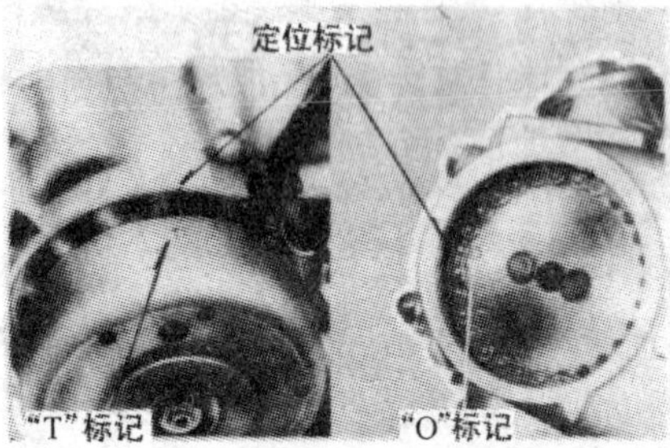

图 3-17　确定压缩冲程上止点

的定位标记对齐(见图 3-17),确认发动机处在压缩冲程上止点位置(此时凸轮链轮"O"标记与缸头定位标记应重合)。用塞尺插入调整螺钉和气门之间,测定两气门间隙(见图 3-18):

进气门间隙应为 0.03~0.07mm;

排气门间隙应为 0.03~0.07mm;

进排气门间隙最合适为 0.05mm。

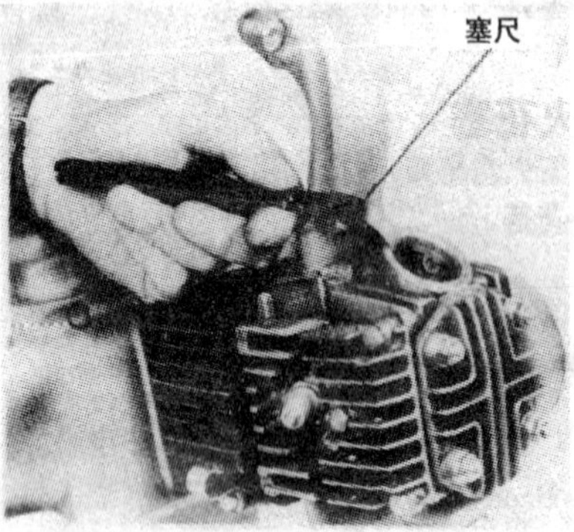

图 3-18　检查气门间隙

② 气门间隙的调整。松开气门调整螺钉的锁紧螺母;将 0.05mm 的塞尺插入调整螺钉和气门之间,转动调整螺钉直到拉动塞尺有轻微的阻力为止(见图 3-19);按规定的扭矩固紧锁紧螺母,注意此时不要改变气门调整螺栓的位置;检查气门盖上 O 形密封圈弹力及损耗情况(见图 3-20);将各零件按照拆卸时的相反顺序安装好。

(7) 点火提前角的检查调整:点火系统是无触点电子点火,摩托车出厂时已经调整到规定的点火提前角,用户不必调整。如使用中点火时间发生紊乱,可检查磁电机、脉冲发生器

图 3-19　调整间隙

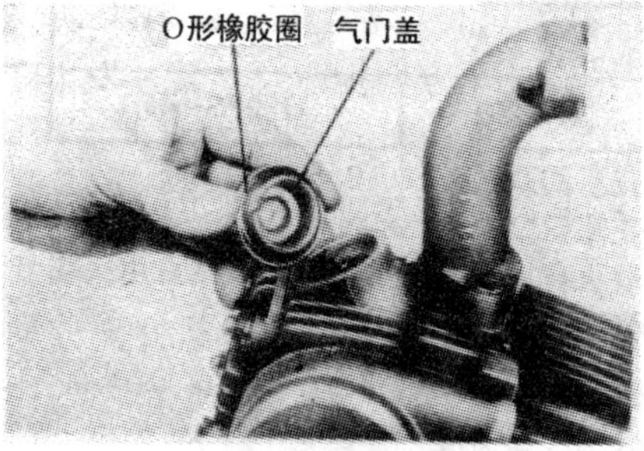

图 3-20　O 形圈检查

和 CDI 装置，必要时更换这些部件。

检查点火正时的方法是：先拆下左曲轴箱盖，启动发动机并使其处于怠速工况；连接上点火正时灯，检查点火正时，在发动机怠速转速为 1500r/min 时，点火时刻应为上止点前 15°，如果磁电机飞轮上的"F"标记在怠速时与曲轴箱上的定位标记对准了，则说明点火正时无误，否则应调整。

(8) 怠速的调整：怠速转速已在出厂前调整好了，一般不用再调整。必须调整时，先支起双梯，启动发动机并进行暖机运转(调整前勿使怠速调整螺钉位置向里旋入太多)；将空气

图 3-21　怠速调整

调节螺钉转到完全关闭位置，再回转到$2\frac{1}{4}$～$2\frac{1}{2}$圈位置；转动怠速调节螺钉，调整怠速至1500r/min；再转动空气调节螺钉，使发动机的稳定转速升到最高为止，然后再调整怠速调节螺钉使怠速降至1500r/min(见图3-21)。请注意，调整好怠速转速后，若再转动摩托车方向把时怠速转速发生变化，则常常是因钢索调整不良、走线欠佳或钢索有损伤造成的，此时，应检查节气门钢索，直到怠速达到稳定为止。

(9) 气缸压缩压力的检查：

① 压缩压力的测定。启动发动机并充分预热；然后熄火停机，拆下火花塞；把气缸压力表插到火花塞孔内，用力压紧，不得有漏气现象；把阻风门、节气门全开，用脚踩动启动踏杆5次，使发动机曲轴旋转，读取气缸压力表的最大数值。本机正常压缩压力为$(1.0\sim1.4)\times10^3$kPa。

② 压缩压力低于正常值的原因有：气门密封不严；气门间隙调整不正确；气缸漏气；气缸盖密封垫漏气；活塞和气缸的间隙大；活塞或活塞环槽异常磨损。

③ 压缩压力高于正常值时，应检查活塞顶、气缸盖有无积炭；气缸盖和气缸体之间的密封垫圈是否符合规定。

2. 车体的检查、调整与保养

(1) 链条的检查、调整与保养：摩托车经长期使用，链条的各个环节会产生磨损，导致链条受力伸长。当链条伸长到一定长度后，应及时调整。

① 链条垂度的检修。将变速器置于空档，支起摩托车双梯，检查松边链条的下垂度是否在15～25mm的范围之内。如链条松紧度不合要求，调整顺序如下（见图3-22）：拆下后轮轴上的开口销，旋松后轴螺母；松开后制动拉杆螺母；松开链轮轴螺母，调节调链螺母使链条垂度达到所要求的数值；将后车轮调到后平叉的中心位置，拧紧后轴螺母（扭矩为60N·m）和链轮轴螺母（扭矩为60N·m）及锁紧螺母；用新开口销锁紧后轴螺母，锁紧后制动拉杆螺母，在锁紧前要按要求重新调整后制动踏板的自由行程。

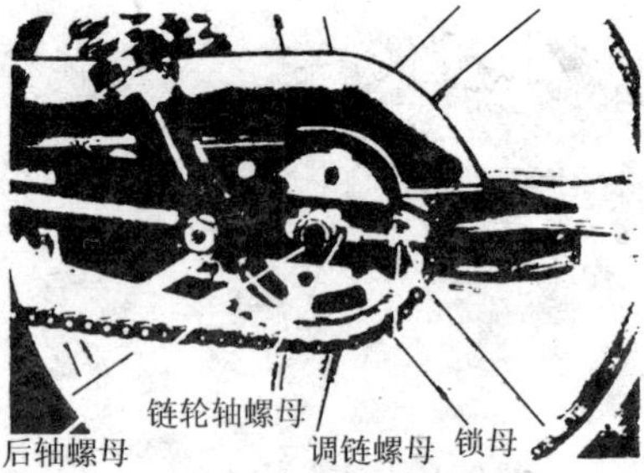

图 3-22　链条的调整

② 链条磨损情况检查。如果链条上的油污过多，可拆下用清洗油清洗干净，晾干后涂以润滑油。观察链条磨损情况，如果磨损程度严重，应更换。

③链轮的检修。清洁并检查主动链轮和从动链轮的齿形磨损是否过度（见图3-23），磨损过大的更换。主动链轮的安装螺栓扭矩为11N·m。

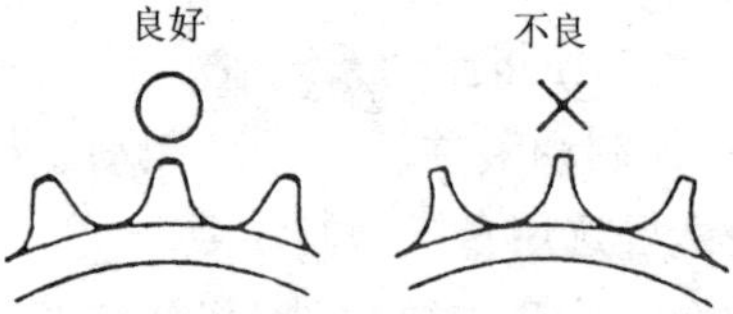

图 3-23　链轮磨损情况

请注意：绝对不可在磨损的链轮上安装新链条，或者在新链轮上使用磨损的链条。链轮和链条必须一同更换。

④ 链条的安装方向。应使链夹的开口方向和链条在车

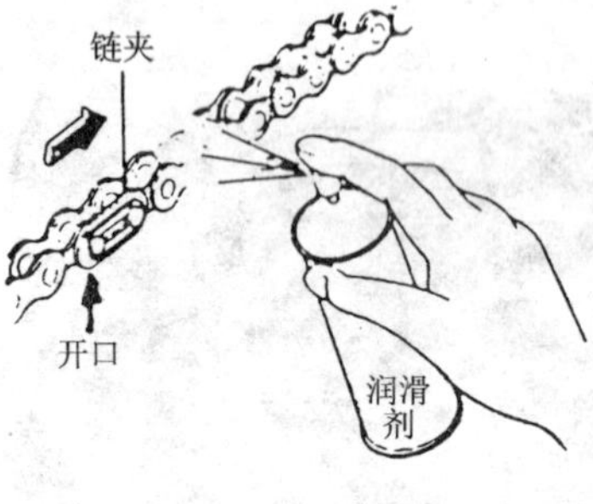

图 3-24　喷布润滑剂

上的运动方向相反，以防脱出。链条的润滑建议使用喷雾型链条润滑剂，这种润滑剂喷布均匀，涂油量也不会太多(见图 3-24)。

如后轮轴已调整到极限位置，链条仍然过松，说明该链条的磨损已非常严重，应更换或截去几个链节。

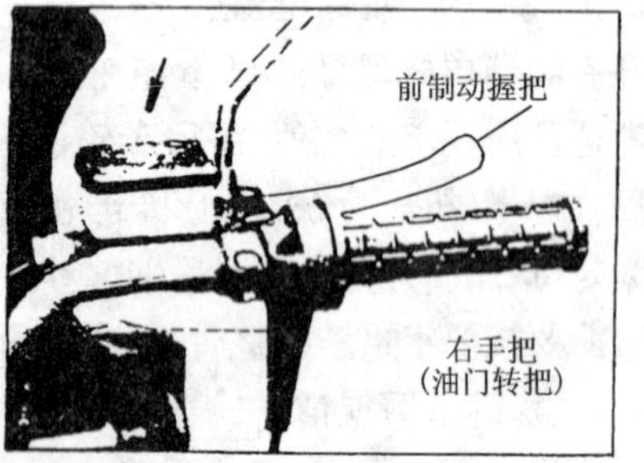

图 3-25　制动液储存盒(箭头所指)

(2) 制动系统的检修：前制动系应检查制动液储存盒内的制动液液面，位置应在标记“MIN”和“MAX”线之间，如低于“MIN”线时则需要补充制动液。拆下储存盒的盖子，添加相同型号的制动液至“MAX”线。不能把不同型号的制动液混合使用(见图 3-25)。

当需要更换制动液时，应该顺便将制动系统清洗干净，把制动钳上的排气螺钉松开，添加制动液并注意排净制动系统中的空气(图 3-26)。制动液最好选用合成型制动液。

后制动踏板应有 20～30mm 的自由行程(脚掌踩动的踏板部分，由踩动前位置到开始制动时位置的距离)，不在此范围应调整。方法是：松开锁紧螺母，根据具体情况拧进或后退拉杆螺母和拉杆调整螺母(拉杆调整螺母可用手拧动)，使自由行程达到要求。请注意，拉杆调整螺母的半圆槽应卡在制

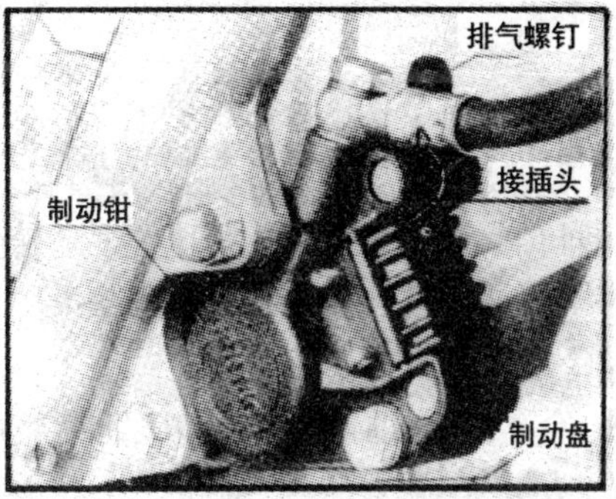

图 3-26　前制动器

动臂销上。调整自由行程达到之后，要跟着调节后制动灯的接触开关，要调整到制动灯亮时后制动刚起制动作用为好。调节后制动灯开关时不要旋转制动开关本体，只需调节调整螺母。前制动灯开关一般无需调整。

(3) 离合器的保养和调整：手动(左手操纵)机械传动湿式多片式离合器摩擦片浸于机油中，具有外径尺寸小及冷却性、耐热性、耐磨性能优越的特点，特别易于半离合状态操作。由于摩擦片上有油，所以摩擦系数小，传递的扭矩不如干式离合器大，离合器轴向尺寸也较大。

离合器手把的自由行程标准值为 10 ~ 20mm (见图 3-27)，如果需要调整，可松开锁紧螺母，转动调整螺母使自由行程达标准值，最后拧紧锁紧螺母(注：离合器线两端的调整螺母都可以用来调整)。

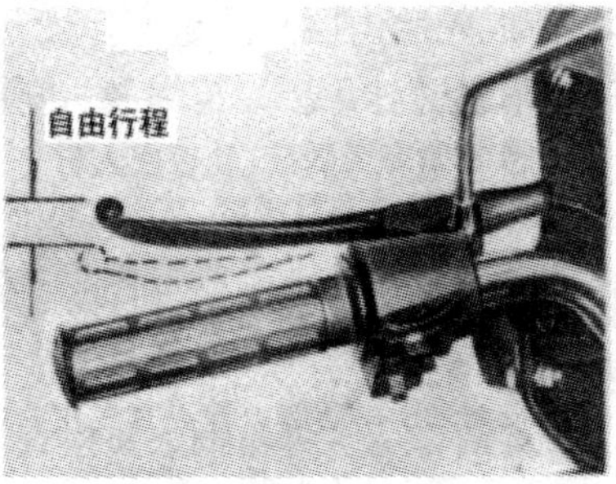

图 3-27　离合器手柄自由行程

离合器线的走向应平顺圆滑,否则,会增加离合器操纵手柄的握动阻力。

(4) 减震器的检查:前减震器内装着吸收和释放能量的缓冲弹簧和对震动起衰减作用的液压减震装置。后减震器是一个完整的密封部件,为弹簧-液压阻尼式,当受压之后再复位时(即弹簧伸张时),其液压油产生比压缩时大得多的阻尼力,因而具有良好的减震效果。

减震器的检查:握住前制动手柄,压缩前减震器数次,察看前减震器的功能,有无漏油、松动和损伤等不正常现象;后减震器的检查同前减震器一样。

在检查完后减震器之后,支起双梯,可顺便握住后平叉横向摇动,察看后平叉铰链轴套筒有无松动、损伤,有松动时应修理或更换。最后,将前后减震器的所有螺母和螺栓拧紧。

(5) 车轮的检修:该车采用低压轮胎(充气压力在 150~450kPa 的轮胎称低压轮胎,低压轮胎弹性好、吸震能力强、散热快和附着力大),用气压表在轮胎处于冷态时检查轮胎的气压。轮胎气压正常值是:前轮 180kPa 左右;后轮单人乘坐时 220kPa 左右,双人乘坐时 280kPa 左右。

轮胎充气压力太低时,行车中其径向变形大,车轮快速转动,造成轮胎内层间严重摩擦发热,使工作温度急剧升高,引起外胎脱层、折线,甚至爆裂,也使行驶阻力、油耗增大,安全性降低。

轮胎充气压力过高时,轮胎弹性减低,减震能力下降,行驶时摩托车动负载增加,机件受力加大,磨损加快。当冲击力大时,可能造成外胎早期损坏。

对铝合金压铸轮辋主要检查是否有裂纹、损伤和变形,如果出现上述缺陷,应更换。

车轮螺母的紧固扭矩值是：前轮轴螺母为60N·m，后轮轴螺母为60N·m，链轮轴螺母为60N·m。

(6) 其他部位的检查：检查方向柱轴承，将车子双梯支在地面上，坐在车后座上，将前轮抬离地面，用双手转动方向把，看有无异常。如有，应进一步检查调整方向柱轴承。

检查车架部分各个螺栓、螺母、锁紧件是否松动，各处开口销和挡圈是否完好。

第三节　发动机润滑系统

一、润滑系统简介

1．润滑方式

采用压力润滑和飞溅润滑相结合的方式，安装有专用的润滑设备，如油泵、离心式机油滤清器等。

2．润滑油路

润滑油路如图3-28所示。润滑油经润滑油过滤网，通过油泵，分两路去润滑运动机件：一路经由节流阀输出流向摇臂轴和凸轮轴，润滑摇臂轴摩擦副、凸轮轴上各摩擦副和正时链条及链轮；另一路通过离心式润滑油滤清器后，经由曲轴内芯孔润滑主轴承和连杆大头摩擦副。此外，传动主轴和传动副轴上高速旋转的变速齿轮以及摆动的曲柄连杆，也不断将润滑油甩溅到机件表面。

3．本车使用的润滑油

(1) 本田高级纯正机油-U(四冲程二轮车专用SAE 10W/30)。

(2) API分类：SE级发动机润滑油。请注意，需依环境温度选择粘度适合的牌号。

(3) 中国生产的车用润滑油。也可以采用中国国家标准

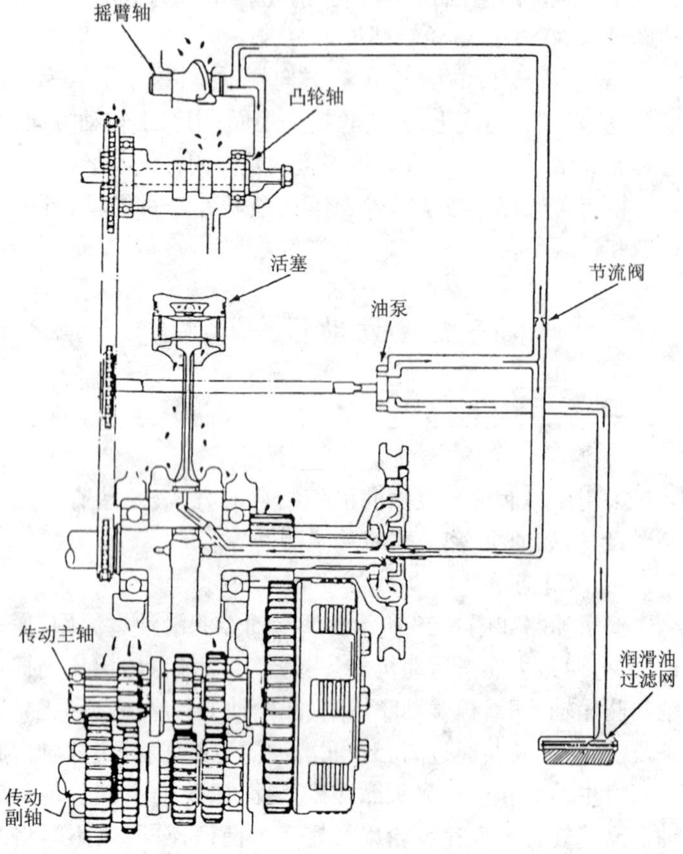

图 3-28 润滑系统示意图

(GB 485—84)规定的汽油机润滑油,按环境使用粘度适用于当地室外气温的润滑油。

4. 维修油泵应了解的数据

(1) 内转子与外转子间隙:标准值为 0.15mm,极限值为 0.2mm。

(2) 外转子与泵体间隙：标准值为 0.02～0.07mm，极限值为 0.12mm。

(3) 转子与泵体端面间隙：标准值为 0.01～0.05mm，极限值为 0.2mm。

二、润滑系统常见故障

1. 润滑不良

当润滑不良时，发动机易过热，甚至造成"抱缸"及机器零件的严重损坏。其原因有：供油量太少，滤油网、油道或节流孔被杂物堵塞；润滑油泵及油泵传动部分出现故障。

2. 润滑油消耗量过大

原因可能是：摩托车使用过度；有漏油的地方；活塞环、气缸体磨损较大。

3. 润滑油不清洁

需检查：润滑系统密封是否严密；润滑油是否按要求定期更换。

三、润滑油位的检查

润滑油的油面高度用发动机备有的机油标尺测定。方法是：将摩托车用双梯支在平坦的地面上，启动发动机并怠速运转 3min，然后停机，让润滑油向下流淌，3min 后用机油标尺测量。请注意，测量时不要将标尺螺纹部分旋入螺纹口。正常油面，应在标尺刻度的上下限之间(见图 3-29)，低于下限时，应补充润滑油到标尺的上限刻线。

图 3-29　润滑油的油面

四、更换润滑油的方法

应在发动机运转预热后放掉润滑油，这时润滑油流动性好,易迅速放净。新润滑油需加入 0.7L,如果是发动机分解后添加,就需加入 0.8L。

放废润滑油前,先应拧下机油标尺,在发动机下放一个接油容器,再旋下放油螺塞,检查放油螺塞密封垫是否良好。待油全部放净后,拧上放油螺塞,拧紧扭矩为 23N·m。注入新润滑油,装好机油标尺,启动发动机怠速运转 3min,停车 3min 再察看机油标尺油位是否合适,察看有无渗漏油处。

五、离心式滤油转子和滤油网的清洗

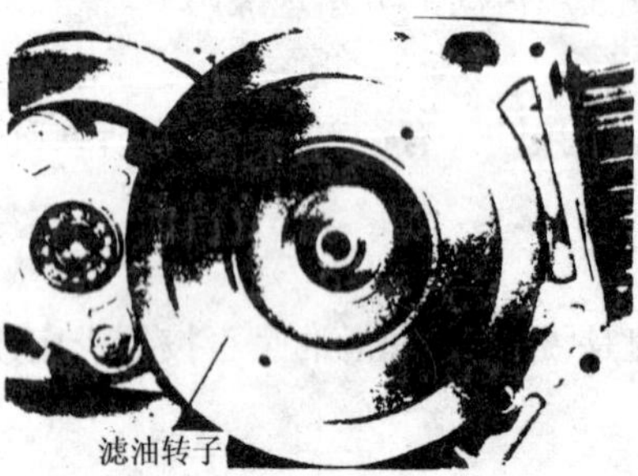

图 3-30 滤油转子

清洗前,先放掉机器内的润滑油,拆掉启动踏杆、搁脚架及消声器,拧出机油标尺,摘去离合器线,再拆下右曲轴箱盖及露出的四个 5mm 螺钉,滤油转子盖即可拆下。用棉布擦去滤油转子内的脏污(见图 3-30)。不要使用压缩空气清扫污物,以免污物飞溅堵塞曲轴中的润滑油路。滤油网可用尖嘴钳取出清洗。安装与拆卸时顺序相反。

六、滤油转子的拆装

滤油转子安装在发动机曲轴轴端,它随曲轴的转动同步旋转,进入滤清器内的润滑油受到离心力的作用,沉重的污物就被甩到滤清器的周边,所以该滤清器称为离心式滤清器,滤油转子称为离心式滤油转子。

在拆下滤油转子盖后,用套筒拆下锁紧螺母和垫圈,即可拆下离心式滤油转子,检查油封和密封垫,必要时更换(见图 3-31)。安装时,切记让垫圈上印有"OUTSIDE"标记的一面朝外。

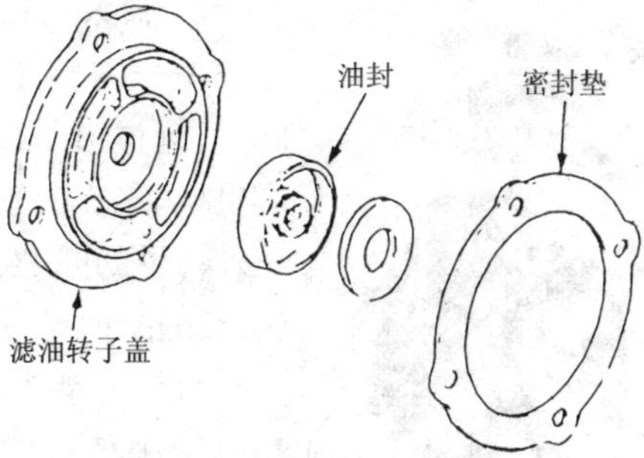

图 3-31　油封和密封垫

七、油泵的拆装维修

1．油泵的拆卸

图 3-32　油泵盖螺钉和油泵安装螺钉

如前述方法，拆下滤油转子，拆下油泵安装螺钉；在拆下油泵安装螺钉前，预先拧松油泵盖螺钉（见图 3-32）；拧下油泵盖螺钉，拆下油泵盖和密封垫；拔出油泵轴，拆卸内转子和外转子（见图 3-33）。

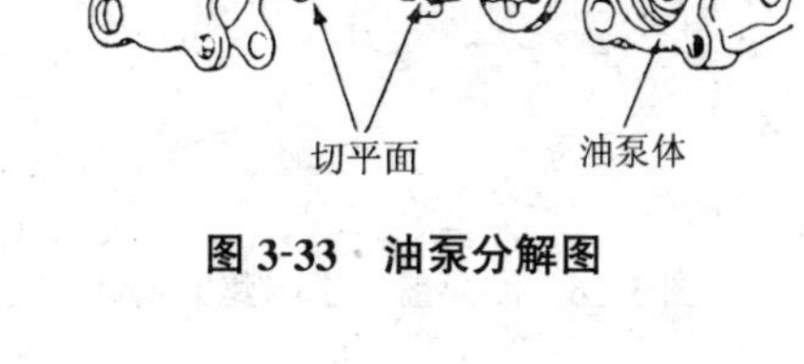

图 3-33　油泵分解图

2. 油泵的检修

图 3-34　内外转子间隙的检查

检查内转子和外转子的间隙,超过极限值(0.2mm)时应更换(图 3-34);检查油泵体与外转子的间隙,超过极限值(0.12mm)时应更换;检查转子端面与油泵体端面的间隙,超过极限值(0.2mm)时应更换(见图 3-35)。

请注意,检测端面间隙时应将油泵盖密封垫安装上去之后再测量。

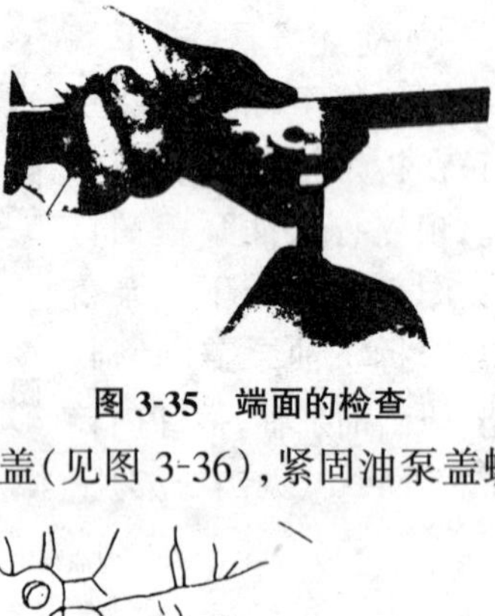

图 3-35　端面的检查

3. 油泵的组装

将油泵的外转子、内转子安装到油泵体内,注意油泵轴与内转子相应部位对准(见图 3-33)。

安装油泵盖密封垫和油泵盖(见图 3-36),紧固油泵盖螺

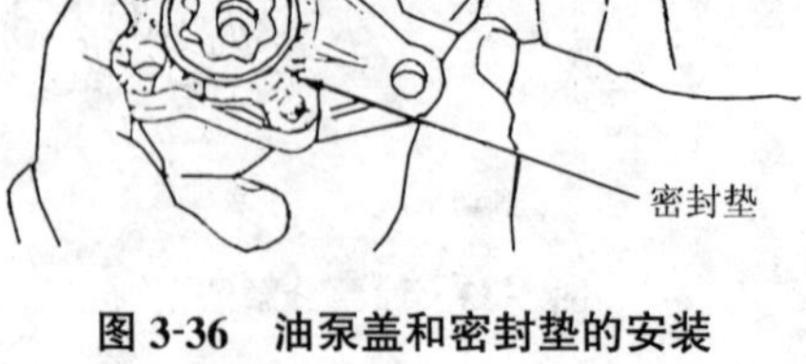

图 3-36　油泵盖和密封垫的安装

钉。组装后，转动油泵轴，检查内外转子转动是否灵活。

将油泵体密封垫装在油泵上，将油泵轴的凹部与油泵传动轴的凸部对好装上（见图 3-37），紧固油泵安装螺钉。

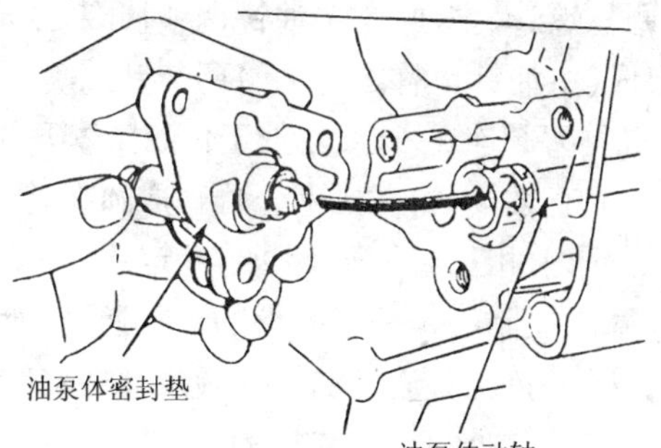

图 3-37 油泵的安装

第四节 供油系统

供油系统主要包括化油器和燃油箱。

一、化油器

该车采用的是一种结构较为简单的平吸式柱塞化油器。

1. 柱塞式化油器的结构特点和工作原理

柱塞式化油器体由铝合金压铸而成。其中央的水平通道是化油器的主进气通道，与其垂直运动的柱塞式节气阀配合形成面积可以改变的喉口。当活塞向下止点运动时，空气通过空气滤清器被吸入，由于喉口处通道面积减小，所以流经喉口的气流速度增大，高速气流压力变小，从而使压力高的浮子室内的燃油被吸入喉口，并在化油器体水平通道的后部与空气混合雾化。

化油器体下部有浮子室，包括浮子室盖、浮子针、浮子等零件，其作用是保持浮子室内燃油处于一定的液面高度。当发动机内用油时，浮子室就供给并不断从燃油箱引入燃油；当发动机停止工作时，浮子室油面就停留在一定高度。

柱塞阀油针组件是由柱塞阀、柱塞弹簧、柱塞盖、柱塞盖压帽、钢索调整螺管、主油针、主油针调整挡圈、主油针限位卡簧等零件组成（主油针也称之为油量调节针）。

主油针与柱塞阀连在一起，与处于化油器体下方的主喷嘴、主量孔在同一垂直轴线上。主油针下端做成圆锥形，它们在发动机主要工作范围内，相互配合，合理供应一定数量的燃油。

由于柱塞阀控制的是一个圆形的进气通道，所以，当摩托车驾驶员转动油门转把，通过油门钢索拉动柱塞阀时，开始打开的是一个月牙形的通道，而中间打开的几乎是一个矩形通道，最后当柱塞阀将要全开油门时，打开的又是一个月牙形的通道截面。也就是说，柱塞阀同样的提升高度，开始和终了时打开的空气流通面积小，中间打开的空气流通面积大。但与此同时，主油针也从主喷嘴中等速抽出，主油针的提升高度和供油量大致成正比，这样随着柱塞阀和主油针的同步提升，供给的空气和汽油的混合气的浓度却不同，开始比较浓，中间部分较稀，最后又比较浓。这一规律正合乎发动机对混合气浓度的要求：开始发动机启动和小负荷工作时，要求混合气浓些；中等负荷是发动机经常运转的区域，要求混合气稀薄一些，保证良好的经济性；当需要提速，进行超车骑行时，也即油门全开时，混合气的浓度又相应增加，以产生更大的功率。

化油器还有一个重要的零件叫主量孔，其流量值与其中心的孔径大小和孔的长度有关，更换时一定要根据厂方规定的流量值选配。

2．化油器的维修保养

在摩托车使用过一定时间或行驶一定里程后，应对化油器进行全面检查、清洗和调整，必要时更换零件。

拆开化油器要注意O形密封圈的安装位置，重新安装时最好更换新的O形密封圈。

化油器的技术数据是：

喉管直径　　16mm

液面高度　　10.7mm

空气调节螺钉圈数　　$2\frac{1}{4}\sim2\frac{1}{2}$圈

主量孔　　＃82

怠速量孔　　＃38

主油针卡簧位置从上数第三格

3. 化油器的拆卸

首先关闭油箱开关，松开放油螺塞，放掉化油器内的燃油，旋下化油器顶帽，取出节气门(即柱塞阀)(见图3-38)。

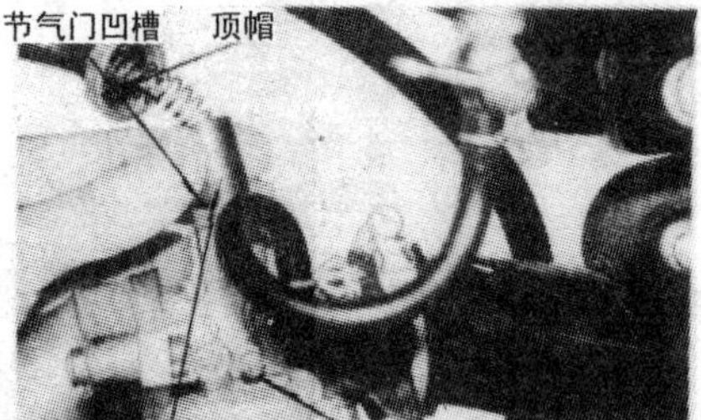

图3-38　节气门的拆卸

拆下油量调节针、回位弹簧，取下油量调节针及卡簧，检查节气门、调节针表面有无脏物、裂纹及磨损(见图3-39)。

从化油器端拔下燃油管，拆下进气管安装螺栓，拧松进气管卡箍螺钉，卸下化油器(见图3-40)；拆下螺钉取下浮子室

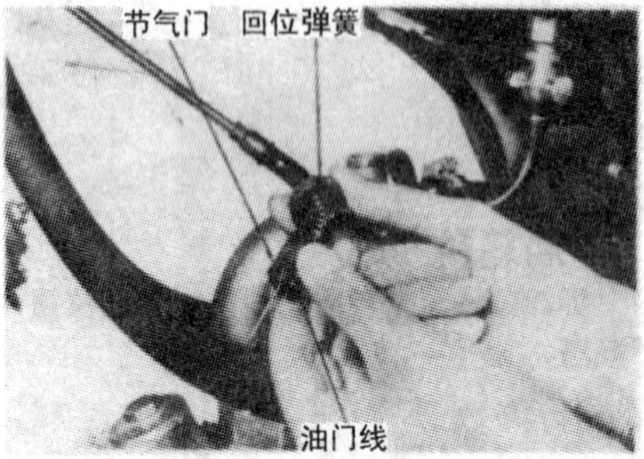

图 3-39　油量调节针的检查

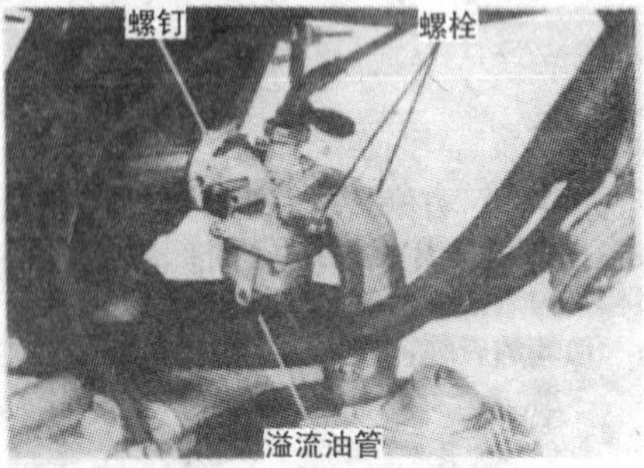

图 3-40　化油器的拆卸

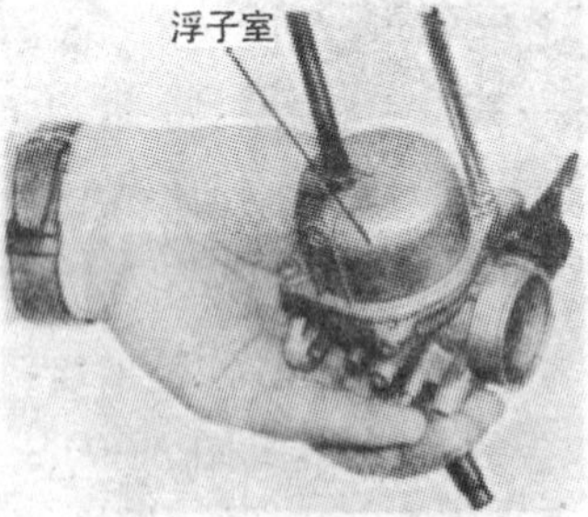

图 3-41　浮子室的拆卸

(见图 3-41);拔下浮子销,取下浮子、浮子阀(见图 3-42)。检查浮子阀及浮子阀座孔接触面有无磨损;检查浮子有无变形、漏气。

拆下怠速调节螺钉、空气调节螺钉、主喷嘴座、主喷嘴、调节针孔、怠速喷嘴(见图 3-43)。

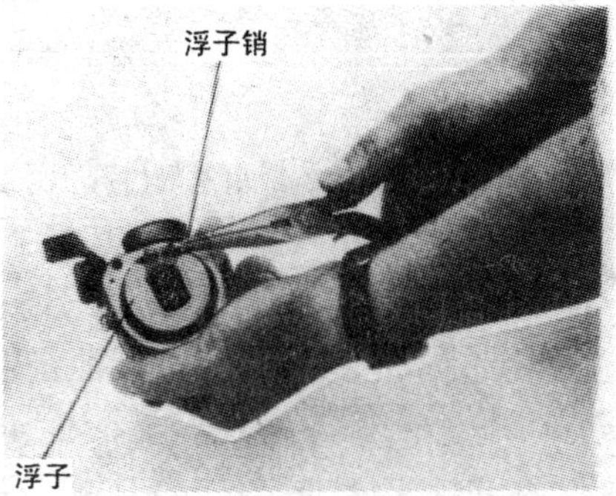

图 3-42　浮子的拆卸

请注意，取下空气调节螺钉要记住取下之前的圈数，以便安装时能转到原来的位置。

检查每个零部件的磨损或损伤情况，检查弹簧的弹力；清洗、吹净各零部件脏物，把喷嘴装到原来的位置，安装浮子阀、浮子、浮子销。

检查浮子位置，倾倒化油器，用浮子测量规测量浮子位置（见图 3-44），如浮子位置不合适，应更换浮子。

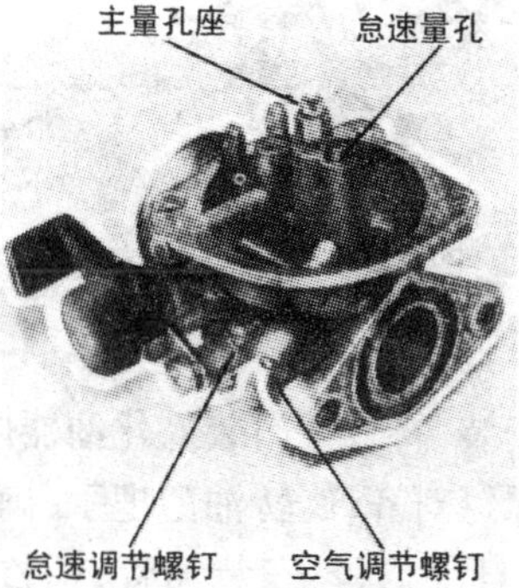

图 3-43　主量孔座、怠速量孔、怠速调节螺钉、空气调节螺钉

图 3-44　浮子位置的测量

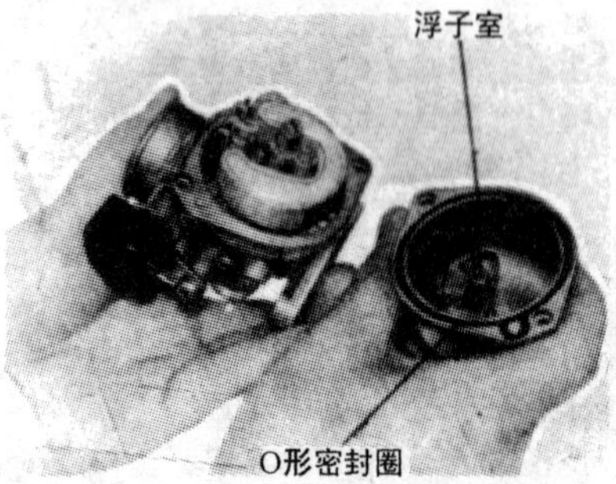

图 3-45　O 形密封圈的检查

检查 O 形密封圈，安装浮子室(见图 3-45)。

安装油量调节针卡簧，其标准位置是从上数第三格；在节气门上安装油量调节针定位簧(见图 3-46)；通过化油器顶帽安装油门线弹簧，并把油门线与节气门装好(见图 3-47)。

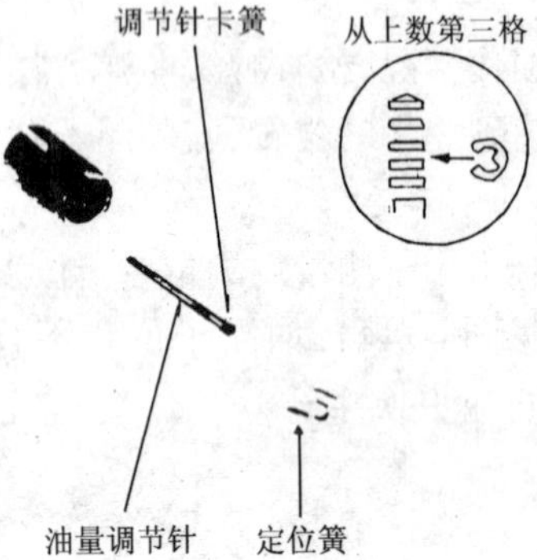

图 3-46　定位簧的位置

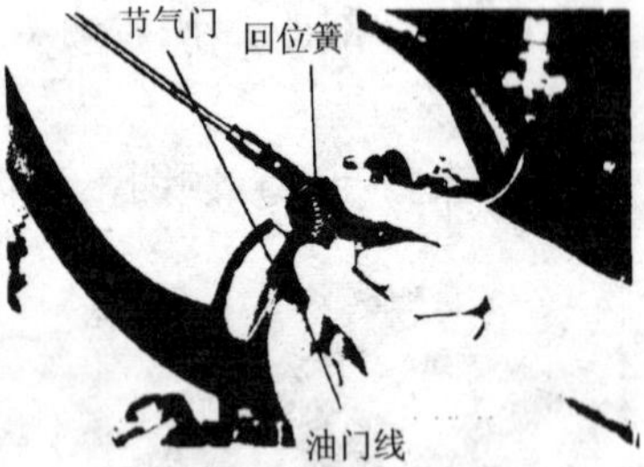

图 3-47　油门线的安装

4. 化油器的安装

按与拆卸相反的顺序进行安装：将节气门装入化油器内，注意将节气门凹槽与怠速调节螺钉对齐；旋转油门把手，确认节气门运动良好，调整油门转把自由行程；安装油管，调整怠速(怠速的调整方法见本章第二节)。

二、油箱

油箱由薄钢板经冲压焊接成型，其顶部设有带锁的并具有通气孔的油箱盖。

拆卸油箱时，先将车把转向左方，拉动鞍座拉锁，取下鞍座，然后拆下左右护罩，关闭油箱开关，从化油器一端拆下燃油管，卸下装在油箱下面两端的固定螺栓，用双手把油箱向后拉取下，并进行清洗和修理。

三、燃油供给系统故障判断

1. 磁电机正常转动但发动机不能启动

可能的原因有：油箱内燃油用光了；浮子被卡住，化油器浮子室内无燃油；供给发动机的油太多太浓；空滤器堵塞；阻风门操作不当；油门操作不合适。

2. 怠速转速不稳

可能的原因有：点火故障，如有失火现象；怠速的调整不正确，需进一步调整；化油器故障；燃油内有杂质。

3. 混合气过浓

可能的原因有：化油器的空气喷嘴被堵塞；浮子阀动作不良，致使浮子室油面过高；浮子室油面调整得太高；化油器阻风门被关闭；空气滤清器被堵塞，造成化油器进气通道真空度增大，供油量加大。

4. 启动困难或启动后又熄火

可能的原因有：阻风门操作不当；化油器故障；燃油有杂质；进气管漏气，造成混合气过稀；怠速调整不正确。

5. 混合气过稀

可能的原因有：化油器燃油喷嘴堵塞；油箱通气孔堵塞；燃油过滤网堵塞；油路不畅通；浮子阀动作不良；浮子室油面过低；进气道漏气；油箱开关堵塞。

第五节　发动机的拆装

一、发动机的拆卸步骤

(1) 打开放油螺塞,放尽发动机内的润滑油。

(2) 拔下火花塞帽(见图 3-48)。

(3) 用扳手将消声器与发动机的接口螺母拧下,再取下平叉铰链轴螺母,取下消声器(见图 3-48)。

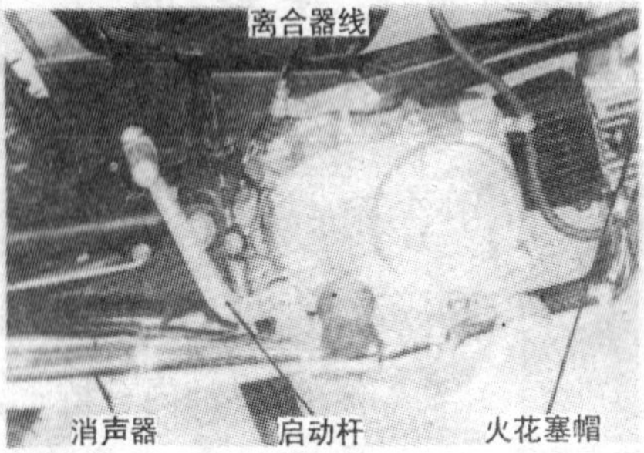

图 3-48　离合器线、消声器、启动杆、火花塞帽

(4) 拆下启动杆和离合器线(见图 3-48)。

(5) 打开鞍座,先拆下左护罩,再把磁电机索缆接头拆开(见图 3-49)。

图 3-49　磁电机索缆

(6) 拆下进气管安装螺钉。

(7) 卸下变档踏板(见图 3-50)。

(8) 拆下左曲轴

箱盖(见图 3-50)。

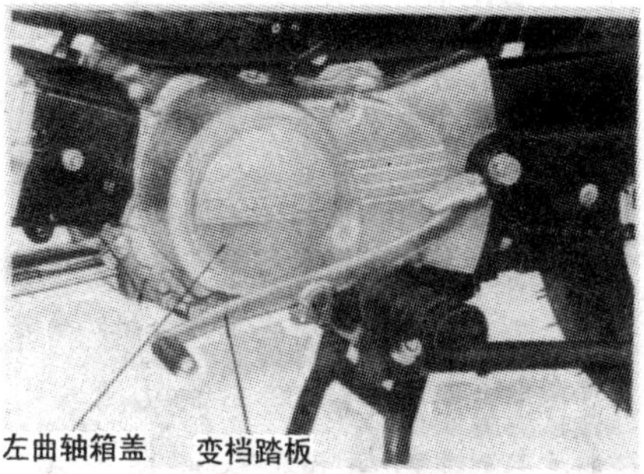

图 3-50　左曲轴箱盖、变档踏板

(9) 将搁脚架安装螺栓卸下,取下搁脚架(见图 3-51)。

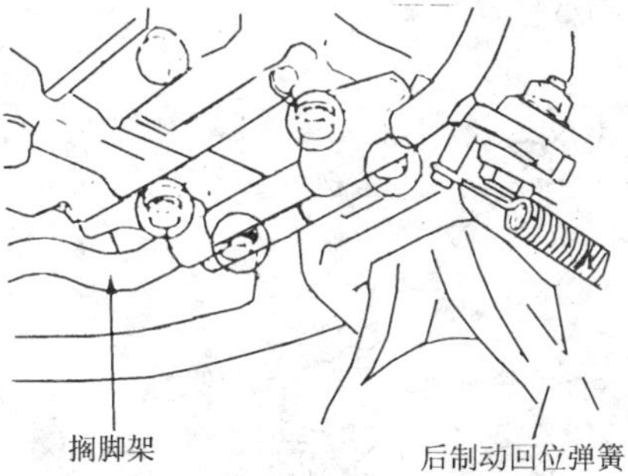

图 3-51　搁脚架、后制动回位弹簧

(10) 拆下链夹,取下传动链条。

(11) 取下后制动回位弹簧(见图 3-51)。

(12) 卸下发动机与车架连接的紧固螺栓,拆下发动机。

二、发动机的安装

安装发动机按拆卸的相反顺序进行,并注意:正确连接索缆和离合器线;调整离合器手柄自由行程;调整传动链条的垂度;注入发动机润滑油。

第六节　气缸头、凸轮轴和气门

一、结构特点

气缸头上面安装有气门导管、气门座、摇臂轴和凸轮轴以及火花塞等。其上方有进气通道,下面有排气通道,左面有安装配气从动链轮和链条的传动室,气缸头罩、气门室盖和左右侧盖也都通过螺纹或螺钉与气缸头连在一起。为了接合紧密,接合面都有衬垫、密封胶垫或密封圈。

气门座实际上是一个镶块,用耐热、耐腐蚀、耐磨损的材料制成(见图 3-52)。

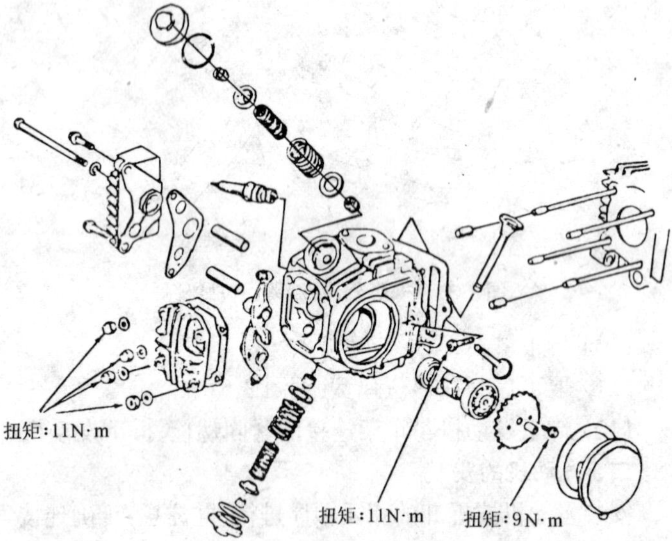

图 3-52　气缸头和它周围的零部件

安装气缸头应注意保证油孔畅通，密封圈和定位销位置正确，凸轮轴、凸轮轴轴承、气门杆等运动部位应涂以少量润滑油。

维修数据见表3-7。

表3-7　气门、凸轮轴等技术数据　(mm)

项目			标准值	极限值
凸轮高度		进气	26.503~26.623	26.26
		排气	26.318~26.438	26.02
气门弹簧自由长度		内	32.8	31.2
		外	35.6	34.0
摇臂孔内径			10.000~10.015	10.10
摇臂轴外径			9.978~9.987	9.91
气门间隙			0.03~0.07	—
气门座接触面宽度			1.0	1.6
气门杆与气门导管	气门杆外径	进气	4.975~4.990	4.92
		排气	4.955~4.970	4.92
	气门导管内径	进气	5.000~5.012	5.03
		排气	5.000~5.012	5.03
	气门杆与导管间隙	进气	0.010~0.037	0.08
		排气	0.030~0.057	0.10
气缸头密封面平面度			—	0.05

二、故障判断

与气缸头相关联的各种故障，一般可通过测量气缸内的压缩压力进行检查；如有异常响声，可用检查零件间隙的方法进行判断。

1. 压缩不稳定或压缩压力低

可能的原因有：

(1) 气门：气门间隙调整不当；气门烧损或气门杆弯曲；气门弹簧损坏；气门配气定时不准；气门座密封不严。

(2) 气缸头：气缸头密封垫漏气或损坏；气缸头平面弯曲或有裂痕。

(3) 气缸和活塞磨损或活塞环磨损或安装不当。

2. 噪声大

可能的原因有：气门间隙调整不当；气门卡住或气门弹簧断裂；摇臂、摇臂轴磨损或断裂；凸轮轴磨损或松动。

图 3-53　M6 螺栓、气缸头左盖

三、凸轮轴的拆卸与检修

1. 拆卸

先松开 M6 长螺栓并顶起气缸头左盖，然后拆下 M6 长螺栓和左盖(见图 3-53)。

拆下发动机曲轴箱左盖，徐徐转动曲轴，让凸轮链轮上的“O”字标记与气缸头上的标记对齐(见图 3-54)；拆下凸轮链条张紧杆密封螺栓，拆下张紧弹簧和张紧

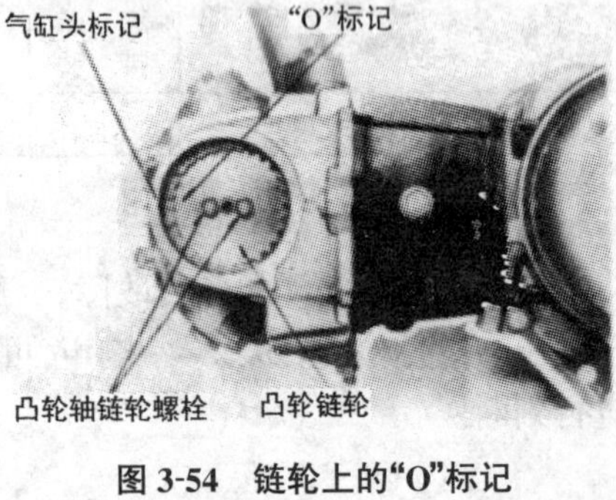

图 3-54　链轮上的“O”标记

杆。

拆下凸轮链轮螺栓和凸轮链轮；把链轮螺栓旋入凸轮轴，即可拆下凸轮轴，然后拆下定位销（见图 3-55）。

图 3-55　凸轮轴、定位销

2. 检修

仔细检查凸轮表面的损伤情况和凸轮轴轴承的间隙，如果轴承松动，出现异响，则应更换。

凸轮的高度应用千分尺检测。测量前应将凸轮清洗干净。凸轮高度的极限值：进气凸轮为 26.26mm；排气凸轮为 26.02mm。

更换凸轮轴轴承时，可用拔卸器把需要换的轴承拉下来（见图 3-56），然后用专用工具把新轴承压入（见图 3-57）。

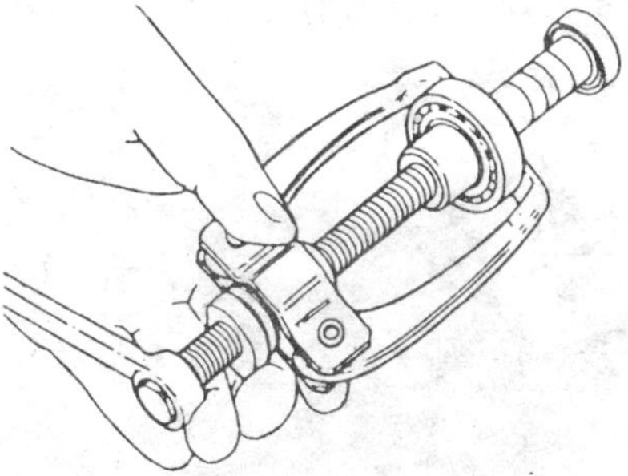

图 3-56　凸轮轴承的拆卸

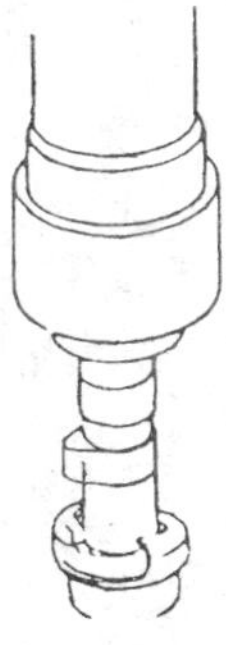

图 3-57　凸轮轴承的压入

四、气缸头的拆卸和分解检查

1. 拆卸气缸头的步骤

拆下气缸头上的进气管的安装螺栓；用专用套筒扳手把消声器拆下；卸下火花塞帽，旋下火花塞；拆下两个气门盖；拆下气缸头盖上的螺母（四个 M6 螺母）；卸下气缸头盖；卸下气缸头螺栓；拆下气缸头（见图 3-58）；细心地拆下气缸头密封垫、定位销以及衬套和密封圈（见图 3-59）。

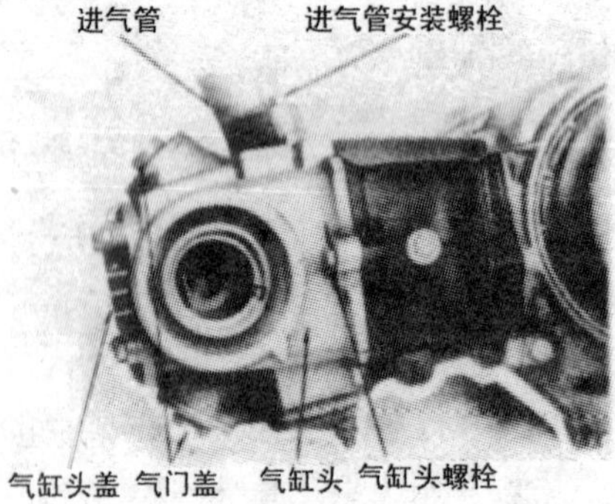

图 3-58　拆卸气缸头（一）

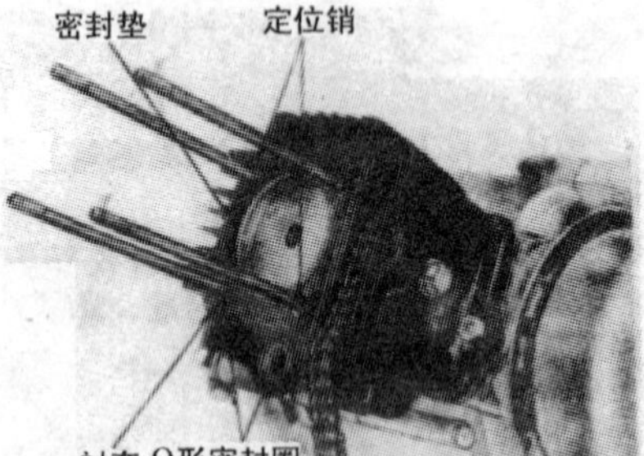

图 3-59　拆卸气缸头（二）

2. 气缸头的分解检查

分解气缸头可按下述方法和步骤进行：使用 M8 的螺栓旋进摇臂轴，用力拔出摇臂轴，拆下摇臂(见图 3-60)；用气门弹簧压缩器专用工具，把气门锁夹拆下，再把气门弹簧座、气门弹簧和气门拆下。请注意，不可过分压缩气门弹簧，否则，会损伤弹簧的弹性(见图 3-61)。

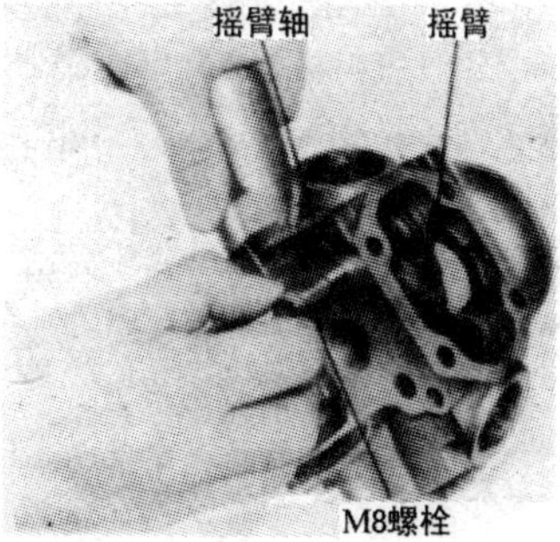

图 3-60 拆摇臂

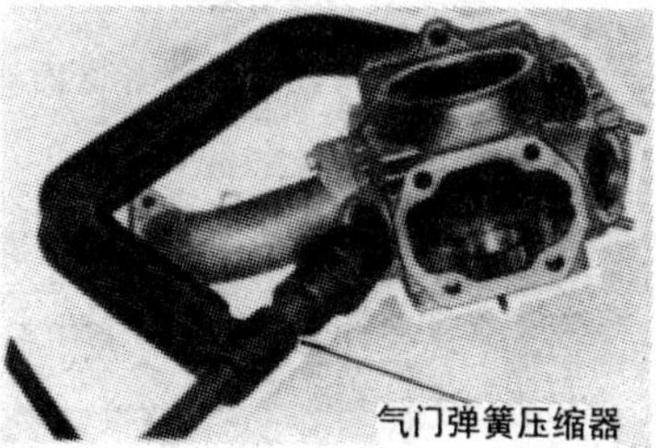

图 3-61 气门弹簧的拆卸

当发动机工作一定时间后，燃烧室壁会附着一层积炭，可用竹签、钢丝刷及刮刀等工具将积炭清除，动作要轻，勿伤燃烧室表面。气缸头密封垫可浸放于汽油中清洗，但不可损坏密封垫表面。检查火花塞孔及气门座孔的损伤情况。

检查气缸头密封平面的平面度，如该平面度超出规定的极限值(0.05mm)，应更换。

检查摇臂有无损伤，磨损是否严重，油孔被污物堵塞的应清理。用千分表测量摇臂孔内径，其极限值为 10.10mm；测量其外径尺寸，该尺寸不能小于 9.91mm，否则应更换。

检查气门是否烧伤、弯曲、偏磨等，测量气门杆的外径尺寸，进排气门极限值：均为 4.92mm。

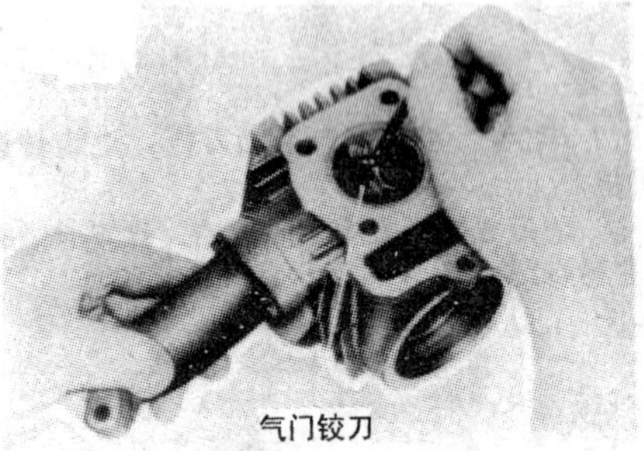

图 3-62　用铰刀清除导管内的积炭

检查和测量气门导管内径时，应当先用铰刀清除导管内的积炭（见图 3-62）。进排气门的导管内径极限值均为 5.03mm；气门杆与导管间隙的极限值：进气门为 0.08mm，排气门为 0.10mm。

检测气门弹簧的自由长度，其长度最小值分别是：内弹簧为 31.2mm；外弹簧为 34.0mm。察看弹簧有无裂纹等损伤。

五、气门导管的更换

将气缸头放在工作台上，用气门导管冲将导管从气门孔推出，然后将新气门导管打入（见图 3-63），注意不要损伤气缸头。新导管安装后，对气门导管进行铰孔：铰刀涂上切削油，顺时针旋转，插入和拔出，也都应顺时针旋转；铰孔后，要认真清理气缸头上的金属碎屑，并对气门座用 45°铣刀进行修整。

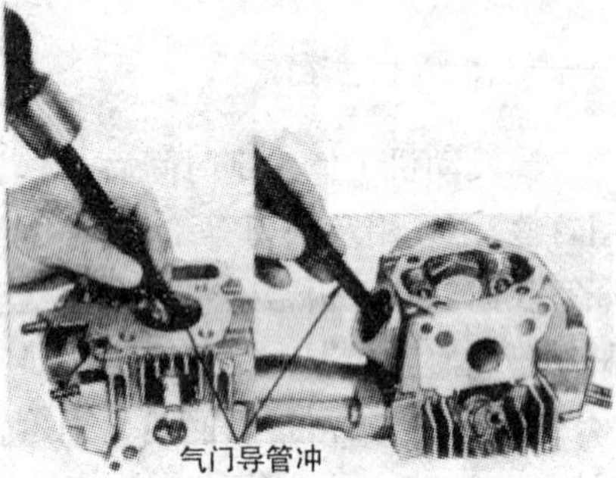

图 3-63　气门导管的拆装

六、气门座的检查与修磨

先清除气门座的积炭，然后在气门座与气门的接触面上均匀地涂一薄层红樟丹油，将气门放入气门座内并贴合转动，抽起气门，观看气门座上的接触宽度（见图 3-64）。气门座宽度的标准值为 1.0mm，极限值为 1.6mm。

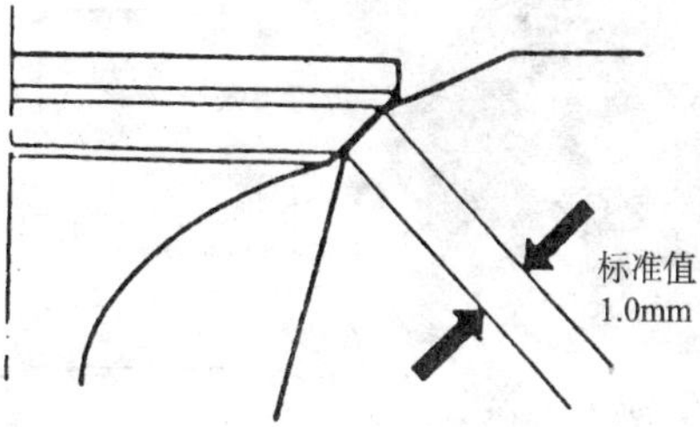

图 3-64　气门座的宽度

接触面宽度不均匀、过宽、过窄时，用气门座铣刀修整。步骤如下：

(1) 修整气门座时，应使用规定的三种不同铣刀进行铣削（见图 3-65）。

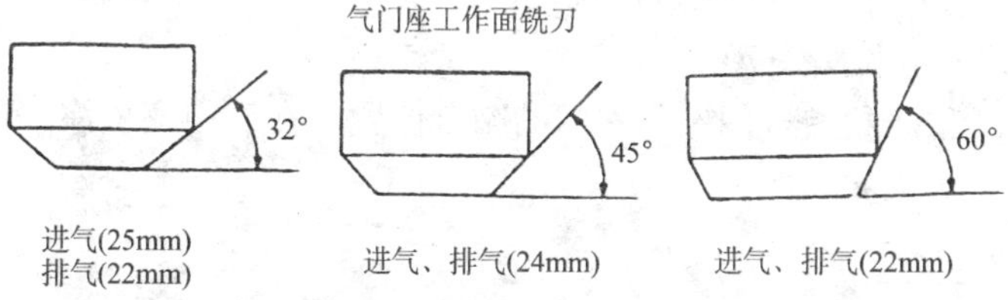

图 3-65　气门座铣刀

(2) 用 40～50N 的力推铣刀杆，边旋转边铣削（见图 3-66）。

(3) 铣刀工作面上涂上润滑油，修磨时应随时清除磨屑。

(4) 用 45°铣刀铣削气门座工作面的不平部分或不规则部分。请注意，更换气门导管后也要用 45°铣刀修磨气门座

（见图 3-67）。

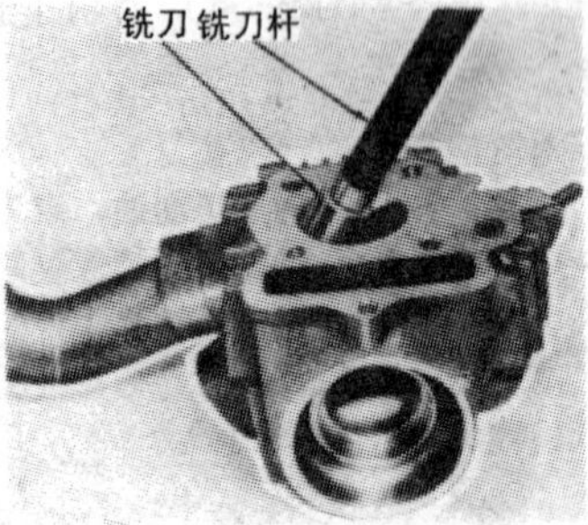

图 3-66　铣削气门座

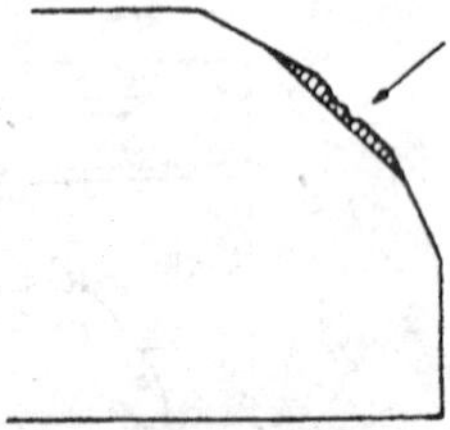

图 3-67　45°铣刀铣工作面

(5) 用 32°铣刀铣削气门座工作面的上部环带。请注意，铣削进气门座用 25mm 铣刀，铣削排气门座用 22mm 铣刀（见图 3-68）。

(6) 用 60°铣刀铣削气门座工作面的下部环带（见图 3-69）。

(7) 再用 45°铣刀精铣气门座工作面，使其达到标准值：1.0mm（见图 3-70）。

(8) 检查气门座与气门的贴合位置。在气门座上涂一薄

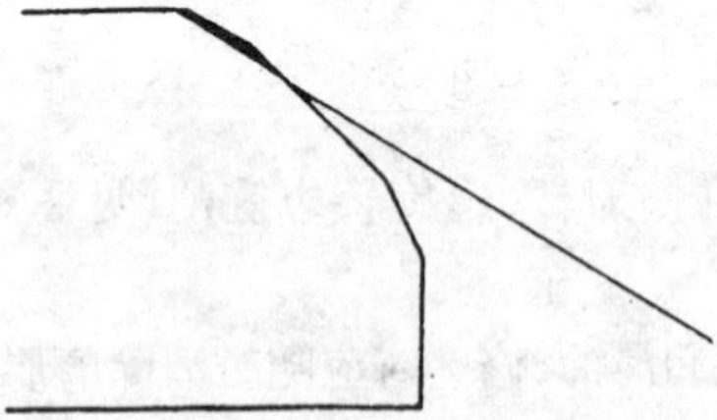

图 3-68　32°铣刀铣气门座工作面上部

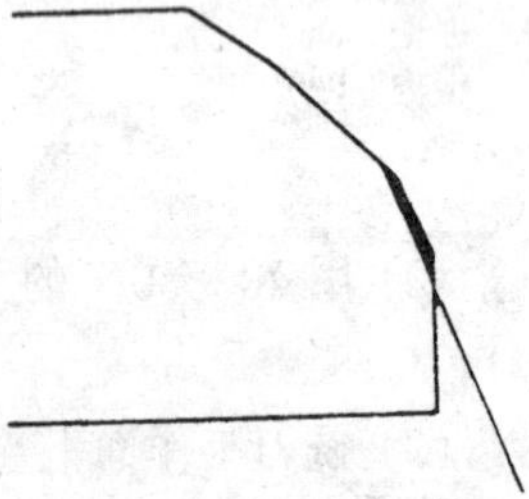

图 3-69　60°铣刀铣气门座工作面下部

层红樟丹油，将气门放在气门座上贴合转动，然后抽出气门观看气门面上的接触痕迹。

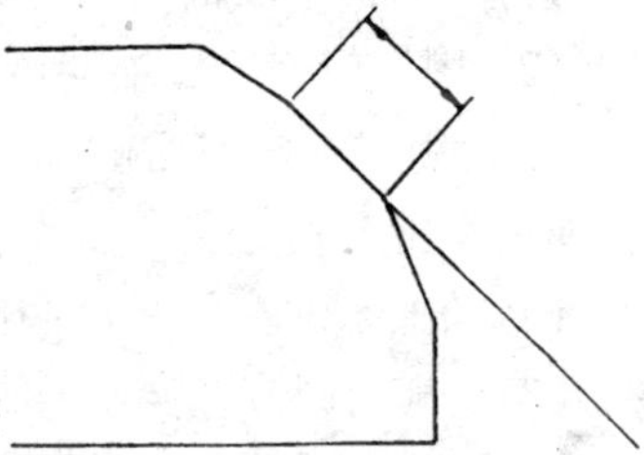

图 3-70　45°铣刀精铣工作面

当气门接触痕迹过高时，用 32°铣刀加工，以降低气门座的工作面；当气门接触痕迹过低时，用 60°铣刀加工，以升高气门座的工作面。然后用 45°铣刀把气门座工作面精铣到标准宽度。

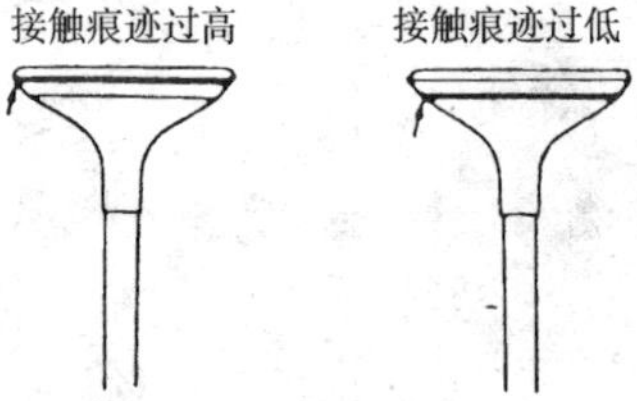

图 3-71　气门与气门座的接触位置

(9) 铣削气门座后，应对气门座进行研磨：在气门座表面上涂一层研磨剂，用带橡胶头的研磨棒吸上气门，对气门座进行研磨。

最后用红樟丹油再检查气门座工作面接触痕迹。图 3-71 所示为接触痕迹过高或过低的情况。

七、气缸头的装配

(1) 将气门杆涂少许润滑油后插入气门导管，装上弹簧座圈、内外弹簧、弹簧座（见图 3-72）。

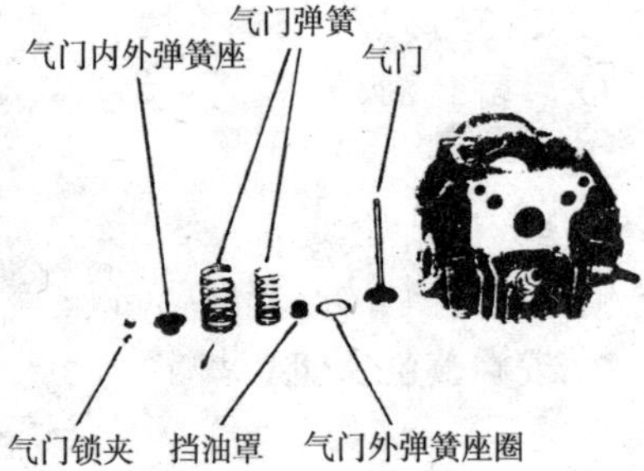

图 3-72　气门组件

请注意,拆下挡油罩组件时要更换新件。

(2) 用气门弹簧压缩器压缩气门弹簧,将气门锁夹装好。

(3) 用塑料锤等轻敲气门杆头 2~3 次,使气门锁夹与气门、弹簧座配合良好。

(4) 在摇臂轴上涂一层润滑油后将摇臂、摇臂轴装在气缸头上,确认气门调节螺栓处于放松状态。请注意,装摇臂轴时,有螺纹的一端应朝外。可用 M8 螺栓装摇臂轴(见图 3-60)。

八、气缸头的安装

(1) 安装密封垫、定位销、密封圈、衬套(见图 3-59)。

(2) 装好气缸头、气缸盖、垫圈、铜垫圈,紧固螺母、气缸头螺栓。请注意:气缸头盖上的箭头方向向下;铜垫圈、螺母的位置应正确(见图 3-73)。

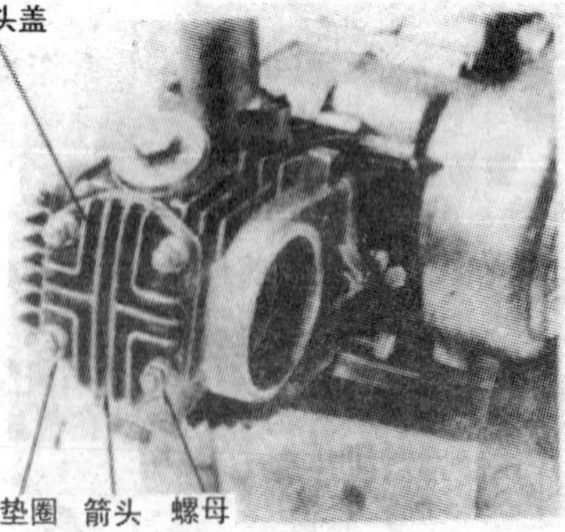

图 3-73 气缸头盖

(3) 安装进气管螺栓,注意 O 形密封圈;安装消声器(见图 3-58)。

(4) 在凸轮轴上安装定位销,将凸轮轴的凸起部朝向气缸,安在气缸头上(见图 3-74)。

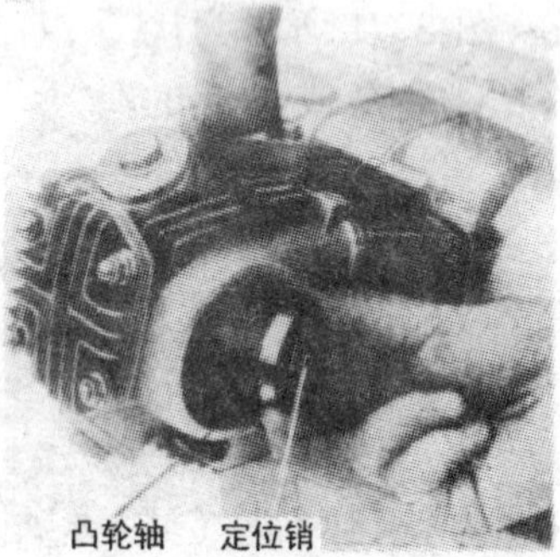

图 3-74 凸轮轴、定位销

(5) 确认飞轮上的“T”标

记与曲轴箱上的标记对齐；将凸轮链条套在链轮上，并使链轮上的“O”标记与气缸头上的标记对准，紧固凸轮轴链轮螺栓（见图 3-54）。

（6）安装凸轮链条张紧杆、弹簧、密封螺栓；将左右侧盖换上新的密封垫后装好。

装上火花塞、火花塞帽；调整气门间隙后将气门盖上的 O 形密封圈涂上润滑油装在气缸头上；安装左曲轴箱盖（见图 3-75）。

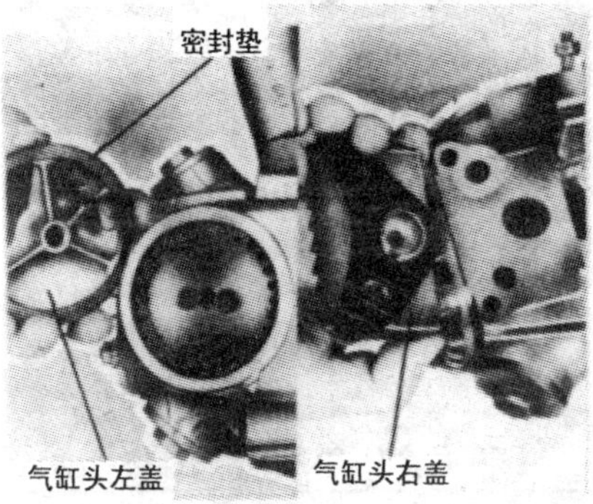

图 3-75　气缸头左右盖

第七节　气缸与活塞

气缸和活塞如图 3-76 所示，其维修可以在车上进行，不必拆下整个发动机。气缸与活塞的直径、活塞环与环槽的间隙等都有严格的尺寸要求，具体数值见表 3-8。

一、常见故障的判断

1．气缸内压缩压力低或不稳定

原因可能有：气缸或活塞环有磨损。

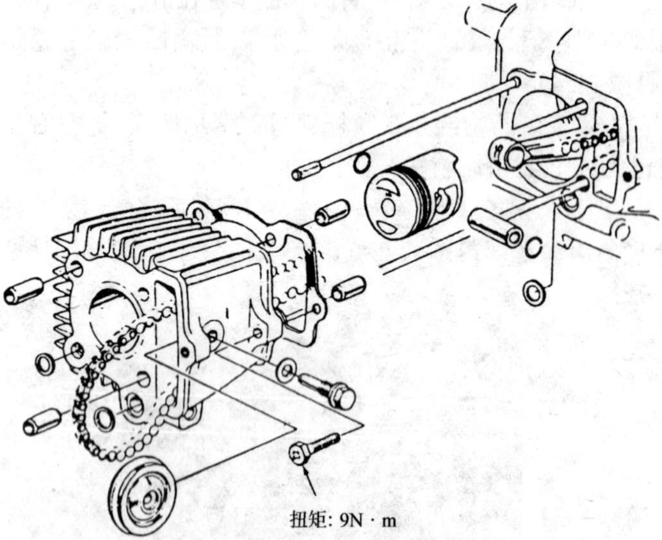

图 3-76　气缸与活塞、连杆

表 3-8　气缸与活塞数据　　(mm)

项　　目		标 准 值	极 限 值
气　缸	缸　径	47.005～47.015	47.05
	上平面度	—	0.05
	圆　度	—	0.01
	圆 柱 度	—	0.01
活　塞	外　径	46.980～47.000	46.90
	活塞销孔内径	13.002～13.008	13.04
活塞销外径		12.994～13.000	12.96

续表 3-8

<table>
<tr><th colspan="3">项　　目</th><th>标 准 值</th><th>极限值</th></tr>
<tr><td rowspan="5">活塞环</td><td rowspan="2">环与环槽的间隙</td><td>顶　环</td><td>0.015～0.050</td><td>0.12</td></tr>
<tr><td>二　环</td><td>0.015～0.050</td><td>0.12</td></tr>
<tr><td rowspan="3">闭合间隙</td><td>顶　环</td><td>0.15～0.35</td><td>0.50</td></tr>
<tr><td>二　环</td><td>0.15～0.35</td><td>0.50</td></tr>
<tr><td>油　环</td><td>0.15～0.45</td><td>0.50</td></tr>
<tr><td colspan="3">气缸和活塞的间隙</td><td>0.005～0.035</td><td>0.15</td></tr>
<tr><td colspan="3">活塞和活塞销的间隙</td><td>0.002～0.014</td><td>0.08</td></tr>
<tr><td colspan="3">连杆小头孔内径</td><td>13.016～13.034</td><td>13.06</td></tr>
<tr><td colspan="3">连杆小头与活塞销间隙</td><td>0.016～0.040</td><td>0.10</td></tr>
</table>

2. 排烟过多

原因可能有：气缸、活塞或活塞环有磨损；活塞环安装不正确；活塞或气缸有划痕或刮伤。

3. 过热

原因可能有：活塞或燃烧室积炭过多。

4. 爆震异响

原因可能有：活塞或气缸有磨损；燃烧室和活塞顶积炭过多。

二、气缸的拆卸步骤

(1) 拆下气缸头。

(2) 拆下导向滚轮销轴和导向滚轮。

(3) 拆下气缸螺栓。

(4) 拆下气缸(见图 3-77)。

(5) 拆下密封垫、密封圈和定位销(见图 3-78)。

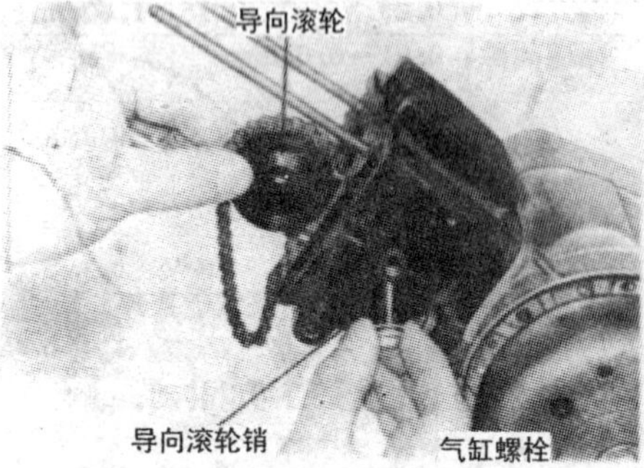

图 3-77 导向滚轮

图 3-78 气缸体下连接面

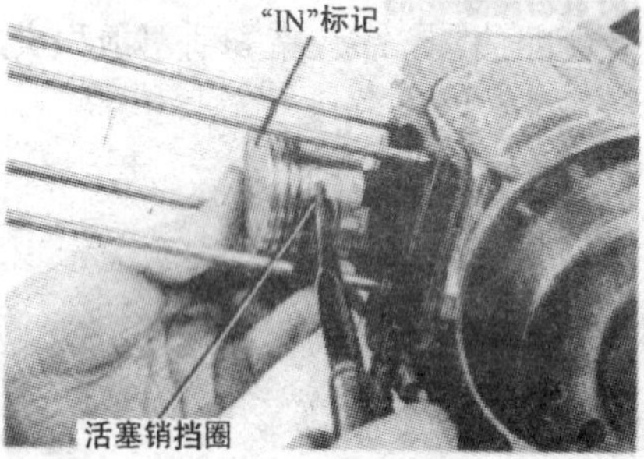

图 3-79 活塞的拆卸

三、活塞的拆卸

拆下活塞销挡圈，注意，不要将挡圈掉进曲轴箱；拔出活塞销，拆下活塞（见图 3-79）。

四、气缸、活塞与活塞环的检测

(1) 在与活塞销

轴线方向呈 90°的活塞裙部距下端 10mm 处测量活塞外径尺寸(见图 3-80),极限值为 46.90mm。

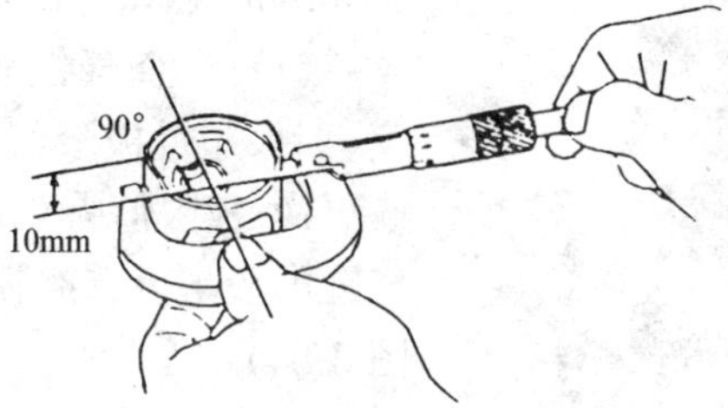

图 3-80　活塞外径的测量

(2) 用塞尺检查活塞环与环槽的间隙(见图 3-81),极限值为 0.12mm。

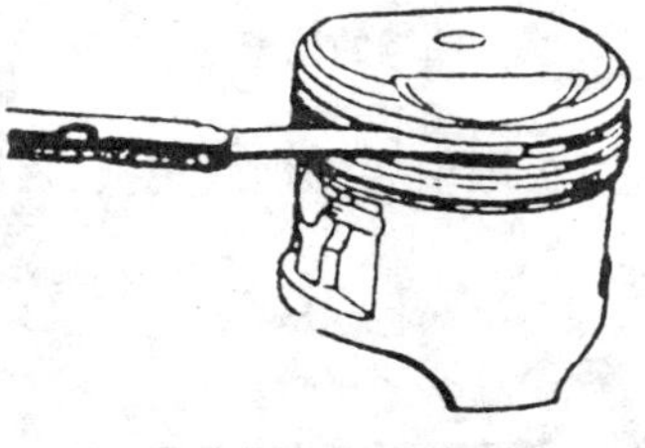

图 3-81　活塞环与环槽间隙的测量

(3) 取下活塞环,检查活塞、活塞环槽的磨损与损坏情况。

(4) 测量活塞销孔的内径,极限值为 13.04mm;测量活塞销的外径,极限值为 12.96mm;计算活塞销与销孔的间隙,极限值为 0.08mm。

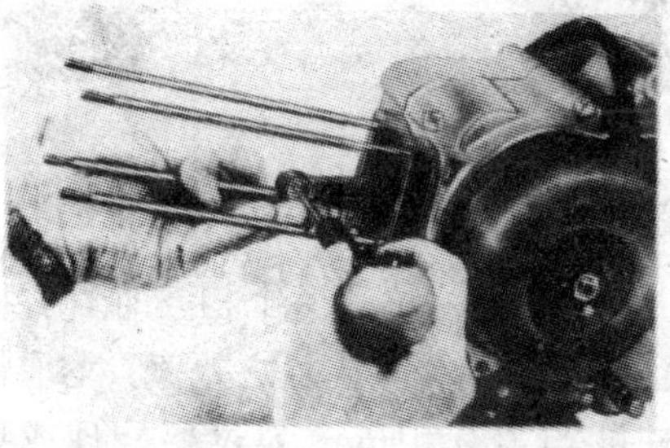

图 3-82　连杆小头孔内径的测量

(5) 测量连杆小头孔的内径,极限值为 13.06mm;计算连杆小头孔与活塞销间隙,极限值为 0.10mm(见图 3-82)。

(6) 把各活塞环装

图 3-83　活塞环闭合间隙的检查

在气缸下部，检查闭合间隙，顶环、二环、油环的极限值均为 0.50mm(见图 3-83)。

(7) 检查气缸顶面的平面度，如果超过极限值要进行修理或更换，极限值为 0.05mm；检查气缸内壁是否有磨损或损坏(见图 3-84)。

(8) 在活塞销轴线方向和与其呈 90°的方向，分上中下三个位置测量气缸内径。将测量的最大值作为气缸的实际内径值，超过极限值要修理或更换，极限值为 47.05mm(见图 3-85)。

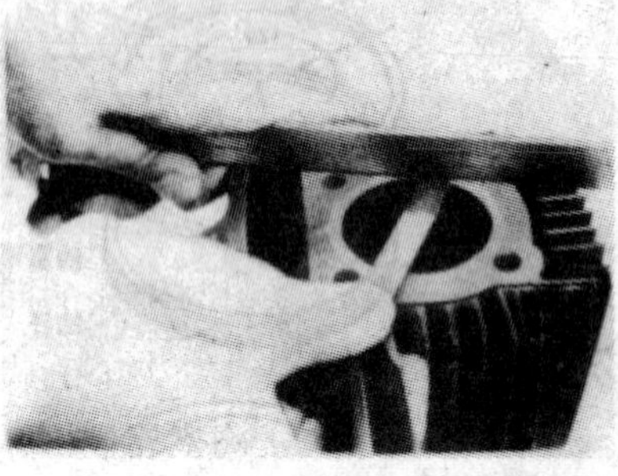

图 3-84　检查气缸顶面的平面度

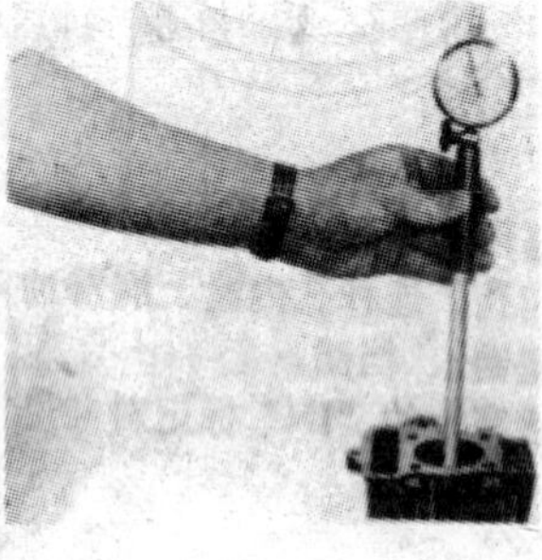

图 3-85　气缸内径的测量

用测量的各值计算出圆度(同一位置两个相互垂直方向内径之差值)和圆柱度(上中下三个位置内径之差值)，均取最大值。极限值圆度、圆柱度均为 0.01mm，超过要修理或更换。修理气缸后采用加大尺寸的活塞、活塞环。镗缸时以标准间隙为依据加工。加工尺寸有 0.25、0.50、0.75、1.00mm；标准间隙为 0.01～0.04mm(见图 3-86)。

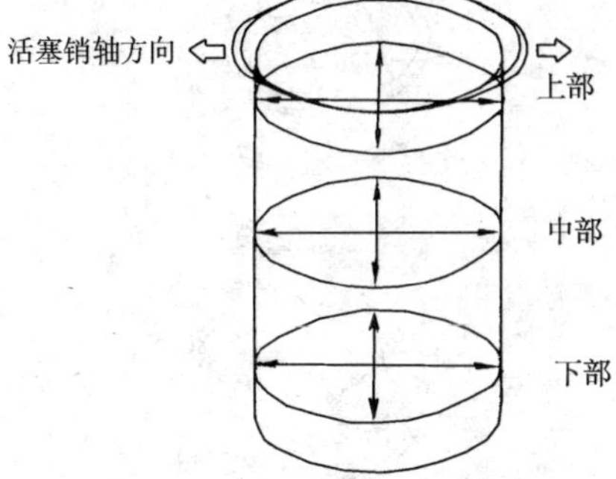

图 3-86　缸孔圆度、圆柱度的测算

五、气缸和活塞的安装

1. 活塞的安装

(1) 将活塞环装在活塞上，活塞环有标记的面要朝上，安装后确认活塞环能否转动。

(2) 顶环与二环的位置不要颠倒，环的开口方向应以与活塞销轴线方向呈 90°为基准，三个环均以 120°的位置分布(见图 3-87)。

(3) 在各活塞环上、活塞销孔、连杆孔内涂上润滑油，安装活塞、活塞销、挡圈，将活塞上的"IN"标记一定要朝向进气门一边(见图 3-79)。

2. 气缸的安装

(1) 先安装密封垫、密封圈、定位销，在气缸内侧涂上润滑油，安装气缸。请注意，不要损伤活塞、活塞环，应保证油孔

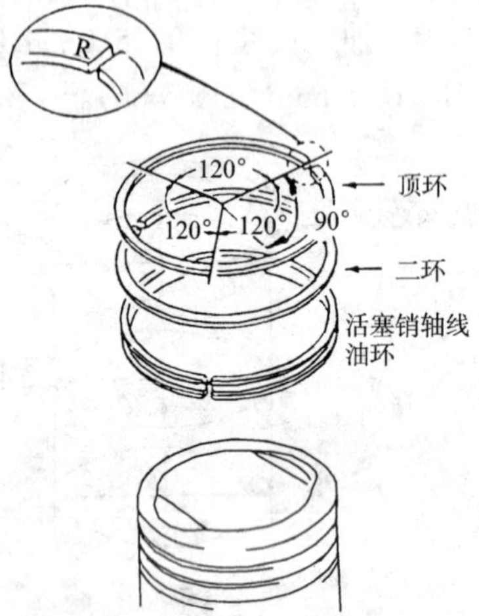

图 3-87　活塞环的安装位置

不堵塞(见图 3-78)。

(2) 安装导向滚轮、导向滚轮销螺栓,安装气缸螺栓并拧紧(见图 3-77)。

第八节　离合器与变速器

一、离合器和变速器的结构

该车采用湿式多片离合器,其基本工作原理是利用主动摩擦片和从动摩擦片的接合与分离来达到控制传递扭矩和切断扭矩的目的。

离合器和变速器的结构如图 3-88。

离合器维修技术数据见表 3-9。

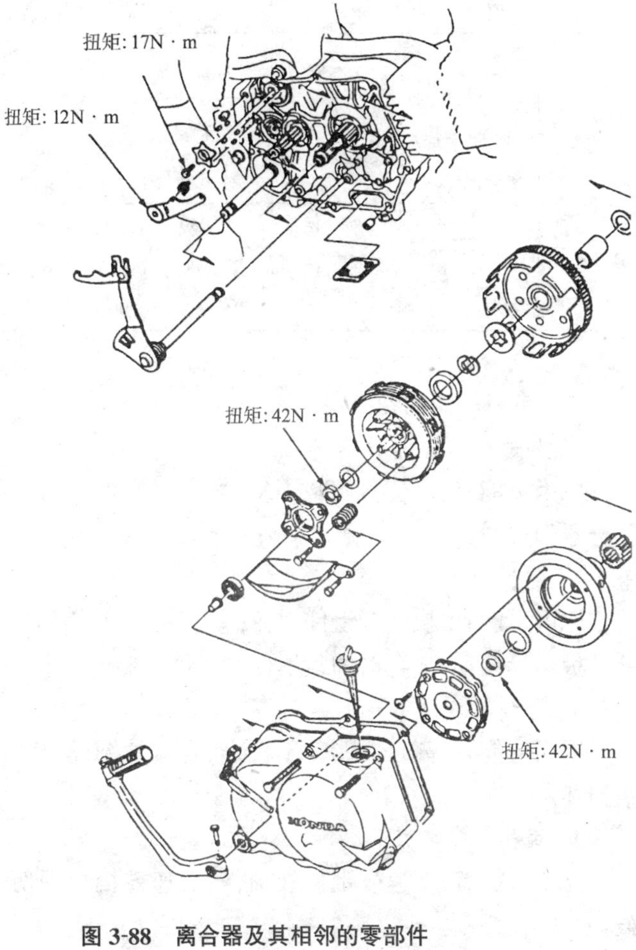

图 3-88　离合器及其相邻的零部件

表 3-9　技术数据　(mm)

项目			标准值	极限值
离合器	弹簧自由长度		26.8	25.6
	离合器片平面度		—	0.2
	离合器摩擦片厚度		2.9～3.0	2.6
	离合器壳内径		21.020～21.041	21.09
	从动齿轮轴套	外径	20.959～20.980	20.91
		内径	17.000～17.018	17.05
传动主轴外径			16.983～16.994	16.95

二、常见故障的判断

1. 加速时离合器打滑

原因可能有:离合器调整不良;离合器摩擦片磨损严重;离合器弹簧弹力不足。

2. 变档困难

原因可能有:换档臂组件损坏;变速鼓挡板、销损坏;变速鼓挡板螺栓松动;离合器调整不良。

3. 离合器分离不开

原因可能有:离合器调整不良;离合器片翘曲;离合器推板损坏。

4. 脱档

原因可能有:变速鼓定位板损伤;变速鼓挡板损伤;变速鼓挡板螺栓松动。

三、右曲轴箱盖的拆装

1. 右曲轴箱盖拆卸步骤

拆下右曲轴箱盖(见图 3-89);取下密封垫、定位销;拆下推杆;拆下离合器凸轮轴组件;检查O形密封圈,检查弹簧弹力。

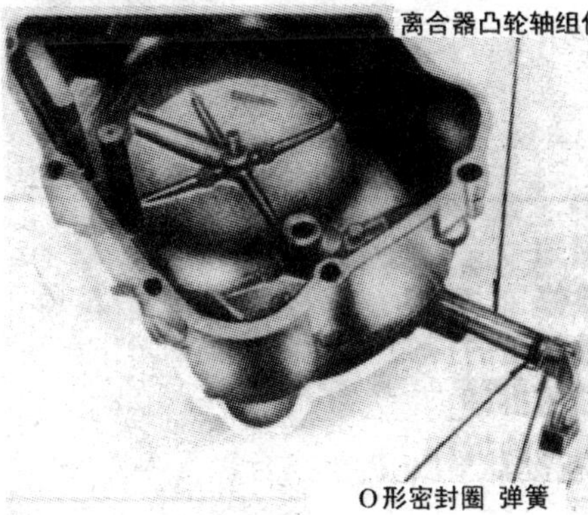

图 3-89 离合器凸轮轴组件

2. 右曲轴箱盖的安装

安装按其拆卸的相反顺序进行。

四、离合器的拆卸

(1) 拆下离心式滤油转子,拆下机油分离壳;拆下四个螺栓,取下离合器推板、弹簧(见图 3-90)。

图 3-90 离合器推板

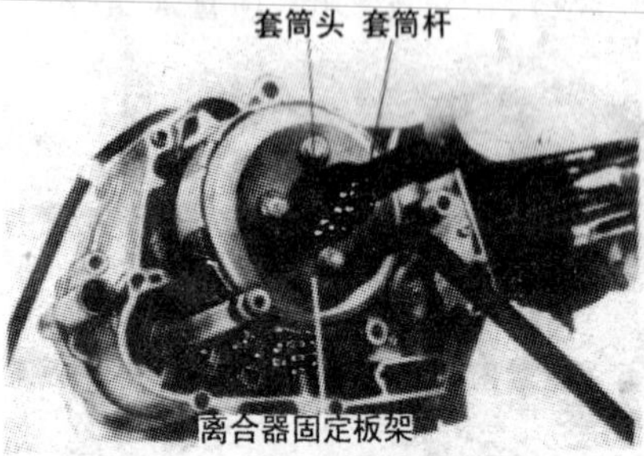

图 3-91　锁紧螺母的拆卸

(2) 用拆下的四个螺栓将离合器固定板架装好，用离合器扳手拆下锁紧螺母、垫圈；将离合器固定板架拆下后取下离合器顶板、摩擦片、离合器片及离合器压板(见图 3-91)。

(3) 拆下主轴销盖、主轴销及花键轴垫圈；拆下离合器壳组件、从动齿轮轴套、止推垫圈(见图 3-92)。

(4) 用手旋转离合器推板轴承内圈，检查有无异常声音、松动，不合要求的要更换(见图 3-93)。

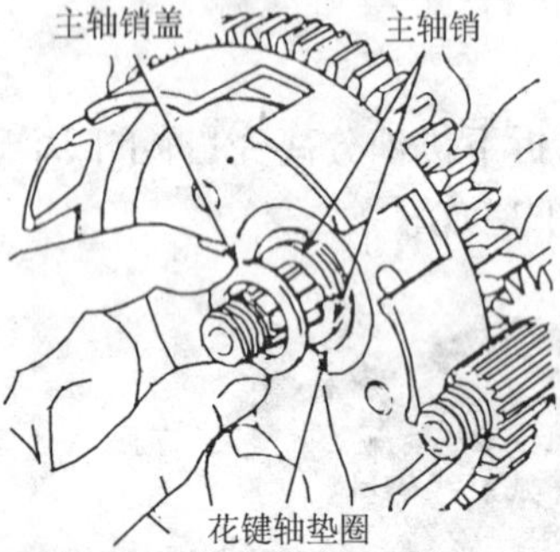

图 3-92　拆卸主轴销等零件

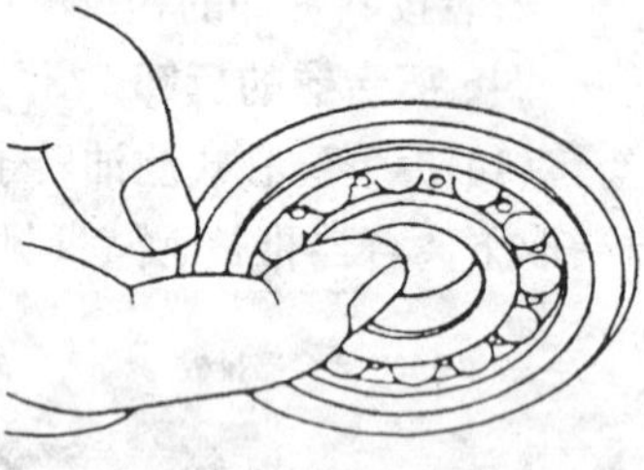

图 3-93　离合器轴承的检查

(5) 测量弹簧的自由长度，极限值为 25.6mm。若更换弹簧，应整套更换。

(6) 检查摩擦片，如有损伤、变色要更换；测量摩擦片厚度，极限值为 2.6mm。请注意，离合器片、摩擦片更换时，应整套更换。

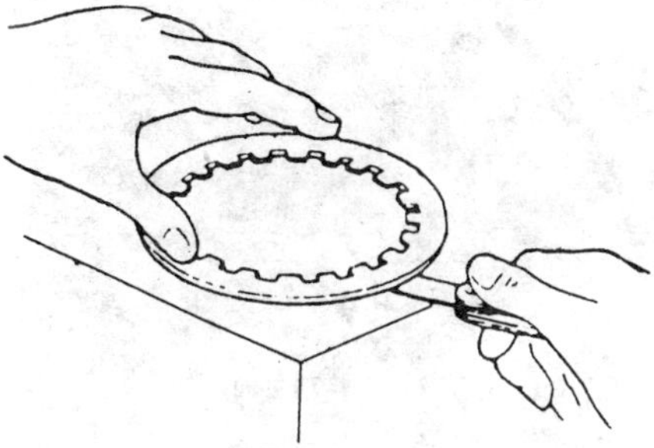

图 3-94　测量离合器片的平面度

(7) 在平板上测量离合器片的平面度,极限值为 0.2mm(见图 3-94)。

(8) 检查离合器顶板槽部有无磨损、裂纹(见图 3-95)。

图 3-95　检查离合器顶板槽部

(9) 检查离合器壳组件有无损伤、裂纹、偏磨,检查从动齿轮有无磨损;测量离合器壳内径,极限值为 21.09mm;测量轴套的外径,极限值为 20.91mm(见图 3-96)。

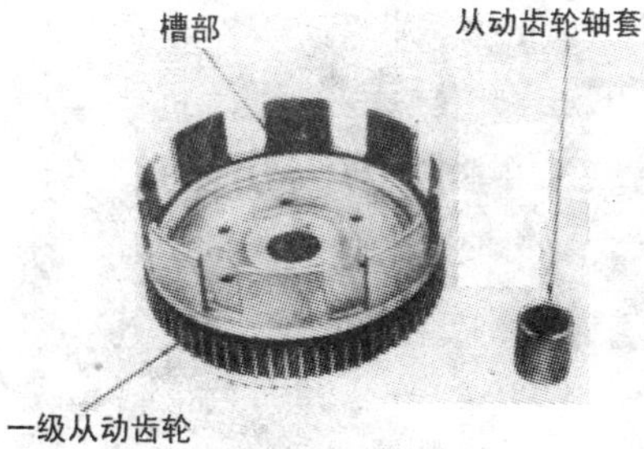

图 3-96　检查从动齿轮轴套

(10) 测量从动齿轮轴套内径,极限值为 17.05mm;测量传动主轴外径,极限值为 16.95mm(见图 3-97)。

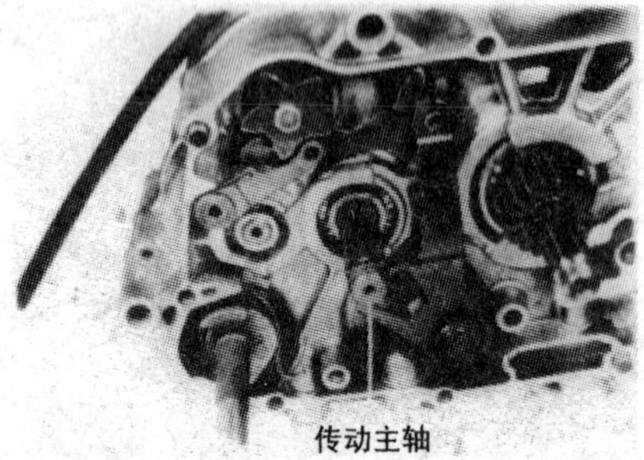

图 3-97　检测传动主轴

五、变速器的拆卸

(1) 拆下变速踏板,再拆下变速鼓定位板组件、定位板弹簧,拔出换档臂组件。请注意,为防止污物进入,拔出换档臂时应对其进行清洗(见图 3-98)。

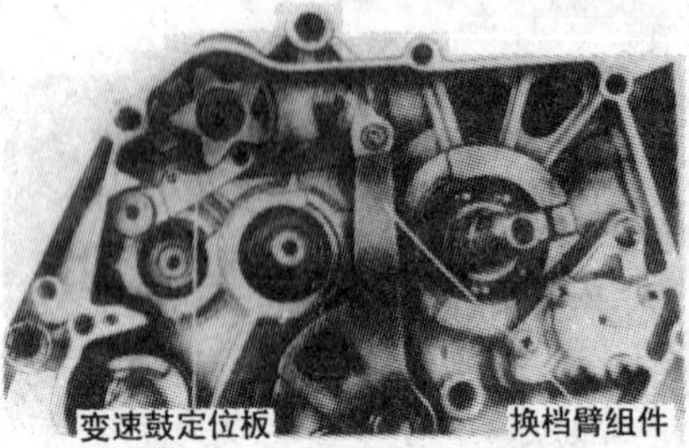

图 3-98　换档臂组件

(2) 拆下变速鼓挡板螺栓,拆下变速鼓挡板、变速鼓销。请注意,因变速鼓销的长度不同,拆卸时应记牢其位置(见图 3-99)。

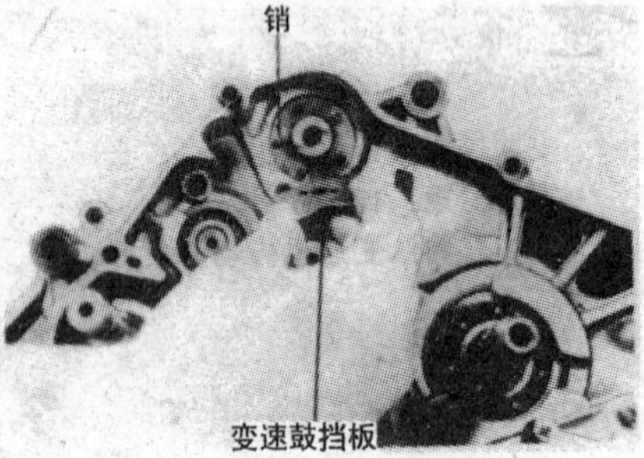

图 3-99　变速鼓挡板

(3) 检查换档臂组件摆臂部有无损

伤、偏磨；检查弹簧的弹力；检查轴部有无弯曲、变形；确认其他零件有无异常(见图 3-100)。

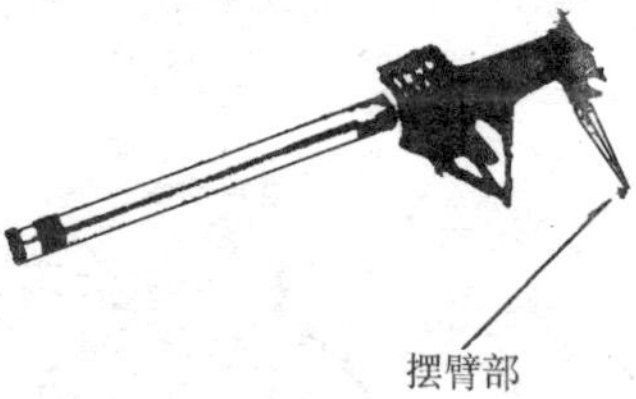

图 3-100　换档臂组件

六、变速器的安装

（1）将变速鼓销装入变速鼓内，注意变速鼓销的长短位置；安装变速鼓挡板、螺栓。

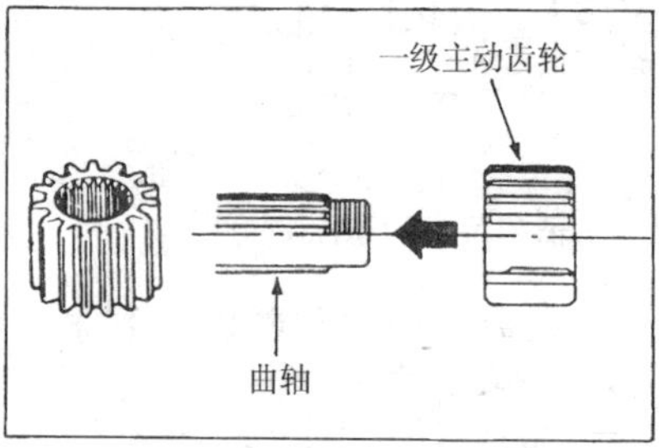

图 3-101　一级主动齿轮

（2）安装换档臂组件，摆臂部应装入正确位置，不要损伤左曲轴箱油封；安装变档踏板。

（3）安装变速鼓定位板组件。安装后确认变速机构动作良好。

七、一级主动齿轮

将一级主动齿轮从曲轴上拆下，检查轮齿有无磨损。将一级主动齿轮装在曲轴上，请注意齿轮的方向不要装反(见图 3-101)。

八、离合器的安装

（1）在传动主轴上安装止推垫圈、离合器壳组件、从动齿轮轴套及花键轴垫圈(见图 3-102)。

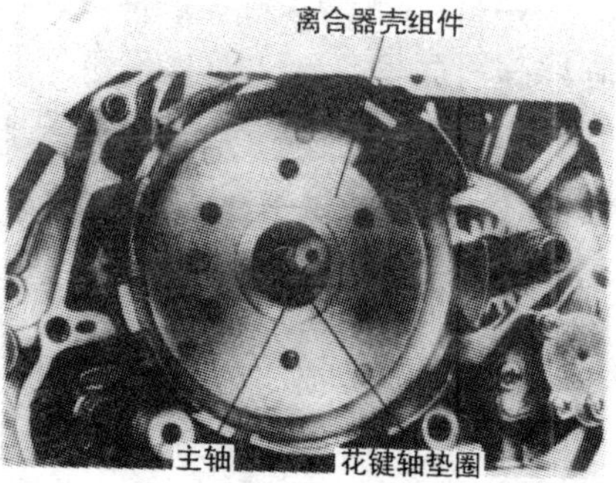

图 3-102　离合器壳组件

(2) 在传动主轴的槽部装上两个主轴销及一个主轴销盖,安装后确认其是否正确(见图 3-103)。

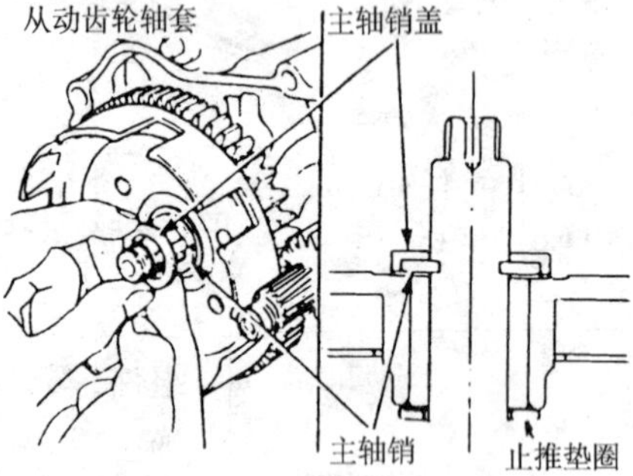

图 3-103　主轴销与主轴销盖

(3) 将离合器压板装入,在离合器片和摩擦片上涂润滑油并与离合器顶板一起装入。

安装垫圈。注意垫圈上印有“OUT SIDE”面朝外。

(4) 用四个 M6×22 螺栓将离合器固定板架装好,用离合器扳手拧紧锁紧螺母至规定的扭矩值,卸下离合器固定板架(见图 3-92)。

(5) 安装弹簧、离合器推板,拧紧四个螺栓,注意四个螺栓应均匀拧紧。

(6) 安装机油分离壳,安装滤油转子。

九、右曲轴箱盖的安装

(1) 将密封垫、定位销装在曲轴箱上;将推杆涂上润滑油装入右曲轴箱盖内;安装右曲轴箱盖紧固螺栓。请注意,装右曲轴箱盖时不要损伤箱盖上的油封。

(2) 安装离合器线、启动杆、搁脚架及消声器;加润滑油并装上油尺,调整离合器行程。

第九节　磁电机与凸轮链条张紧装置

磁电机与凸轮链条张紧装置如图 3-104 所示。

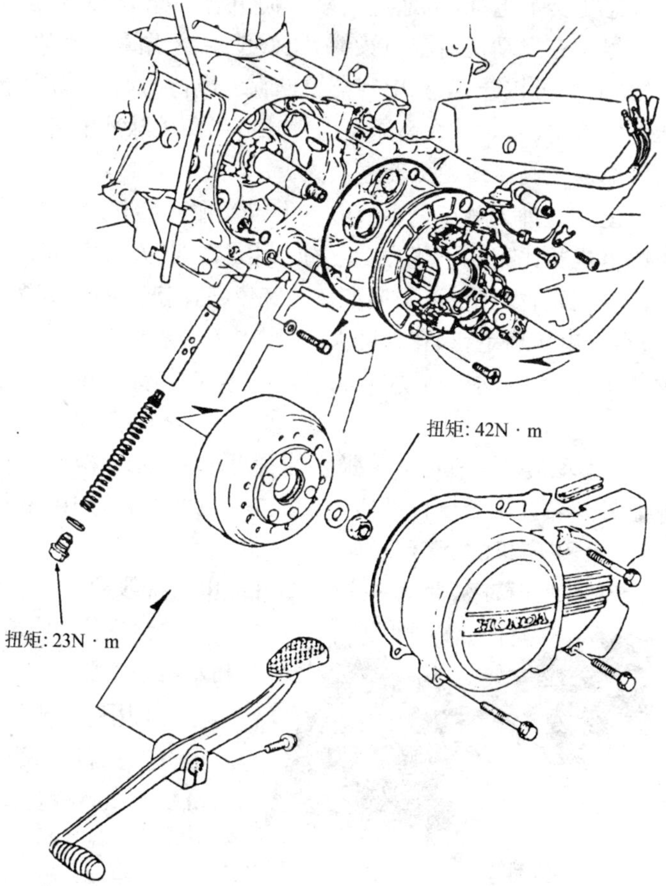

图 3-104　磁电机

一、磁电机的工作原理

磁电机是飞轮式无触点磁电机，其点火部分简单的工作原理是：当带有磁钢块的飞轮随曲轴旋转时，与固定在曲轴箱上的定子线圈产生相对运动，从而使定子充电线圈切割磁力线而感生交流电，电流通过二极管向电容器充电；另外，飞轮上信号块在发动机需要点火时，正好使触发线圈产生脉冲电压，从而使可控硅导通，电容器里储存的电荷向点火线圈的低压绕组放电，同时就在高压绕组中感应出高压脉冲电流，该高压电流通过高压线使火花塞发火。

上述这种无触点电容放电点火装置称为CDI。它与有触点磁电机相比有如下优点：点火时刻准确，点火角度偏移小，不需要调整；没有触点烧损带来的麻烦，防潮湿和防震动性能好；点火电压稳定，火花强度大，可减少火花塞污染，延长火花塞使用寿命；发动机启动容易，可改善燃烧，提高功率，节省燃油。

检修磁电机、凸轮链条张紧装置可以在车上进行。链条张紧杆弹簧自由长度标准值为111.7mm；极限值为100mm。

二、磁电机的拆卸

(1) 打开鞍座，拆下左护罩，断开磁电机接线柱。

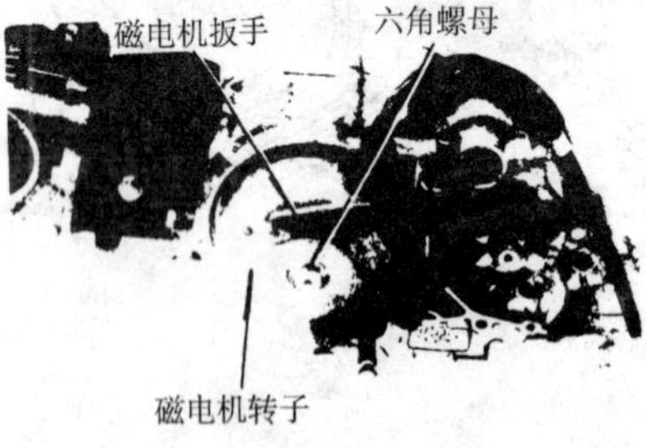

图3-105 六角螺母

(2) 拆下变档踏板和左曲轴箱盖。

(3) 用磁电机扳手固定磁电机转子，拆下六角螺母、垫圈（见图3-105）。

(4) 用磁电机拉拔器拔下磁电机转子，拆下半圆键。

（5）拆下空档灯接地线，放掉发动机润滑油，拆下定子盘的螺钉，拆下磁电机定子、O形密封圈（见图3-106）。

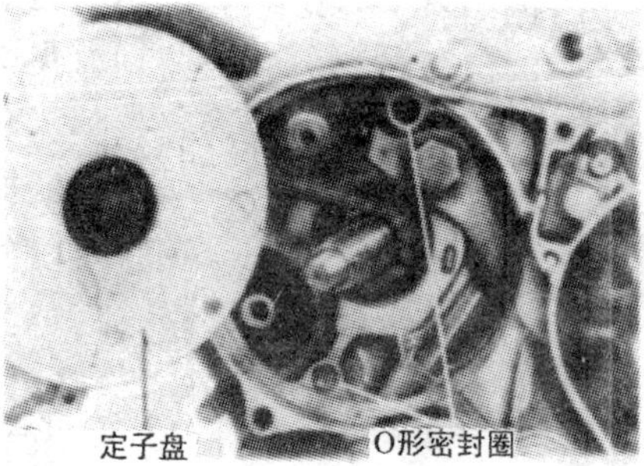

图3-106　拆卸磁电机定子

三、凸轮链条张紧装置的拆装

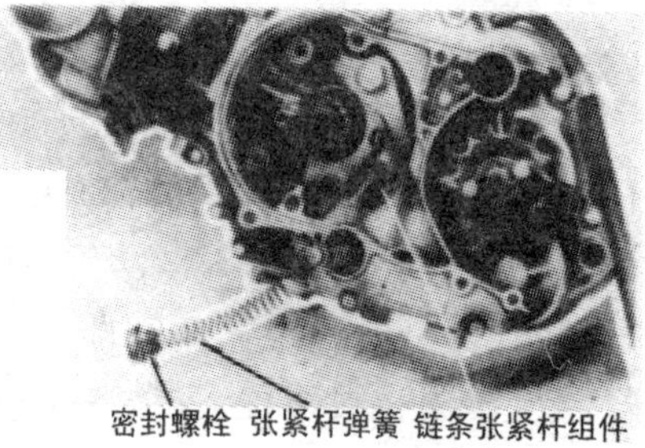

图3-107　链条张紧机构

（1）拆下密封螺栓，取下链条张紧杆弹簧、链条张紧杆组件（见图3-107）。

（2）拆下链条张紧臂心轴和链条张紧臂组件（见图3-108）。

（3）检查链条张紧杆磨损情况，如有划

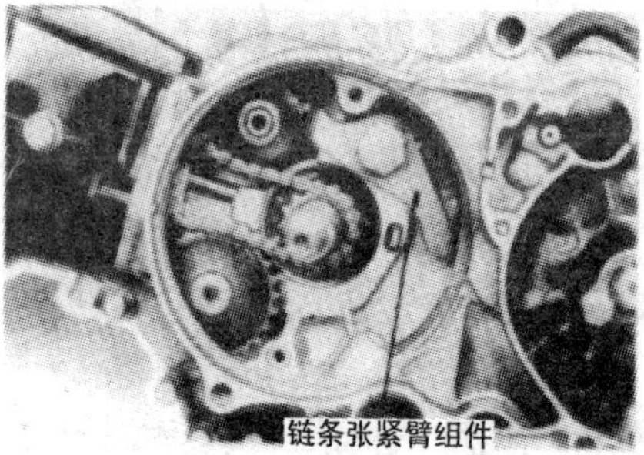

图3-108　链条张紧臂组件

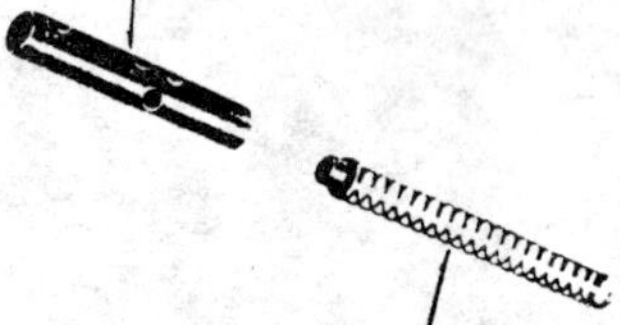

图 3-109　链条张紧杆及弹簧

伤,可用油石修理,然后清洗污物(见图 3-109)。

(4) 凸轮链条张紧装置的安装,按拆卸相反的顺序进行。请注意弹簧直径小的一端朝上。安装后拧下 M6 螺栓,注入少许润滑油。

四、磁电机的安装

磁电机的安装按如下四步进行:

(1) 将 O 形密封圈安装在曲轴箱上,安装磁电机定子盘,加注润滑油(见图 3-106)。

(2) 装好空档灯接地线,将定子绕组橡胶垫放入曲轴箱槽内,安装后确认各线头无松动。

(3) 安装半圆键、磁电机转子,安装垫圈、六角螺母。

(4) 安装左曲轴箱盖,接上磁电机接线柱;安装左护罩、鞍座、变档踏板。

第十节　曲轴连杆、启动装置与变速传动装置

曲轴连杆、启动装置和变速传动装置的检修需要把左右曲轴箱拆开(见图 3-110)。

一、结构特点及维修注意事项

1. 曲轴组件

曲轴组件是由曲柄、曲柄销压成一体的组合件,通过它直接或间接地驱动磁电机、油泵和离合器。左右曲柄都制有平

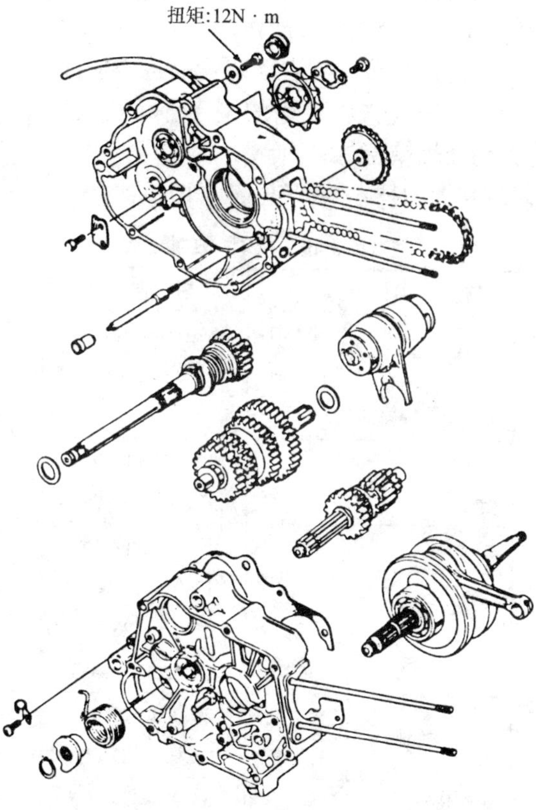

图 3-110　左右曲轴箱结构分解

衡块,用以减轻发动机工作时因质量不平衡而引起的振动,减小主轴承上的负荷。曲轴内钻有油孔,用以引入由油泵泵来的机油润滑摩擦副表面。

2. 连杆组件

连杆组件包括连杆、挡圈及滚针轴承。

连杆选用合金钢锻造成型，经热处理和机械加工制成，其大小头孔的位置度要求十分严格。

曲轴、变速传动装置与启动装置的检修应先分解发动机曲轴箱。分解前，应先将表面的尘土等污物清除干净，分解时，不能损伤曲轴箱密封平面。

维修应掌握的技术数据(见表 3-10)。

表 3-10 技术数据 (mm)

项目			标准值	极限值
曲轴	连杆大端间隙	轴向	0.10~0.35	0.6
		径向	0~0.008	0.012
	曲轴的径向跳动		—	0.10
变速传动装置	主轴外径		16.983~16.994	16.95
	副轴外径		19.959~19.980	19.94
	齿轮内径	M2	17.032~17.059	17.10
		M4	17.016~17.043	17.10
		C1	23.020~23.053	23.10
		C3	20.020~20.053	20.10
	C1 齿轮轴套	内径	20.000~20.021	20.08
		外径	22.979~23.000	22.93
	变速鼓外径		33.950~33.975	33.93
	齿轮拨叉内径		34.075~34.100	34.14
	拨叉爪的厚度		4.86~4.96	4.6

二、故障类别与故障原因

1. 换档困难

故障原因可能有：离合器调整不良；齿轮拨叉弯曲变形；变速鼓凸轮槽磨损严重；导向销磨损；齿轮卡部磨损。

2．变速脱档

故障原因可能有：齿轮磨损；齿轮拨叉弯曲。

3．发动机产生异响

故障原因可能有：曲轴主轴承磨损；连杆大端轴承磨损；活塞销、活塞销孔磨损。

三、曲轴箱的分解步骤

(1) 拆下发动机，拆下气缸头，拆下气缸和活塞，拆下油泵，拆下离合器与变速机构，拆下磁电机与凸轮链条张紧装置。

(2) 拆下启动轴上的挡圈，拆下启动轴复位弹簧和弹簧座(见图 3-111)。

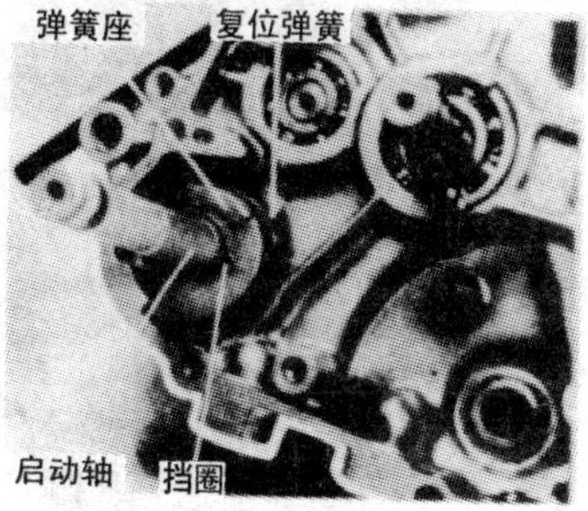

图 3-111　启动轴

(3) 拆下变速鼓橡胶塞，再拆下变速鼓安装螺栓和垫圈(见图 3-112)。

图 3-112　橡胶塞

(4) 拆下七个曲轴箱安装螺栓(见图 3-113)。

(5) 将发动机放在工作台上，右曲轴箱朝上，分离曲轴箱。可用双手提起右曲轴箱，用铜棒轻击左曲轴箱和轴头(见图 3-114)。

(6) 拆下密封垫、定位销，将密封垫放在不易损坏之处(见图 3-115)。

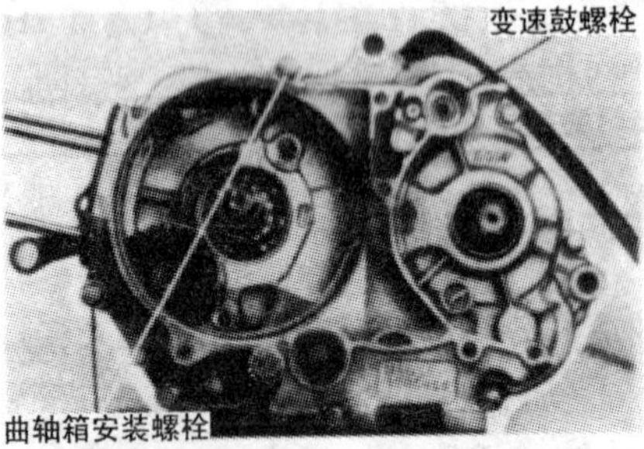

图 3-113　曲轴箱安装螺栓

图 3-114　曲轴箱的分离

图 3-115　定位销与密封垫

四、曲轴的拆卸与检查

(1) 将曲轴拆下来，用塞尺测量连杆大端的轴向间隙(见图 3-116)。

(2) 测量连杆大端的径向间隙(在相互垂直的两个方向上测量)，极限值为 0.012mm(见图 3-117)。

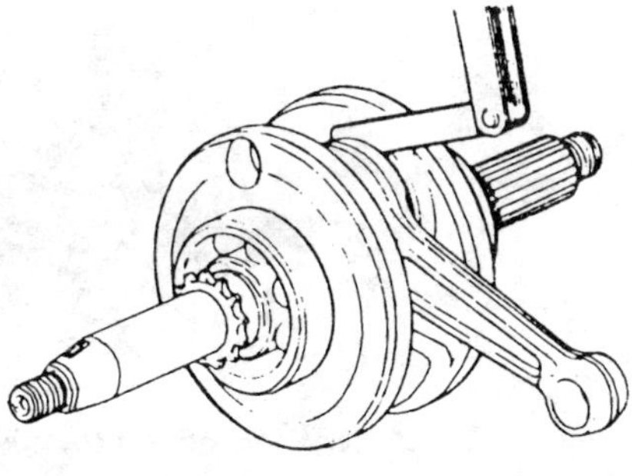

图 3-116　连杆大端轴向间隙的测量

(3) 测量曲轴的径向跳动，极限值为 0.10mm；旋转曲轴

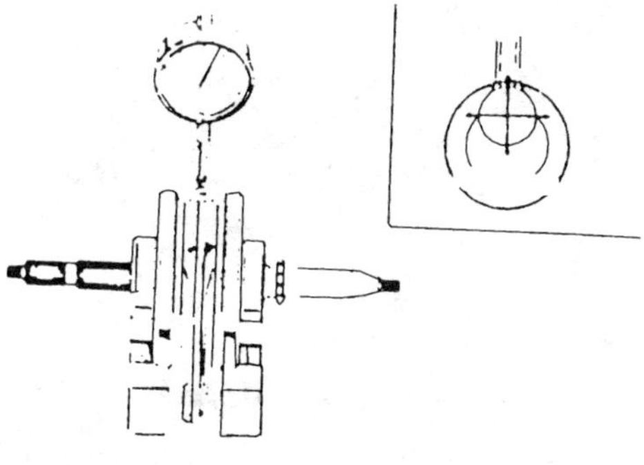

图 3-117　连杆大端径向间隙的测量

轴承外圈，如有松动及异响，或轴承内圈与曲轴有松动，均应更换新件(见图 3-118)。

五、启动装置的拆卸与装配

(1) 拔出启动轴，拆下垫圈、挡圈、棘轮弹簧座、弹簧及棘轮，再拆下挡圈和垫圈，就可拆下启动齿轮。检查各零件的磨损情况，检查启动轴是否弯曲、弹簧的弹力是否减弱。

图 3-118　曲轴径向跳动的测量

(2) 按与拆卸相反的顺序进行组装(见图 3-119)。

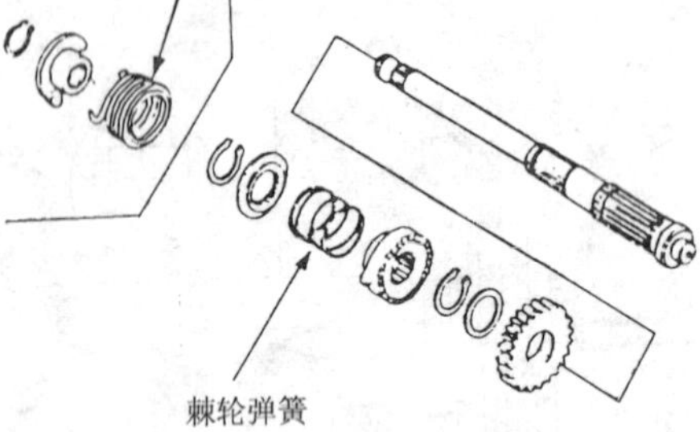

图 3-119　启动装置分解图

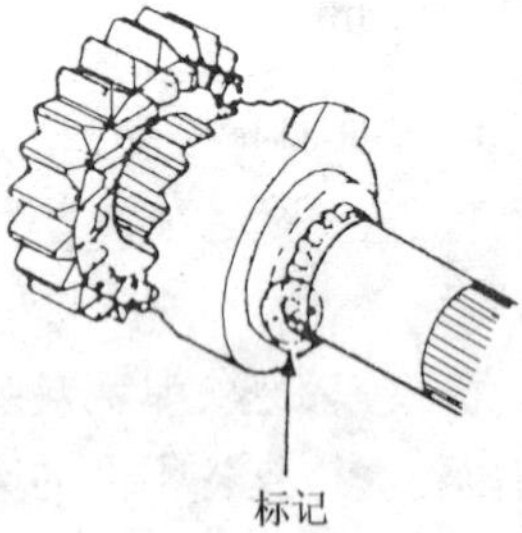

图 3-120　打印标记

(3) 在组装时,将棘轮上的打印标记与轴上的标记对齐,挡圈的平面应朝外装,如图 3-120 所示。

六、传动装置的拆卸、检查与装配

(1) 将主轴、副轴及变速鼓一同拆下。

（2）如图 3-121 所示从主轴、副轴上拆下各个齿轮，检查各齿轮的磨损情况，测量齿轮的内径，M4、M2、C1、C3 齿轮的内径极限值见表 3-10。

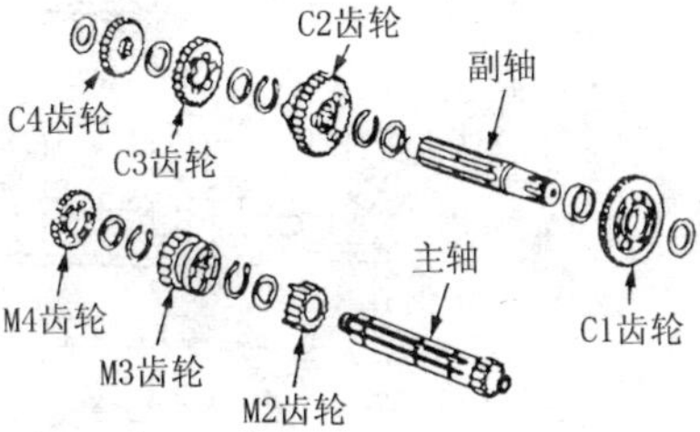

图 3-121　传动装置分解图

（3）按图 3-122 所示位置测量主轴和副轴外径，主轴、副轴外径极限值见表 3-10。

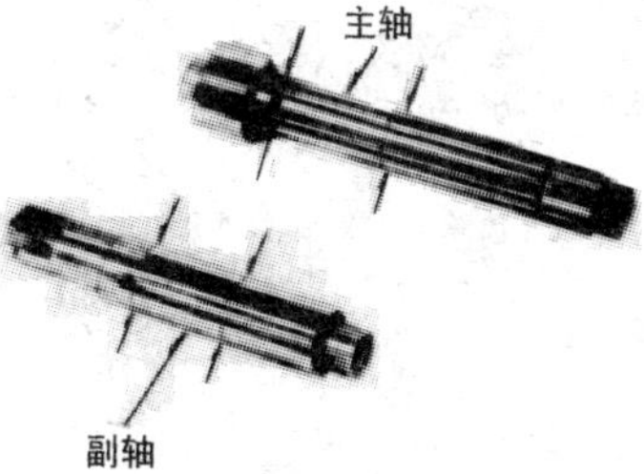

图 3-122　测量主副轴外径

（4）如图 3-123 所示，测量 C1 齿轮套的内径和外径，其极限值见表 3-10。

（5）组装：将各齿轮装在主轴和副轴上（见图 3-124）。请注意，组装时要涂润滑油；挡圈的开口方向要在花键轴谷的地方，挡圈的方向要正确（见图 3-125）。

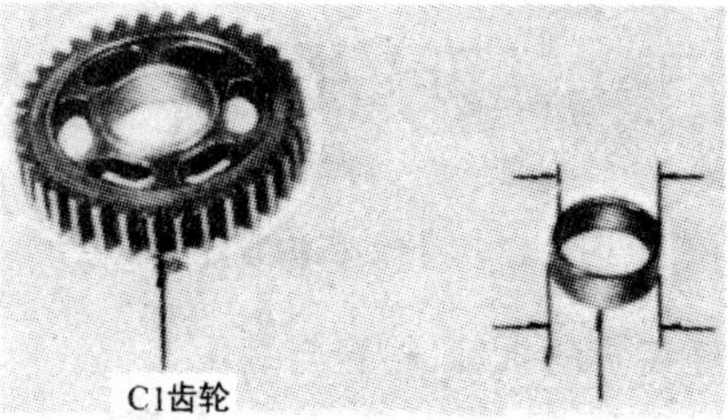

图 3-123　测量 C1 齿轮套内外径

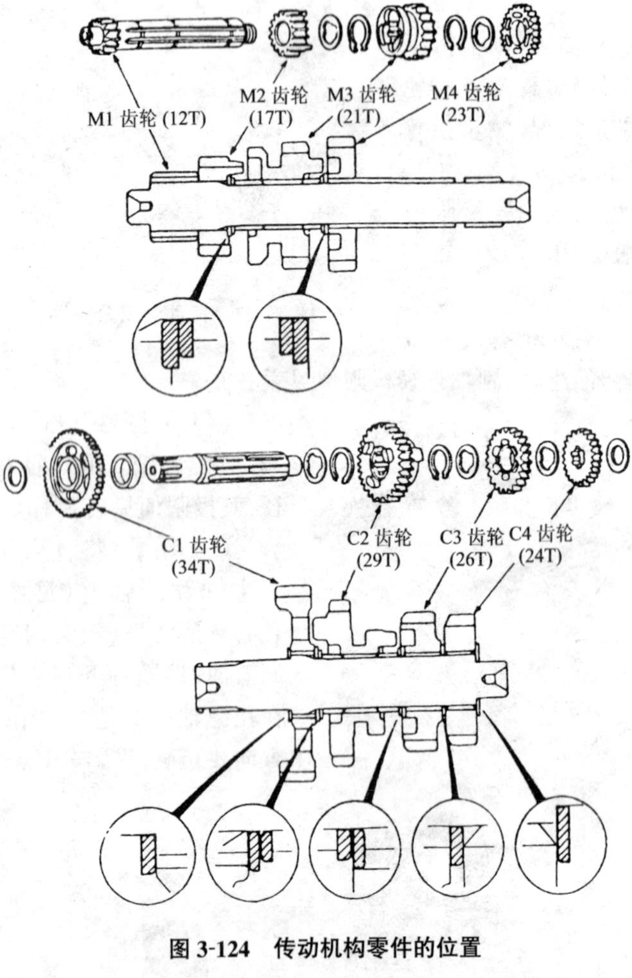

图 3-124　传动机构零件的位置

七、变速装置的拆卸、检查与装配

(1) 拔出弹簧夹、导向销，拆下齿轮拨叉。

(2) 检测拨叉的内径，拨叉内径和拨叉爪的厚度极限值见表3-10。

(3) 检查变速鼓和拨叉导向销的磨损;测量变速鼓的外径,极限值见表3-10。

(4) 将拨叉装入变速鼓,插入拨叉导向销及弹簧夹。请注意,安装导向销时有槽的一端朝外。

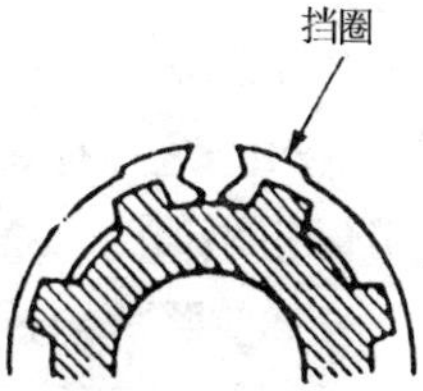

图 3-125 挡圈的开口方向

八、曲轴箱的检查与装配

(1) 除去曲轴箱结合面上的污物,检查左右曲轴箱结合面上的损伤情况;旋转曲轴箱上的轴承,如有异响、松动等,应使用专用工具更换新件;更换曲轴箱上的油封。

(2) 将变速鼓及传动装置一起装入左曲轴箱中。请注意,装配前应涂上润滑油,空档开关接触片应与空档开关对准。

(3) 将启动机构安装在左曲轴箱中,装入曲轴总成,并装入密封垫、定位销,然后装上右曲轴箱。

(4) 将七个螺栓从左曲轴箱上装入并交叉拧紧,装上变速鼓垫圈及螺栓并拧紧。

(5) 在启动轴上装入复位弹簧及弹簧座。请注意,复位弹簧的一端与弹簧座的凹槽相连,另一端卡在曲轴箱凸出部位上,复位弹簧座上的打印标记与启动轴上的打印标记应对齐。然后,装上挡圈,注意挡圈的平面应朝外。

第十一节 前照灯、车把、前轮和前悬挂

前照灯、车把、前轮和前悬挂的拆装有一定的连带关系,故放在同一节里讲述。

前轮、前悬挂等部件,在维修操作时,千万不要使润滑脂、润滑油和制动液沾到制动蹄块、制动钢套和制动盘上,以防制

动打滑。

前车轴的径向跳动极限值为 0.2mm；前叉内应加的油量为 115～130ml；前减震器紧固螺栓扭矩值为 25N·m；制动凸轮锁母扭矩值为 28N·m。

一、前照灯的拆装与灯泡的更换

拆下前照灯下面的螺钉，把索缆拆开，拿下前照灯。当需要更换大灯泡和位置灯泡时，拆开灯座即可。

拆下导流罩的四个螺栓，再拆开转向灯连接线，可将导流罩拿下。

拆下前照灯壳安装螺栓，可拆下前照灯壳。

前照灯的安装按拆卸的相反顺序进行。

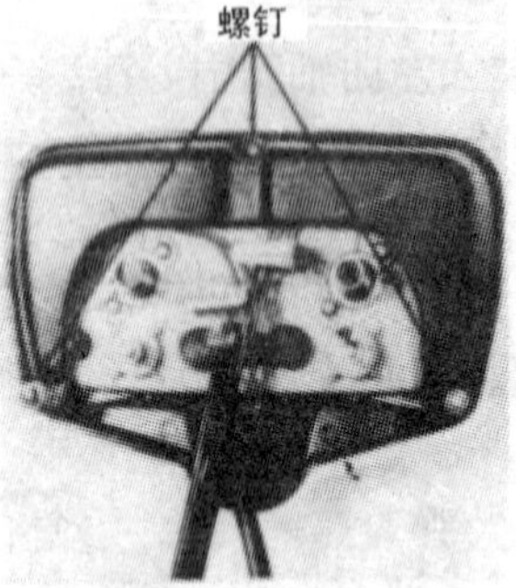

图 3-126　仪表的拆卸

二、仪表的拆卸与安装

先将导流罩拆下，拔下仪表指示灯束缆插接件，旋下软轴组件；再拆下两个螺母，即可拆下仪表总成。

旋下三个螺钉可拆下仪表壳，拉出灯座可更换新的指示灯灯泡，点火开关此时也可拆下(见图 3-126)。

仪表的安装按拆卸的相反顺序进行。

三、车把部分的拆卸与安装

先拆下后视镜，将索缆的插接件拔下，再拆下安装螺钉，即可拆下照明开关总成，进而可取下油门转把组件。

用内六方扳手拆下车把压块，拆下车把(见图 3-127)。

安装按与拆卸相反的顺序进行。

四、前轮的拆卸、装配与检查

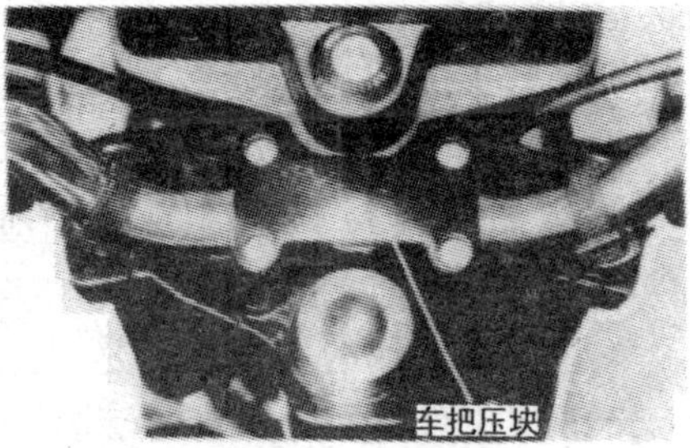

图 3-127　车把压块

(1) 按顺序拆下如下零部件:里程表软轴,前制动线,前减震器上的锁紧螺栓,前轴螺母,前轴,前轮。

(2) 检查前轴的径向跳动量,实际跳动量是表测数值的 1/2,跳动量极限值为 0.2mm。

(3) 检查轮毂内轴承的内圈,有异响、松动要更换;检查轴承的外圈与轮毂的配合情况,有松动的要更换。请注意,更换轴承时必须左右一同更换。

五、前制动器的分解、检查与装配

当需要更换制动钳摩擦片时,拆下前轮总成,拆下制动钳上面的防尘盖,拆下两个开口销,即可拆下摩擦片(见图 3-128)。更换新摩擦片时,要注意装好复位弹簧,不可使制动液和其他油污沾到摩擦片上。在新摩擦片更换后装好制动

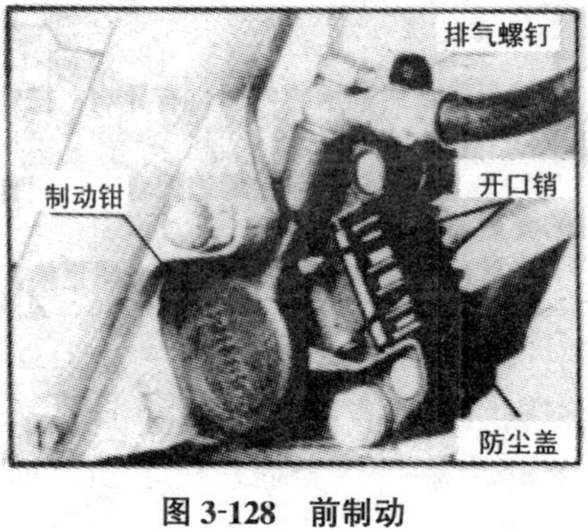

图 3-128　前制动

钳。

六、前叉的拆卸与安装

(1) 前叉的拆卸步骤如下(见图 3-129):拆下导流罩;卸下前照灯;拆下导流罩固定件;卸下前挡泥板组件;松开四个内六方螺栓,拆下两根减震器。

(2) 减震器油的更换步骤是:拧下减震器上盖的内六方螺堵和减震器下边的放油螺栓,将油放净,按规定加入 115~130ml 新减震油(见图 3-130)。

图 3-129 前叉

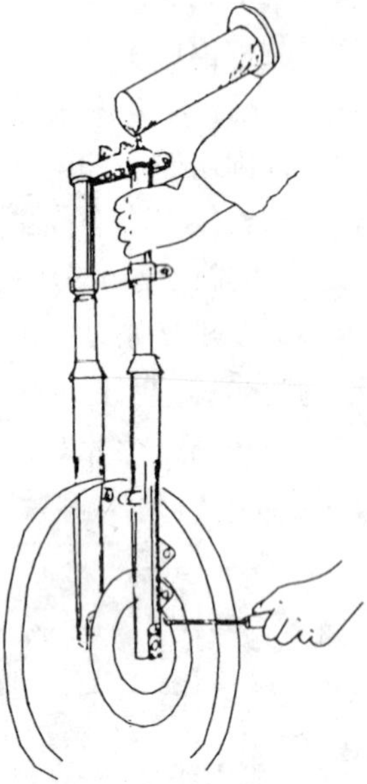

图 3-130 减震器油的更换

前叉的安装与拆卸顺序相反。

七、方向柱的拆卸与安装

按如下步骤拆卸、检查方向柱:拆下减震器;拆下车把压块;拆下方向柱锁母盖;拆下方向柱锁母;拆下前叉上联板;拧下上碗，拆下钢球；将方向柱从下部抽出；检查上碗、上挡、下碗、下挡的磨损情况（见图 3-131）。

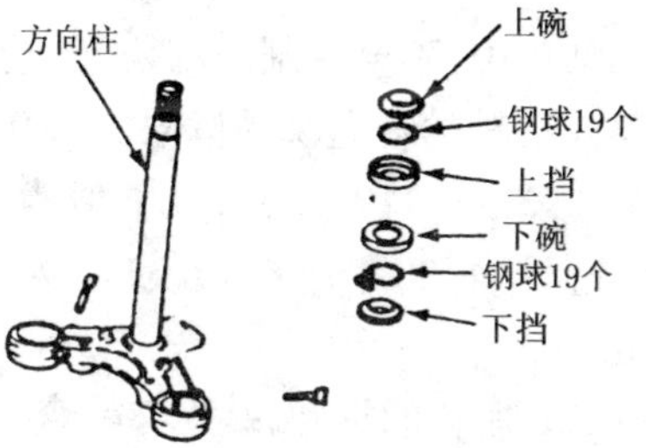

图 3-131　方向柱组件分解图

安装时，应在钢球上加入润滑脂，按与拆卸相反的顺序安装。紧固上碗时，请注意，旋到上碗完全接触后回转约 1/8 圈。

第十二节　后　　轮

一、概述

车轮轮圈为辐板式，其轮辋、轮毂和轮辐一起由铝合金压铸而成，具有强度高、工艺简单、装配方便、成本低等优点。缺点是弹性较差，不太适合高低不平的山地路面。

后轮轮毂与制动毂盖相配，制动毂盖上装有一对制动蹄块和一个制动凸轮。摩托车行驶时，靠回位弹簧的拉力，使蹄块上的摩擦片和制动鼓之间有一定的间隙，因此车轮可以自由转动。制动时，制动凸轮转动顶着制动蹄块向外张开，蹄块摩擦片和制动鼓抱死并产生摩擦阻力，从而使车轮减速直至停车。

本车采用的是单制动凸轮，这种制动结构型式在制动蹄块张开时，其中有一个蹄块的张开方向与车轮转动方向相同，另一个则相反，造成作用在轮毂上的两摩擦片产生的制动力不一样，使制动效果变差。但是这种制动型式比双制动凸轮结构简单。

使用中，不要使制动蹄块、制动钢套上沾有润滑脂、润滑油等。后轴的径向跳动极限值为0.2mm；制动钢套内径标准值为119.5～119.7mm，极限值为120.5mm；制动蹄块直径（凸轮转4°30′）标准值为119.3～119.5mm，极限值为116mm。

二、后轮的拆卸、装配与检查

1. 后轮的拆卸

支起双梯，依次拆下后制动拉杆、拉杆螺栓、后轮轴、链轮轴螺母、链轮座组合、后轮。

2. 后轴的检查

察看螺纹是否有损伤；测量后轴的径向跳动（实际跳动量是表测数值的1/2，极限值为0.2mm）。

3. 轴承的检查

(1) 检查轮毂内轴承的内圈，如有异响、松动要更换。

(2) 检查轴承的外圈与轮毂的配合情况，有松动的要更换。请注意，更换轴承时必须左右一同更换。拆下链轮连接盘组件，检查轴承，如有异响、松动等应更换。

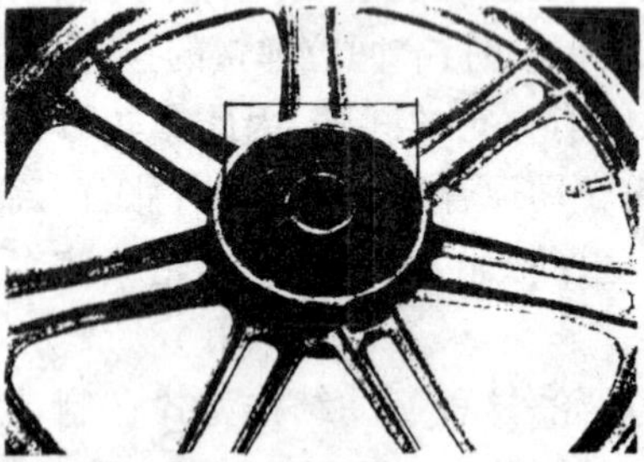

图3-132 测量钢套尺寸

4. 钢套的检查

测量制动钢套内径，测量部位是与制动蹄块接触的部位（见图3-132）。

三、后制动器的分解、检查与装配

(1) 检查制动蹄块

总成的直径(将制动凸轮转4°30′后测量),极限值为116mm(见图3-133)。

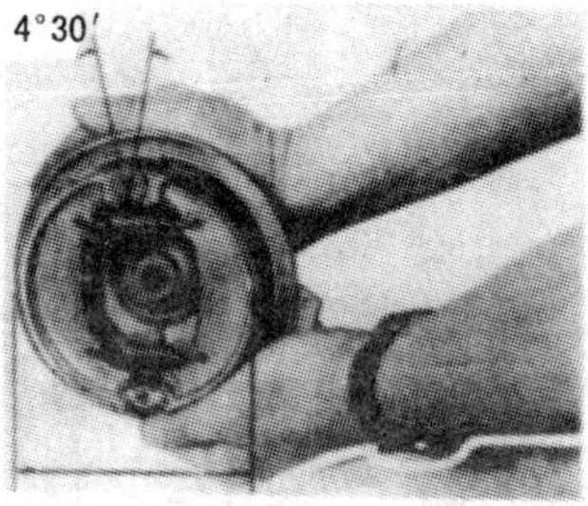

图3-133　自动蹄块总成直径测量

(2)分解后制动器,拆下制动蹄块总成,拆下制动摆臂及制动凸轮(见图3-134)。

(3)后制动器的组装:后制动器的组装比较简单,但应注意:安装制动凸轮螺母时拧紧扭矩值为28N·m;千万不可使润滑脂或其他油污沾到制动蹄块摩擦片上。

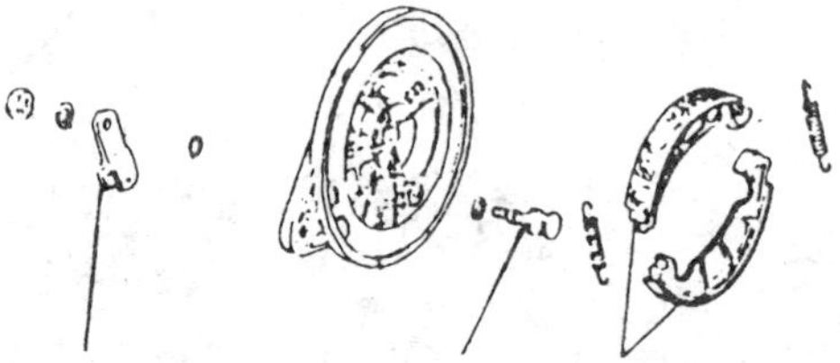

图3-134　后制动器分解图

四、后轮的安装

安装按与拆卸相反的顺序进行:旋紧后轴时应踩下后制动踏板;后轴螺母的拧紧扭矩值为60N·m;链轮轴螺母的拧紧扭矩值为60N·m;安装好后轮后调整后制动,调整链条的垂度,调整后制动灯开关。

第十三节　蓄电池与充电系统

蓄电池和充电系统如图3-135所示。

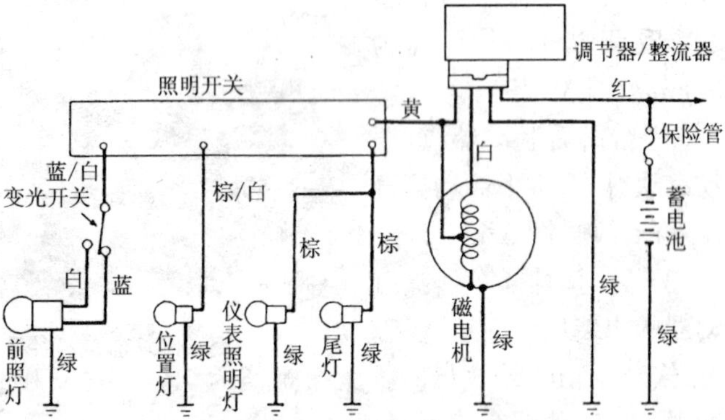

图 3-135　电气系统示意图

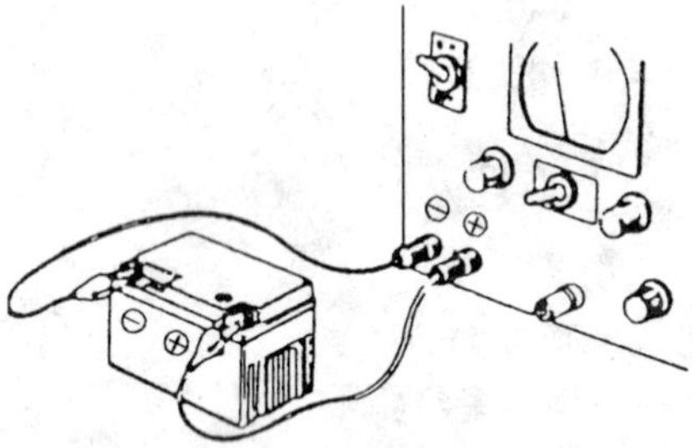

图 3-136　蓄电池充电

一、蓄电池

本车采用免维护蓄电池，不需要进行电解液量检查，也不需补充蒸馏水。需充电时，将蓄电池从车上拆下，不要打开蓄电池电解液盖，要按规定的电流和时间充电（见图 3-136），充电状态的检查要用数字电压表（见图 3-137），非紧急情况不要对蓄电池快速充电。检修需要的技术数据见表 3-11。

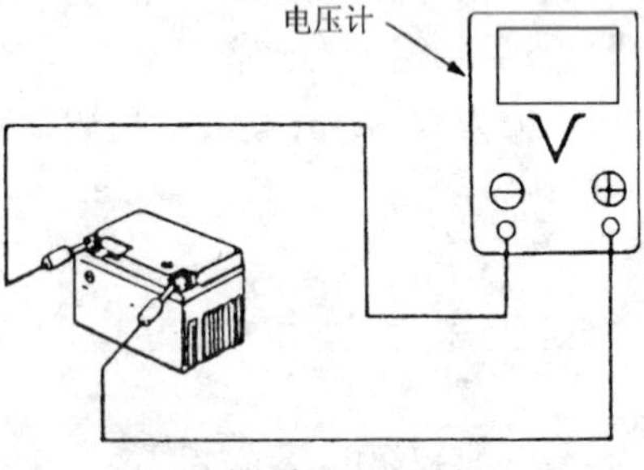

图 3-137　蓄电池电压检查

表 3-11　技术数据

项目			标准值
蓄电池	容　　量		12V 3A·h
	电压(充足电时)		13.0～13.2V
	充电电流充电时间	标　准	0.4A×5h
		急　速	4A×0.5h
调节器整流器	型　式		单相半波 SCR,充电
	漏电电流		1mA 以下
	照明电压		模拟式万用表:10.5～14.5V/5000r/min 数字式万用表:10.3～14.3V/5000r/min
	充电电压、电流		14.0～16.0V/5000r/min,0～0.5A/5000r/min
磁电机线圈电阻值	照明线圈		0.1～2.0Ω
	充电线圈		0.1～2.0Ω

二、故障判断

1. 接通点火开关时无电

原因可能是:蓄电池完全放电,或充电系统不良;蓄电池电缆的连接断开;保险丝被烧断;点火开关不良。

2. 接通点火开关时电压不足

原因可能是:蓄电池充电不足;蓄电池放电。

3. 发动机运转时电压低

原因可能是:蓄电池充电不足;充电系统不良。

4. 断续性供电

原因可能是:蓄电池连接松动;充电系统接触不良;点火系统接触不良或短路。

5. 充电系统不良

原因可能是：电缆接头松脱或短路；调节器和整流器不良；磁电机不良。

三、充电系统

1. 充电系统漏电的检查

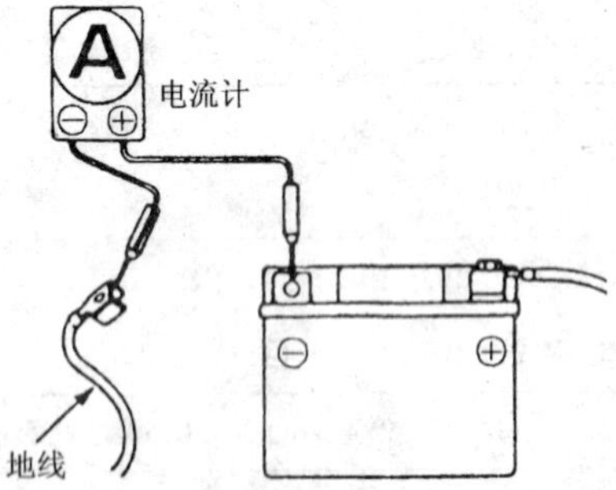

图 3-138 漏电检查

先关上点火开关(开关置于“OFF”位)，从蓄电池上拆下地线(绿色)，把电流表接在蓄电池的“－”极和地线之间，测量电流(见图 3-138)。

请注意，电流表要从高量程往低量程依次测量，否则有可能烧坏电流表的保险丝；测量电流时不要打开点火开关，漏电电流应在 1mA 以下。

2. 充电系统的检查

应该用完全充电的蓄电池来检查充电系统；启动发动机预热后，如图 3-139 所示，接上电压表和电流表，逐渐加大发动机的转速，测量充电电压和电流。

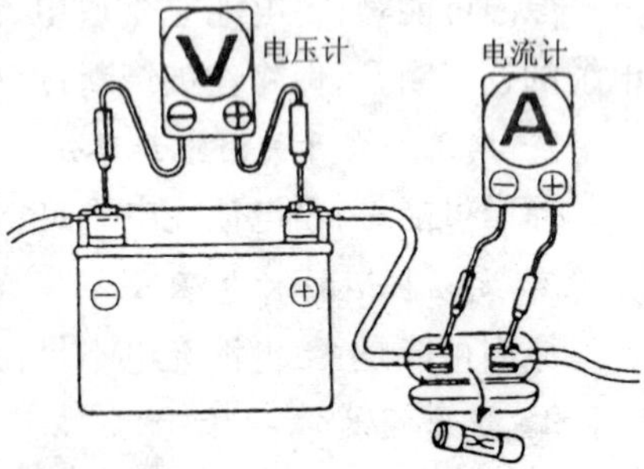

图 3-139 充电电流、电压的检查

充电电流和充电电压的数值在发动机

5000r/min 时应符合表 3-11 的规定。

3. 照明电压的检查

启动发动机并预热，然后将照明开关置于“H”位上；将变光开关置在“Hi”位置，打开大灯，测量蓝色线和绿色线间的电压，测量时大灯线保持连接状态。测得的照明电压在规定的曲轴转速下应符合表3-11 的规定，若不符合，要检查调节器和整流器(见图 3-140)。

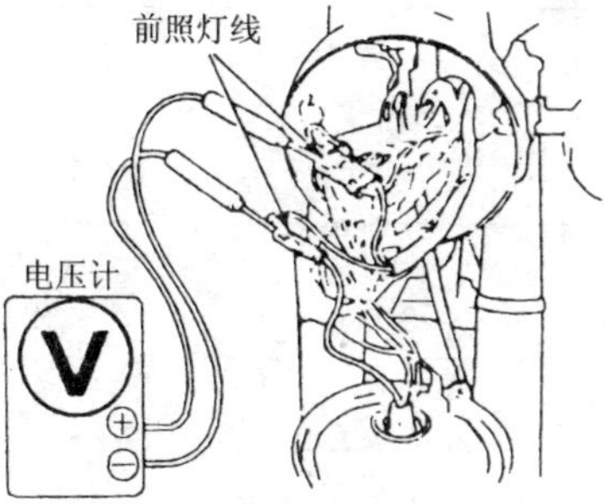

图 3-140 照明电压的检查

四、磁电机

磁电机充电线圈和照明线圈的电阻值在维护保养时常常需要测量，方法是：打开鞍座，拆下左护罩，拔开接线柱，即可用万用表测量。照明线圈和充电线圈电阻的标准数值见表3-11，如电阻值不符合标准值，说明两种线圈有断线、层间被击穿、绝缘失效等故障，此时应更换磁电机定子。

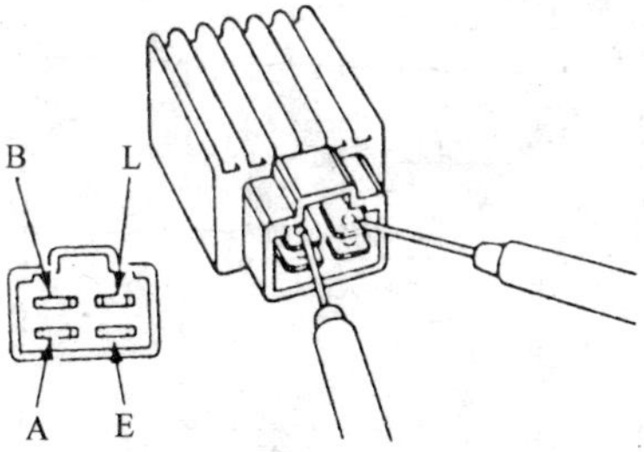

图 3-141 调节器、整流器的检查

五、调节器和整流器

把调节器、整流器拆下来，用万用表检查各终端接头之间的电阻值(见图 3-141)，各电阻值应符合表 3-12 的规定，否则，应更换调节器、整流器。

表 3-12　电　阻　值　　　(kΩ)

−＼+	A	L	B	E
A		∞	0.5～10	∞
L	∞		∞	5～100
B	∞	∞		∞
E	∞	5～100	∞	

第十四节　点火系统

一、简介

点火系统主要包括飞轮磁电机、脉冲发生器(亦称触发线圈)、点火开关、CDI 装置、点火线圈和火花塞等零部件(见图 3-142)。由于采用无触点的 CDI 点火方式,所以无需调整点火时间。点火系统各部件的技术数据见表 3-13。

二、故障判断

1. 火花塞无火

原因可能是:火花塞不良;线路连接不良,短路或断路;点

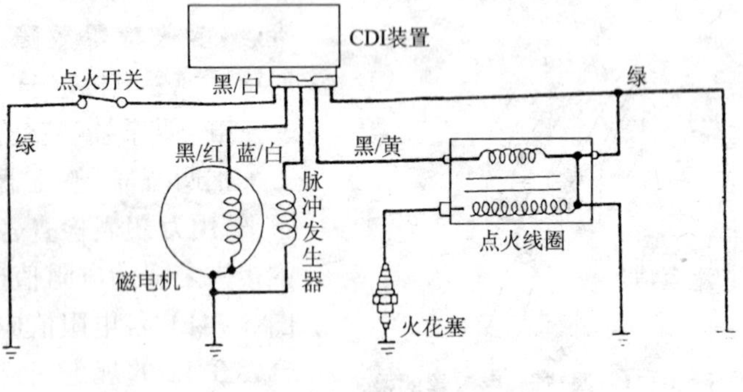

图 3-142　点火系统示意图

表 3-13 点火系统技术数据

项目		标准值	
火花塞	标准	C6HSA(NGK)	U20FS-U(ND)
	可代用	C5HSA(NGK) C7HSA(NGK)	U16FS-U(ND) U22FS-U(ND)
火花塞间隙		0.6~0.7mm	
点火时间"F"标记		15°BTDC/1500r/min	
高压线圈电阻值(20℃)	初级线圈	0.2~0.4Ω	
	次级线圈(带火花塞帽)	8.3~10.0kΩ	
	次级线圈(不带火花塞帽)	3.6~4.4kΩ	
脉冲发生器电阻值(20℃)		20~250Ω	
磁电机点火线圈电阻值(20℃)		300~900Ω	

火开关有故障；点火线圈有故障；CDI 装置有故障；磁电机有故障；脉冲发生器有故障。

2. 发动机运转不稳定

原因可能是：

(1) 点火低压线路有故障：点火初级线圈不良；线路连接不良；点火开关接触不良。

(2)点火高压线路有故障：点火次级线圈不良；火花塞不良；高压线有故障；火花塞帽有泄漏。

(3) 点火时间不对：脉冲发生器安装不良；脉冲发生器转子不良。

三、点火系统的检查

(1) 当点火系统出现故障时，可把摩托车鞍座和左护罩拆下，然后拆下 CDI 装置的插接器，对插接器线缆一侧的各线做表 3-14 所列项目的测量检查。如表中某个项目测量结果不符合标准，即应修理或更换该项目有关的零部件。

(2)表3-14中各项检查全部正常，而点火系统仍存有故

表 3-14　各部件电阻值

项目		测量处所	标准
点火开关	ON	黑/白—绿	不通
	OFF	黑/白—绿	通
磁电机点火线圈		黑/红—绿	300～900Ω(20℃)
脉冲发生器		蓝/白—绿	20～250Ω(20℃)
点火线圈	初级线圈	黑/黄—绿	0.2～0.4Ω(20℃)
	次级线圈	火花塞帽—绿	8.3～10.0kΩ(20℃)

障,应再检查 CDI 装置插接线。若插接线无异常,应更换 CDI 装置(见图 3-143)。

图 3-143

(3) 带火花塞帽检查点火线圈的次级线圈时,若测量值远大于标准的 8.3～10.0kΩ(20℃)值,应拆下火花塞帽,测高压线与绿线间的电阻值,标准值为 3.6～4.4kΩ(20℃)。

若测量值远远大于标准值时,则应使用专用仪器对点火线圈进行性能检查或更换。

第十五节　开　　关

一、点火开关的检查

拔开点火开关的连接线,用万用表检查,若符合表 3-15

则正常。

表 3-15

功能符号 \ 接线端子代号	HO	BAT	IG	E
OFF			○	○
ON	○	○		
导线颜色	黑	红	黑/白	绿

二、照明开关的检查

拔开照明开关的连接线，用万用表检查，若符合表 3-16 则正常。

表 3-16

功能符号 \ 接线端子代号	C_1	TL	PO	HL
OFF				
P	○	○	○	
H	○	○		○
导线颜色	黄	棕	棕/白	蓝/白

三、变光开关、转向灯开关和喇叭按钮的检查

拔开左手把开关的连接线，用万用表检查，若符合表 3-17 至表 3-19 则正常。

1. 变光开关(见表 3-17)

表 3-17

功能符号 \ 接线端子代号	HL	HI	LO
HI	○	○	
(N)	○	○	○
LO	○		○
导线颜色	蓝/白	蓝	白

2. 转向灯开关(见表 3-18)

表 3-18

接线端子代号 功能符号	R	W_R	L
R	○—	—○	
N			
L		○—	—○
导线颜色	浅蓝	灰	橙

3. 喇叭按钮(见表 3-19)

表 3-19

接线端子代号 功能符号	HO	BAT
放开(FREE)		
按下(PUSH)	○—	—○
导线颜色	浅绿	黑

四、前制动开关的检查

拔开前制动开关连接线,如握制动小把时绿/黄线和黑线接通,即为良好(不握前制动小把时则不通)。

五、后制动开关的检查

拔开后制动开关连接线,如踩下制动踏板时绿/黄线和黑线接通,即为良好(未踩下制动踏板时则不通)。

第十六节 CD90 型摩托车常见故障检修

一、摩托车故障的判断方法

判断摩托车的故障通常是用视觉、听觉、嗅觉、触觉等功能和调试来完成的。

1. 用视觉判断

对可能发生故障的部位进行细致的观察:发动机各接合面有无漏气漏油痕迹;排气消声器排气的颜色;排气口、火花塞是否有积炭;火花塞发出火花的强弱以及电极的颜色;化油器浮子室内是否有脏物使浮子或针阀卡死等等。根据察看到的情况,全面综合分析,就可以准确断定故障原因,予以排除。

2. 用听觉判断

正常声响,在摩托车无故障运行时是有限度允许的。一个好的驾驶员,在保证行车安全的同时,要时常留心和善于判别摩托车的响声是否出现异常,因为不正常的声响预示机件发生了损伤,机件出现了松动,燃烧不正常以及润滑不佳和点火失调等等。千万不可让摩托车带病行驶,要根据听到的异常声响,判断故障发生的部位和原因。例如:如果发动机出现尖锐的"喋、喋"声,可能是燃烧室积炭过多造成的;发动机内出现"嗒、嗒"的异响,同时排气呈现蓝色烟雾,则可判断活塞与气缸间隙过大所致。再如,在空气滤清器处听到异常的"嘘、嘘"声时,可能是进气门关闭不严漏气造成的。

3. 用触觉判断

用手脚的触觉判断发动机气缸头、气缸体、后轮轮毂等零件的工作温度和车体及发动机的震动情况,亦可判断许多故障。

4. 用嗅觉判断

根据摩托车产生的特殊气味,可帮助分析故障之原因。如发动机过热气缸体表面油污被烤,离合器摩擦片急剧打滑产生摩擦,都会出现焦糊气味。

5. 调试判断

用改变摩托车的工作状态和更换零部件做对比试验的方法,可以帮助我们确认判断的正确与否。

二、发动机不能启动或启动困难的检修步骤

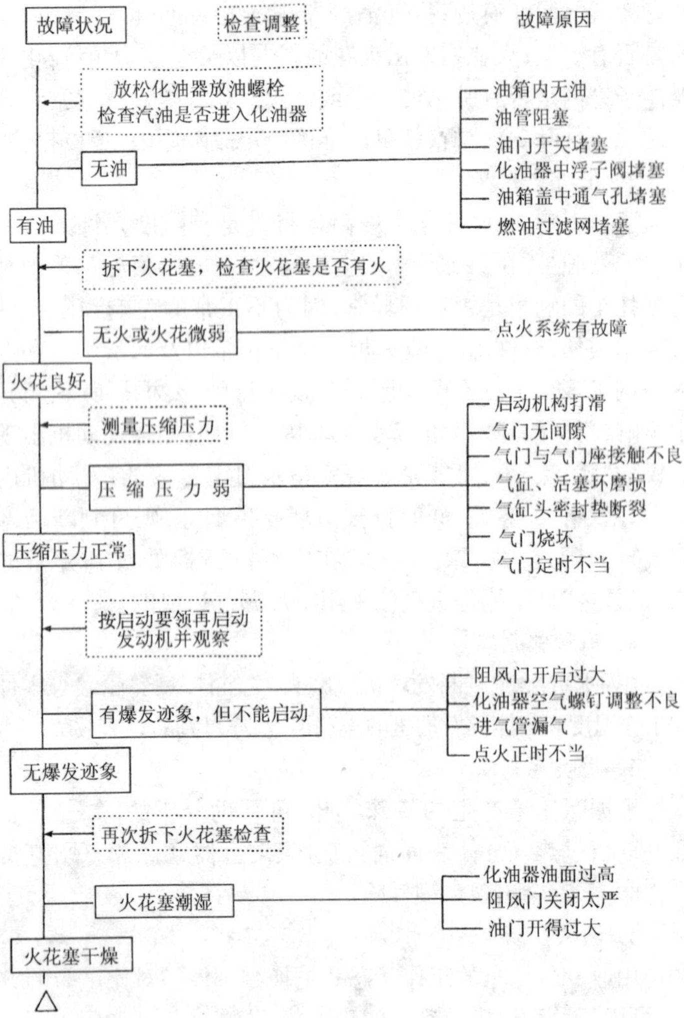

三、摩托车动力不足的检修步骤

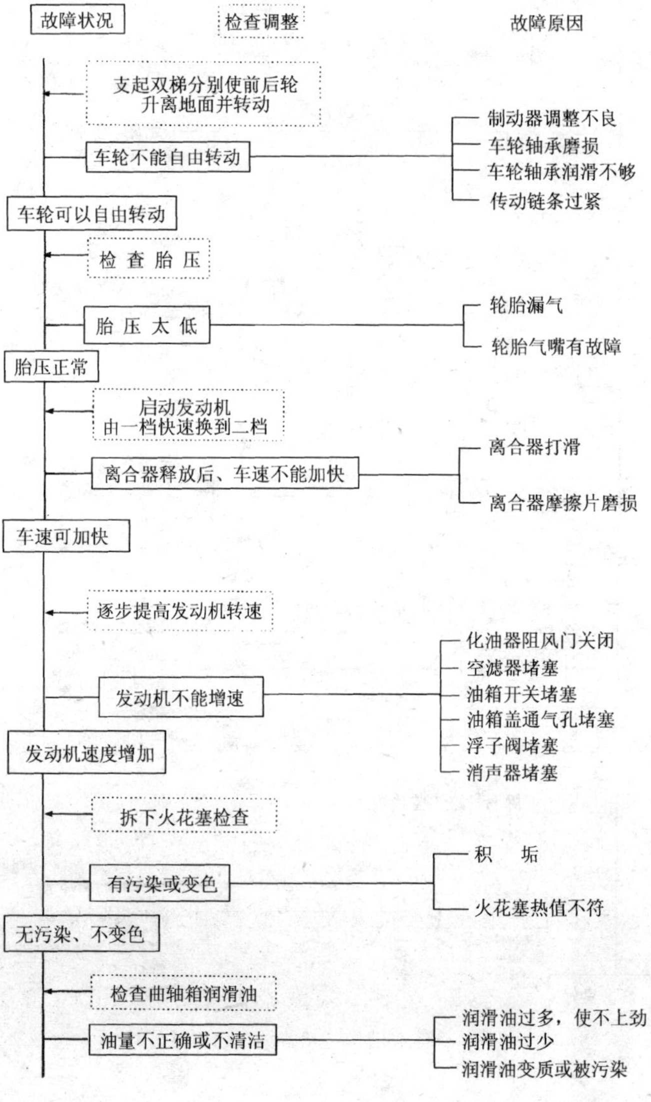

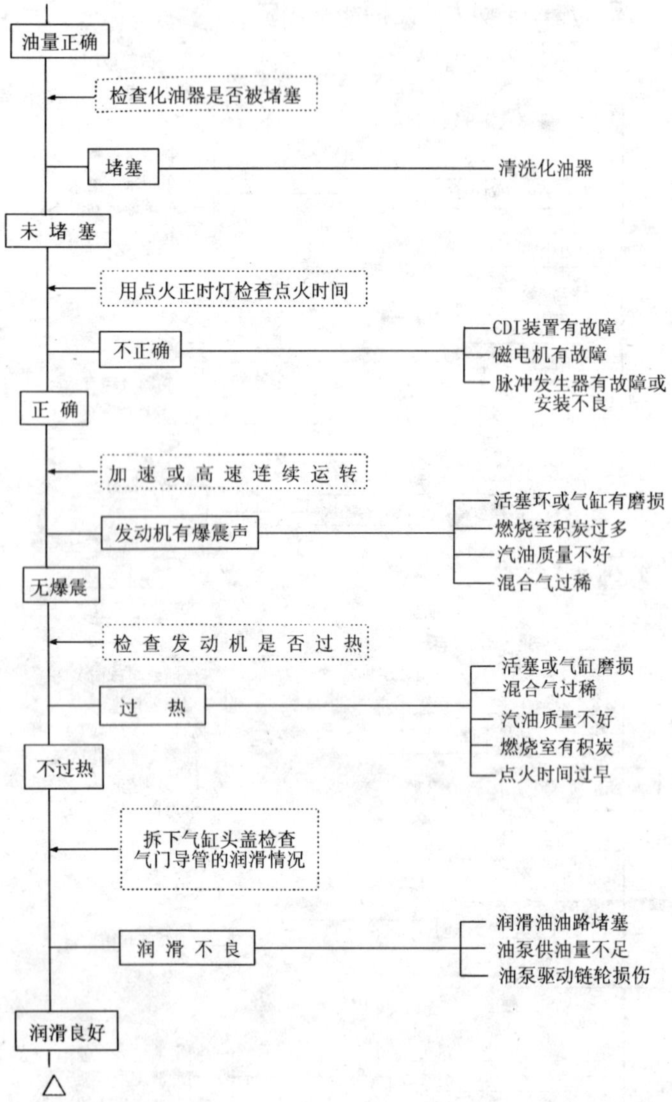
油量正确
检查化油器是否被堵塞
堵塞
清洗化油器
未 堵 塞
用点火正时灯检查点火时间
不正确
CDI装置有故障
磁电机有故障
脉冲发生器有故障或安装不良
正 确
加 速 或 高 速 连 续 运 转
发动机有爆震声
活塞环或气缸有磨损
燃烧室积炭过多
汽油质量不好
混合气过稀
无爆震
检 查 发 动 机 是 否 过 热
过 热
活塞或气缸磨损
混合气过稀
汽油质量不好
燃烧室有积炭
点火时间过早
不过热
拆下气缸头盖检查气门导管的润滑情况
润 滑 不 良
润滑油油路堵塞
油泵供油量不足
油泵驱动链轮损伤
润滑良好
△

四、发动机在低速和怠速时不稳定的检查步骤

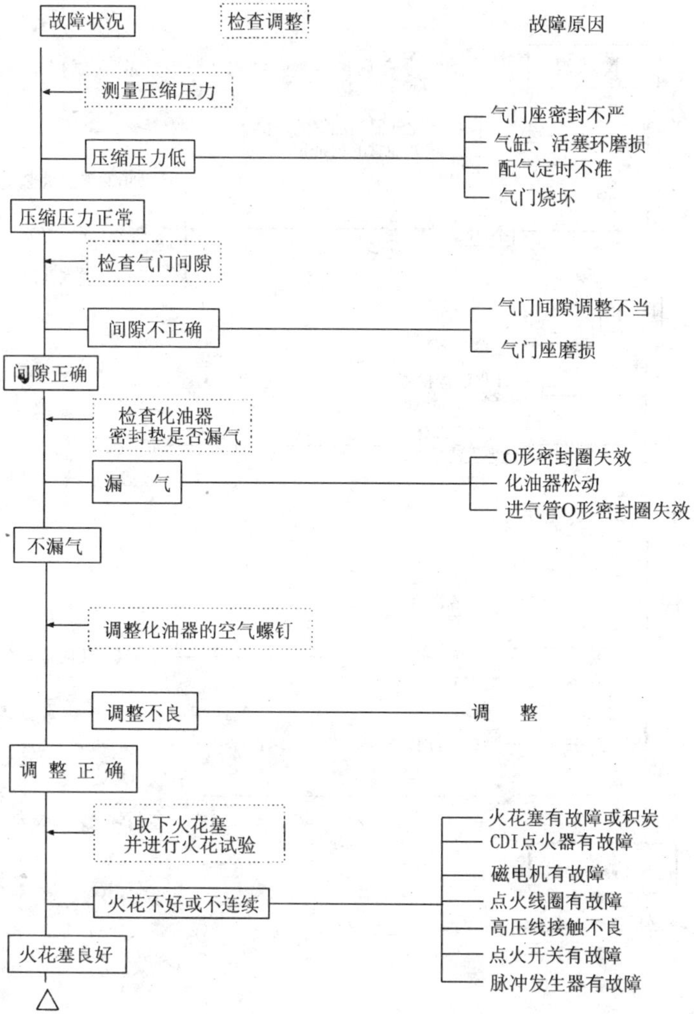

五、发动机在高速时不稳定的检修步骤

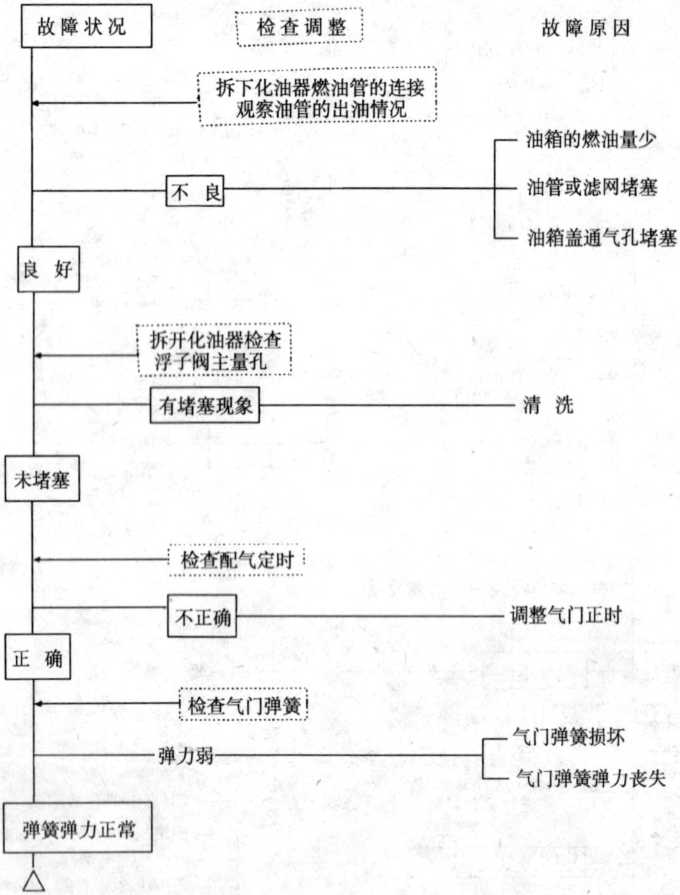

六、发动机润滑油消耗快的检修步骤

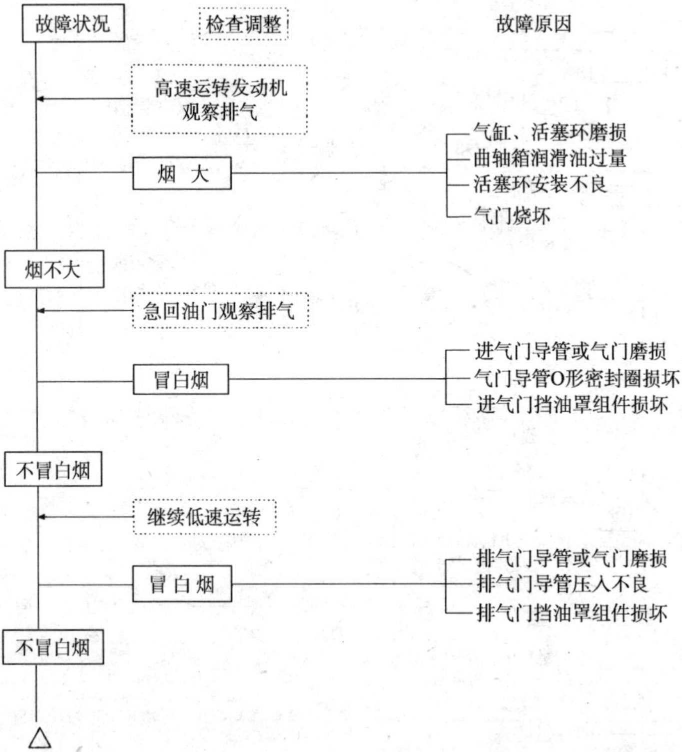

七、充电不足或充电过量的检修步骤

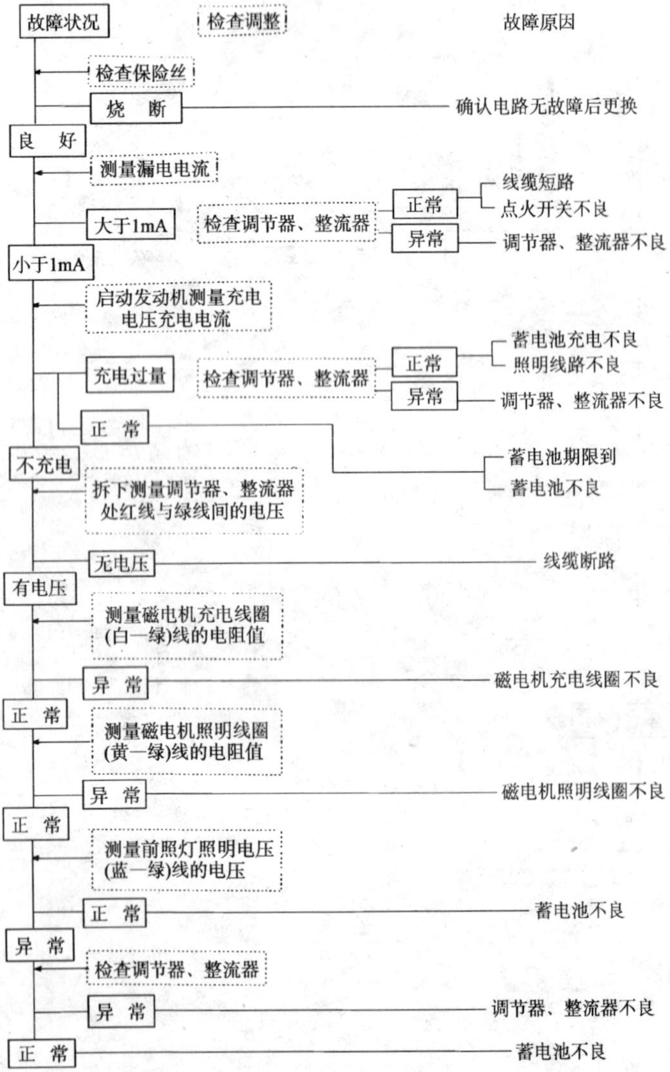

八、火花塞不跳火的检修步骤

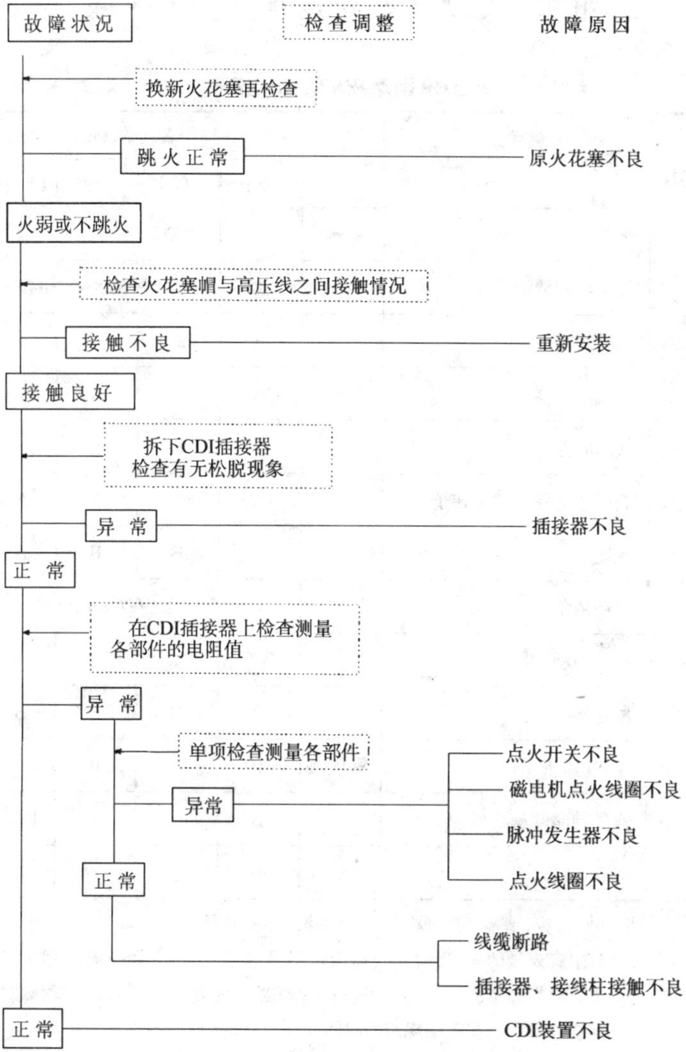

附录　CD90型摩托车维修周期表

CD90型摩托车维修周期表

	项目＼维修周期	时　间	里程表读数(km)			
			1000	4000	8000	12000
	火花塞		A	A	A	R
	发动机润滑油		R	每行驶3000km更换		
	汽油滤网		A	A	A	A
	空气滤清器		A	A	A	A
※	气门间隙		B	B	B	B
※	润滑油滤网及滤油转子		A	A	A	A
※	怠速		B	B	B	B
	传动链条	每月C	每行驶3000km B			
	前后制动		B、C	B、C	B、C	B、C
	离合器线		B	B	B	B
※	车轮/辐条	每日A	B	B	B	B
※	前叉转向轴承		B			B、C
	螺栓、螺母	每日A	B			B

注：A—检查、清洁　B—调整　C—润滑　R—更换

其中有※号的项目，请到公司指定的维修站进行，如用户有专用工具、维修材料和维修经验，也可进行维修；当里程表读数超过最高读数时，其维修周期仍按表中规定的时间间隔重复进行。

第四章　本田 LEAD90 型摩托车

第一节　概　　述

LEAD90 型摩托车和 NH90M 型摩托车，都是踏板式摩托车，装备强制风冷二冲程单缸发动机（最大功率可达 6.18kW）和自动变速器。

LEAD90 型摩托车的外形如图 4-1 所示。

图 4-1　LEAD90 型摩托车外形

主要组成部件及结构特点如下：

(1) 采用踏板组合摇臂式车架，使后轮前部有足够的空间，以获得一个搁脚平面。同时，车架长而宽，轴距较长，车体结实可靠，用坚固耐磨的 PP 聚丙烯作底盘保护盖，可以保护车身及油箱。

(2)装备的是1E48FM汽油发动机和CDI无触点的飞轮磁电机,脚踏反冲启动及电机启动并用,齿型皮带无级变速机构,飞块式自动离心式离合器,簧片阀进气,柱塞泵分离润滑。

(3)发动机燃油供给系统的油箱容量为7.2L的大油箱,适合于长途旅游;油箱低位置的安装降低了车身的重心,使行驶更加平稳;外露式的加油口,设在右脚踏板旁,加油不需下车。

(4) 外形豪华、气派的一体式双卤素大灯,两只18W的灯泡照明强烈;大灯内设置汽车级的3.5W标志灯,在路旁停车或夜间使用时更加安全。汽车级的双灯泡后灯、制动灯与尾灯相分离,不但提高了亮度,而且夜间行驶时更容易辨别车号,这是重视驾驶员安全的一大革新。高质量的FM密封式免维护蓄电池,不用加水,全封闭,使用寿命较长。

(5) 采用无级变速和离心式离合器组成的传动机构,简单灵活,驾驶员只需操纵油门线即可控制车速的变化;而离合器的作用是当发动机达到一定转速后,自动结合或分离,省去了操纵离合器和变档机构的繁琐程序,特别适合于初学者和女士。

(6) 鹰式前轮挡泥板和外露式前轮,使左右转向加大了约5°,操纵更加灵活方便;宽敞的前后置脚空间及防滑板的后座踏脚板的加装,能避免会车时碰车的危险和被雨水溅湿的麻烦;防俯冲悬吊系统,防颠避震,能缩短制动距离;高附着力的跑车胎,提高了高速飞驰的安全感和舒适感。

LEAD90型摩托车的主要技术参数、整车和零部件安装扭矩标准以及电缆和导线的安装与整理,与NH90M型摩托车相同,可参见第二章第一节。

第二节　LEAD90 型摩托车发动机

发动机的中国型号称为 1E48FM，为单缸强制风冷的二冲程汽油机。整机性能很好，升功率达到 57kW/L，由点火装置、气缸盖、气缸体、曲轴连杆活塞机构、进排气系统、曲轴箱、变速离合系统、燃油和润滑系统等部件组成。发动机外特性曲线如图 4-2 所示。

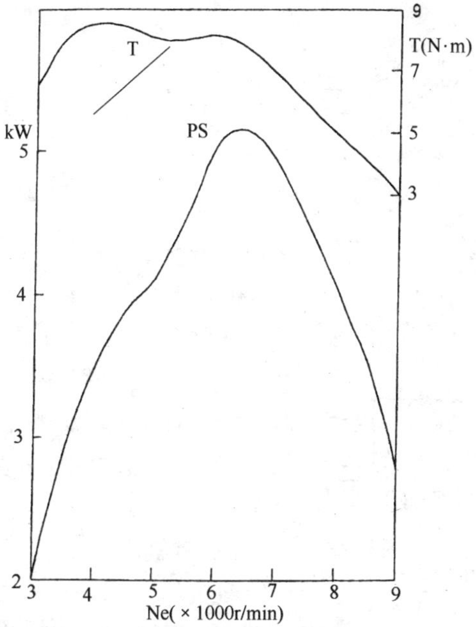

图 4-2　LEAD 型发动机外特性曲线

一、气缸盖

1E48FM 发动机的气缸盖由铝合金压铸成型，为半球式燃烧室，火花塞与气缸盖形成一定的角度安装，减小了发动机

的使用空间。散热片直立,顺冷却风方向设置,保证发动机在

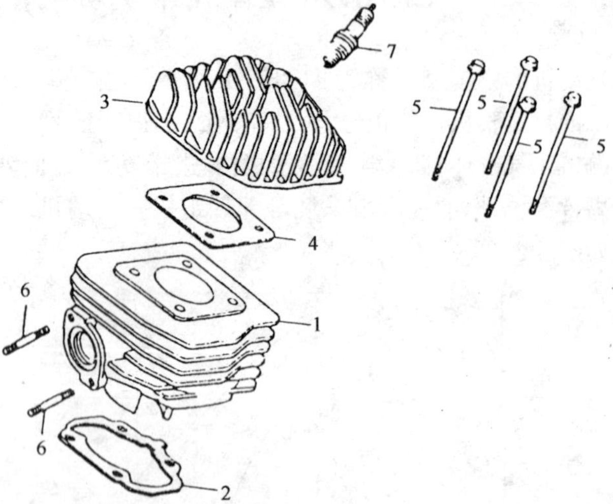

图 4-3 气缸部件

1. 气缸体 2. 气缸垫 3. 气缸盖 4. 气缸盖衬垫 5. 气缸螺栓 6×110 6. 双头螺栓 6×28 7. 火花塞

各种工况的冷却效果,同时装有吸收和减少工作噪声的橡胶块。0.5mm 不锈钢的气缸垫保证了良好的气密性。

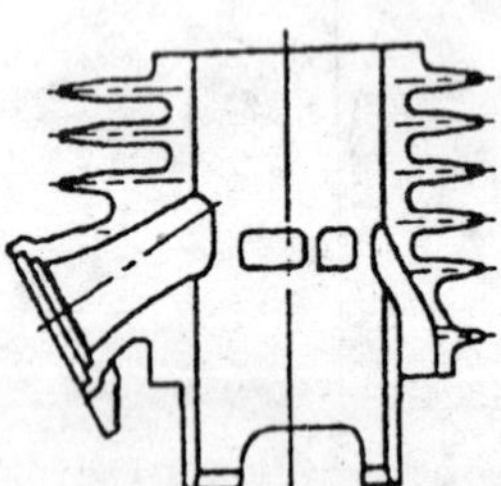

图 4-4 气缸体的气口

二、气缸体

气缸体(见图 4-3)由合金铸铁铸成,气缸内径为 $48^{+0.005}_{0}$mm,经过粗加工、精加工后珩磨成型。与活塞装配时分为两组,并打印记。气缸壁共有三个主扫气口,两个辅助扫气口和一个排气口,气口位置如图 4-4 所示。

三、曲轴箱

曲轴箱(见图 4-5)内装有曲轴、变速器、离合器和主要附件,由左曲轴箱和右曲轴箱两部分合成,中间用曲轴箱垫加上密封胶粘接,依靠定位销定位,以六个 M6 的螺栓固定,确保了曲轴箱不漏气。

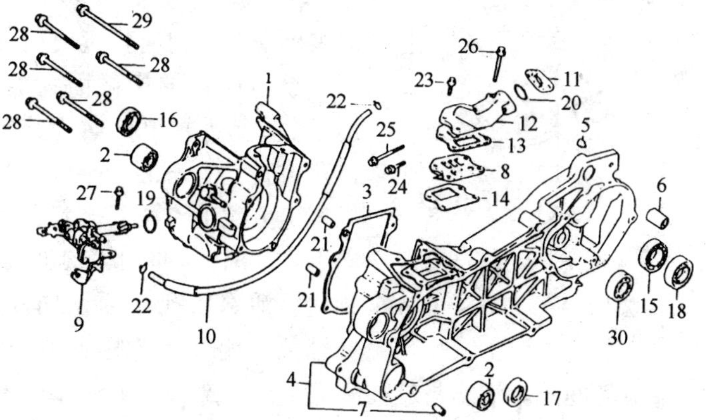

图 4-5　曲轴箱部件

1. 右曲轴箱　2. 悬吊橡胶衬套　3. 曲轴箱衬垫　4. 左曲轴箱　5. 橡胶弹簧导销　6. 后减震器橡胶衬套　7. 衬套　8. 簧片阀　9. 油泵组件　10. 机油管组件　11. 化油器绝热片　12. 进气管　13. 进气管垫片 A　14. 进气管垫片 B　15. 滚珠轴承　16. 油封　17. 油封　18. 油封　19.O 形圈　20.O 形圈　21. 定位销　22. 管夹　23. 六角突缘螺栓　24. 六角突缘螺栓　25~29. 六角法兰面螺栓　30. 滚珠轴承

曲轴箱是用铝合金压铸而成的。左曲轴箱装有启动系统部件,无级齿型皮带变速器和离心式离合器。后部有一个二级齿轮减速齿轮箱,经过减速后直接通过输出轴将动力传到后轮上。后部还装有制动蹄块,在上方装有进气道和簧片阀。左边与左盖上的脚踏反冲启动机构相连接。右曲轴箱前部装有机油泵,飞轮磁电机的定子,点火触点也装在右曲轴箱上。

右边边缘有一道涡壳与导风罩组装在一起，装在磁电机转子上的风扇随曲轴转动，对发动机冷却。

前面的两个安装孔与车架连接，后面一个安装孔通过后减震器与车架连接。

四、活塞、活塞环和活塞销

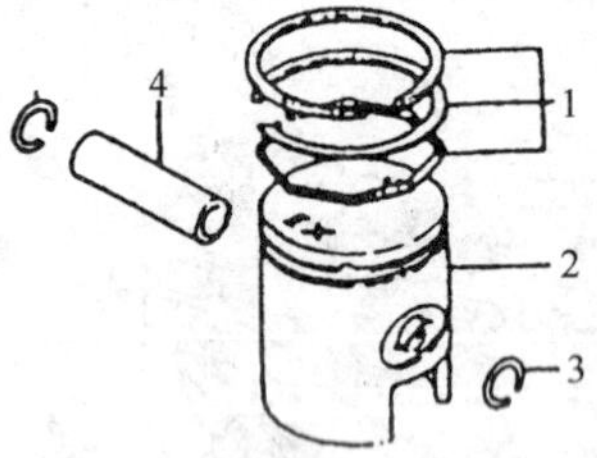

图 4-6　活塞组件

1. 活塞环组件　2. 活塞　3. 活塞销挡圈　4. 活塞销

活塞顶部为球形，其 EX 方向表示安装时朝向排气方向（见图 4-6）。裙部的横截面为椭圆形，以垂直活塞销方向为长轴，销孔方向为短轴。朝向簧片阀进气道方位上有两个开口，活塞向下运动时，与曲轴箱的进气口相通。活塞销孔与活塞销及滚针轴承装配时分三组，以保证其相适应的间隙。活塞与气缸体组合时一般也要分为三组。活塞材料为高硅铝合金。

活塞环气环为梯形环，还有一道组合环，装入活塞的环槽中。每道环槽上都有一个定位销，以防止活塞环沿圆周方向窜动，同时活塞在气缸体内部上下运动遇到扫排气口时，可避免活塞环弹入气口内折断。

活塞销装在活塞销孔中，两端由弹性挡圈卡住，防止活塞销窜出活塞销孔。

气缸体平面（上平面）的平面度使用极限值为 0.1mm。

气缸体内径尺寸为 $48^{+0.005}_{0}$ mm，使用极限值为 48.05mm。

活塞裙部外径（从活塞底端向上 7.5mm 处）$48^{-0.040}_{-0.046}$mm，使用极限值为 47.90mm。

活塞与气缸体的配合间隙为 0.039～0.051mm，使用极限值为 0.10mm。

活塞销孔内径为 $12^{+0.008}_{+0.002}$mm，使用极限值为 12.03mm。

活塞销外径为 $12_{-0.006}^{\ 0}$mm，使用极限值为 11.98mm。

活塞与活塞销配合间隙为 0.002～0.012mm，使用极限值为 0.03mm。

第一道活塞环开口间隙为 0.15～0.30mm，使用极限值为 0.6mm。

第二道活塞环开口间隙为 0.15～0.30mm，使用极限值为 0.40mm。

五、连杆和曲轴

连杆由小头、大头和杆身三大部分组成。杆身的截面为工字形，由 20CrMnTi 合金钢锻造后加工成型；大小头内径经氰化处理，内孔硬度为 64HRC，其中安装滚针轴承，大孔内径为 $\phi24^{+0.016}_{+0.006}$mm，与曲轴销及滚针轴承分四组组合安装（见图 4-7）。

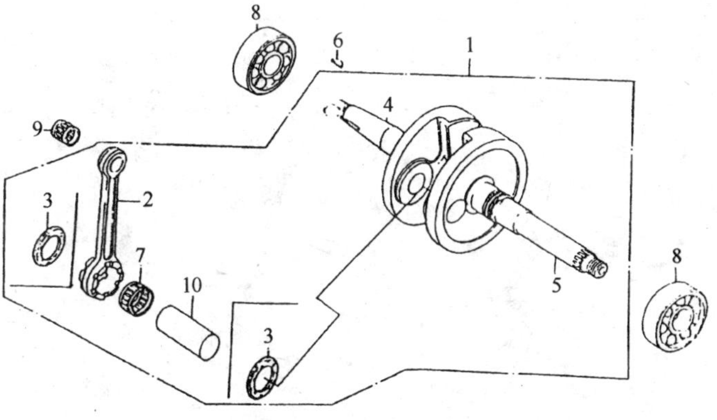

图 4-7　曲轴连杆组件

1. 曲轴组件　2. 连杆　3. 减震垫片　4. 右半曲轴　5. 左半曲轴　6. 半月键　7. 连杆大头轴承　8. 滚珠轴承　9. 连杆小头轴承　10. 曲柄销

曲轴由左右两部分组成,中间由 $\phi18^{-0.001}_{-0.005}$mm 的曲柄销连接,并且通过 6304(NTN)滚珠轴承与左右曲轴箱安装在一起。左半轴锥面通过半月键与磁电机的转子相连,自身的弧齿轮与机油泵传动轴连接。右半轴通过渐开线花键与无级变速器的主动盘相连,同时也连接电机启动系统。曲轴为 40Cr 或 45Cr 钢铸(锻)后加工而成。

连杆小头孔内径 $17^{+0.017}_{+0.005}$mm,使用极限值为 17.03mm。

连杆大头侧隙为 0.15～0.55mm,使用极限值为 0.80mm。

连杆大头径向间隙为 0.007～0.019mm,使用极限值为 0.04mm。

曲轴的径向跳动量为 0～0.05mm,使用极限值为 0.15mm。

六、机油泵

本机采用分离润滑,机油泵(见图 4-8 至图 4-10)是一个

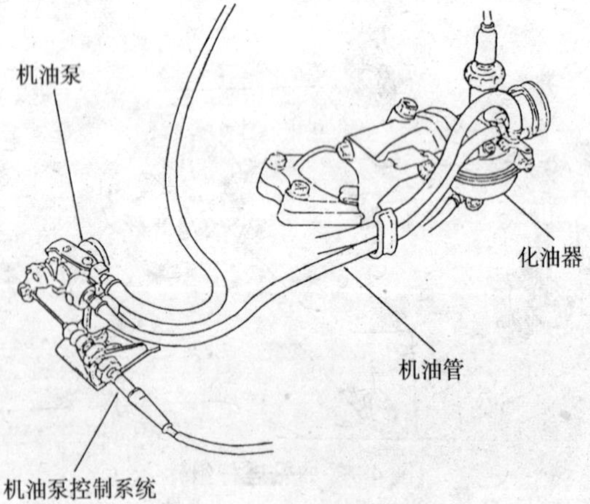

图 4-8　机油泵

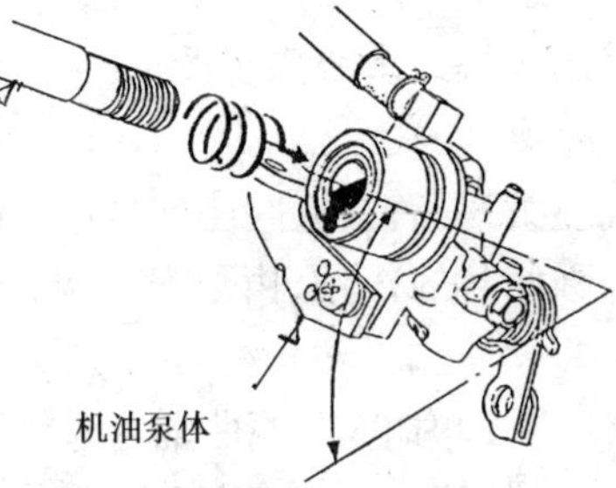

图 4-9　齿轮轴与机油泵体

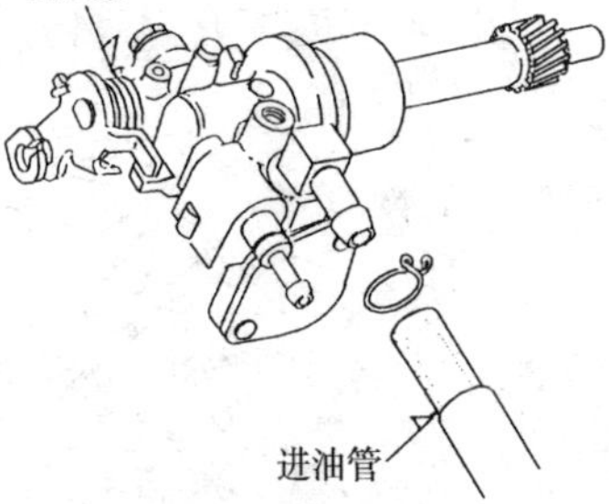

图 4-10　机油泵与进油管

柱塞泵,左半轴上的螺旋齿轮与机油泵上的螺旋齿轮相啮合。油泵本身的蜗轮蜗杆机构使柱塞作旋转运动,在端部弹簧的作用下,柱塞作往复运动,在油腔内产生压力来泵油。由于柱塞作旋转运动时,柱塞上的过油口和在泵体内腔圆周上不同位置的进出油孔形成了一个单向阀机构,机油从机油箱经过滤网流入油泵,泵到化油器后面的进气管中,经过油气混合后润滑轴承和缸体等部位。

油泵柱塞的行程决定了机油的供应量,柱塞的最大行程为 2mm,一般汽油与机油的混合比为 25∶1～50∶1,油泵柱塞行程的控制与化油器节气阀的控制是联动的。

七、变速器

本机采用齿型皮带无级变速器和两级减速齿轮来传动。

八、离合器

本机采用飞块式离心离合器。

九、簧片阀

簧片阀座为树脂材料,阀座开口的边缘有一层橡胶,起减小噪声和加强密封的作用,由尼龙玻璃纤维材料制成的簧片盖在上面。

簧片阀是一个单向阀。当曲轴箱为负压时,簧片阀打开,可燃混合气进入曲轴箱;当曲轴箱压力为正值时,簧片阀关闭,防止混合气回流到化油器。阀座上安装的限位板限制簧片的开度。

十、风扇盖

风扇导风罩(见图 4-11),是一种强制风冷系统,利用风

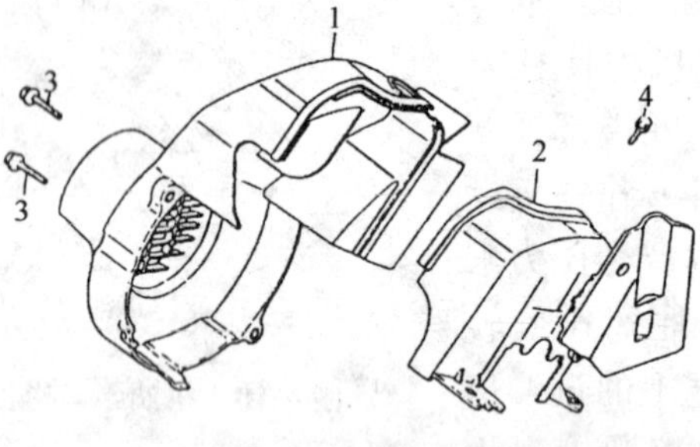

图 4-11　风扇导风罩组件

1. 导风罩　2. 发动机盖罩　3、4. 六角法兰面螺栓

扇来提高流经气缸盖和气缸体上散热片处冷却空气的流速而冷却发动机。如图 4-12 所示,冷却空气经风扇的转动加速,使风量、风速、风压都提高了,由于导风罩的合理设计,对气缸盖、气缸体、进排气口进行冷却,最后流出发动机罩盖。

风扇是尼龙材料制成的,质量轻,噪声低,可以避免发动机工况急剧变化时对磁电机转子和曲轴造成额外的负荷和冲击。而且冷却空气在导风罩内转弯小、流动阻力也小,布置合理简单。

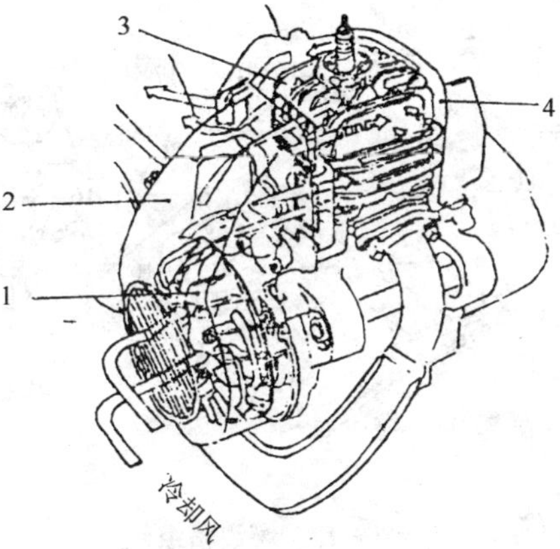

图 4-12　强制风冷发动机冷却示意

1. 冷却风扇　2. 导风罩　3. 散热片　4. 风罩

第三节　供油系统

一、燃油箱

燃油箱(见图 4-13),容量为 7.2L,由塑料制成。

二、空气滤清器和化油器

本机采用泡沫塑料油浸滤芯的空气滤清器,其组成如图 4-14 所示。

进入滤清器的空气在滤清器盖内改变了方向,较重的灰尘在惯性力的作用下落到其盖的底部,轻而小的灰尘经过泡沫塑料滤芯后粘附在滤芯上,从而使进入的空气变得清洁,再通过连接管进入化油器。

化油器是带有电启动加浓阀的平吸式化油器,其组成如图 4-15 所示。

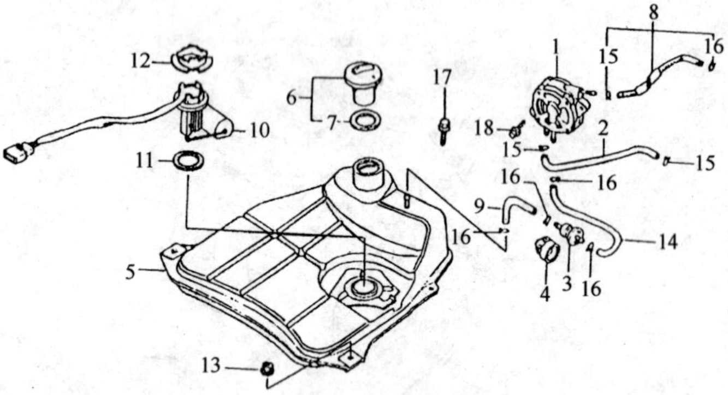

图 4-13　燃油箱组件

1. 汽油泵组件　2. 负压管　3. 汽油滤清器　4. 滤清器吊架　5. 燃油箱　6. 燃油箱盖　7. 燃油箱盖垫片　8. 油管组件　9. 燃油箱油管　10. 燃油量计量表　11. 基座垫片　12. 计量表护圈　13. 六角法兰面螺母　14. 油管　15. 管夹　16. 管夹　17、18. 六角法兰面螺栓

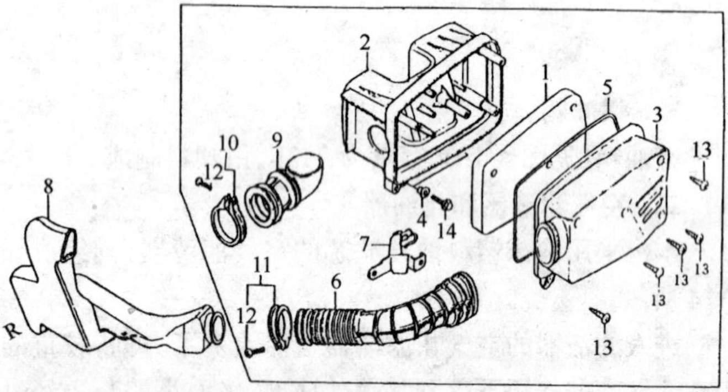

图 4-14　空气滤清器

1. 滤芯　2. 滤清器体　3. 滤清器盖　4. 衬套　5. 密封圈　6. 通气管　7. 通气管夹架　8. 通气室　9. 连接管　10. 管箍　11. 管箍　12. 盘头螺钉　13. 自攻螺钉　14. 六角法兰面螺栓

化油器电动加浓阀的结构及原理如图 4-16 所示。

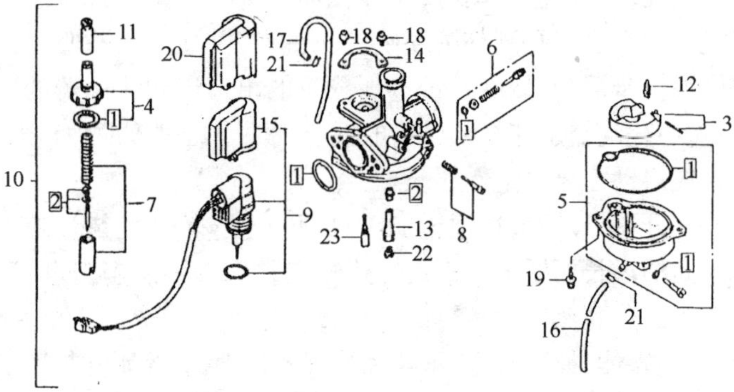

图 4-15　化油器

1. 垫片组　2. 喷油嘴　3. 浮子组　4. 顶盖组　5. 浮子室组　6. 调整螺钉组 A　7. 节气阀组　8. 调整螺钉组 B　9. 自动旁侧启动器组　10. 钢索盖　11. 浮子针阀　12. 针阀座　13. 固定板　14. 保护盖　16. 溢流管　17. 空气管　18. 固定螺栓　19. 固定螺栓　20. 防护盖　21. 管夹 B6.5　22. 主喷嘴＃82　23. 怠速喷嘴＃35

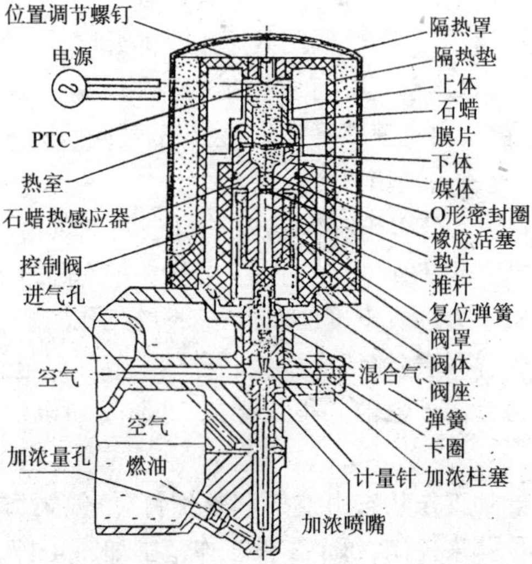

图 4-16　化油器电动加浓阀的结构及工作原理

当发动机低温启动时，流经化油器进气室的一部分空气经过加浓系进气孔到加浓喷嘴的出油口，并在此与被吸出加浓燃油初步混合，然后再经过加浓系的出口流到化油器的混合室，与化油器怠速系统供给的混合气混合后进入曲轴箱内，混合成启动需要的空燃比。

在开始启动时，接通电源 PTC 开始发热，其发热量随加热时间的增长而增加。而石蜡热感应器及热室的温度同时逐渐上升而达到热平衡。热量传到石蜡时，它也开始慢慢膨胀，经膜片、媒体、橡胶活塞、垫片和推杆的传动，使控制阀被推下移，加浓柱塞完全关闭化油器的加浓通路。伴随着加浓柱塞和计量针的下移，加浓油量减少直至加浓柱塞完全关闭而停止加浓。

由于计量针上的三道卡圈槽可以选择适当位置，故可改变加浓的供油量。

发动机启动后，节气阀门处于很小的开度，怠速喷嘴处于真空状态，由怠速空气螺钉所控制的空气与怠速量孔喷出的燃油初次混合，由怠速喷嘴喷出，经与节气阀门进入的空气再次混合后，进入曲轴箱。

节气阀开至 1/8～1/4 时，发动机进入低负荷工作状态。节气阀再开大于 1/4～3/4 时，它处于中等负荷的工作状态。由于节气阀下方的真空度加大，怠速系统工作减弱，汽油由主量孔喷出，与高速气流形成雾状混合气。节气门全开后，主喷嘴以最大截面向外喷油并很快雾化，这时发动机发出的功率最大。

化油器的工作状态由空气调整螺钉、节气阀、怠速量孔、油针和主量孔来控制，每个零件工作范围如图 4-17 所示。

节气阀主要组成零件有主油针、弹簧和弹簧座，主油针装入节气阀并由弹簧座固定,如图 4-18 所示。

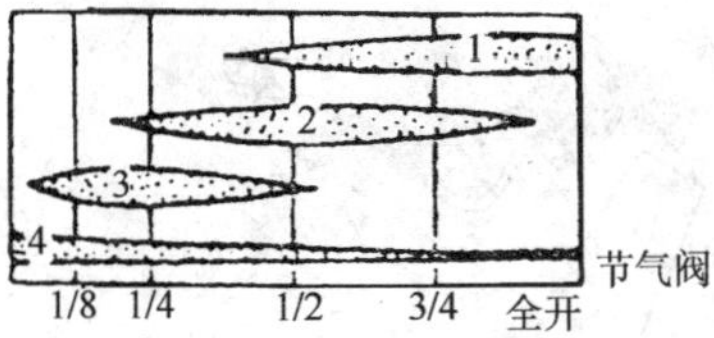

图 4-17　化油器各元件工作范围

1. 主量孔　2. 油针,主喷油嘴
3. 节气阀　4. 空气螺钉怠速量孔

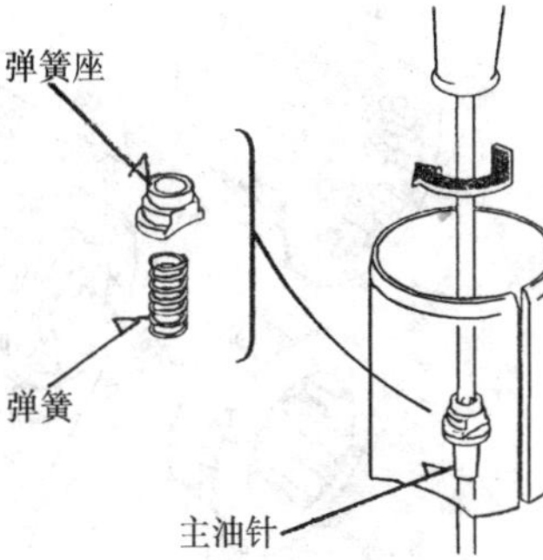

图 4-18　节气阀的安装

第四节　电气系统

电气系统主要由磁电机、火花塞、蓄电池、电路等组成。

一、磁电机

磁电机包括不动的底盘组件、飞轮组件及安装在飞轮组件上面的风扇(见图 4-19)以及电子点火器和整流器。

安装在右曲轴箱上的底盘组件,叫做定子。它有六个感应线圈绕组,其中一个为点火系统的电源绕组,另五个为串联的发电及灯光绕组。内部装有永久磁铁的飞轮称为转子,它的磁极以 S—N—S—N 的次序交错排列。飞轮的转动惯量很大,起着储放能量的作用,形成了旋转磁场。当飞轮外缘有一块凸起与安装在右曲轴箱上的点火触点相对应(两触点的间隙为 0.5~1mm)时,发动机火花塞产生点火。

磁电机及无触点点火系统的基本电路如图 4-20 所示,磁

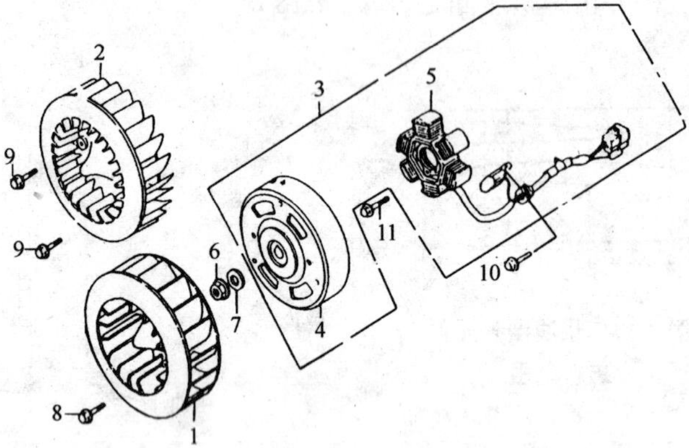

图 4-19　冷却风扇与磁电机

1、2. 冷却风扇　3. 磁电机组件　4. 飞轮　5. 线圈　6. 六角法兰面专用螺母　7. 磁电机垫圈　8、9、10、11. 六角法兰面螺栓

电机的工作原理方框图如图 4-21 所示。

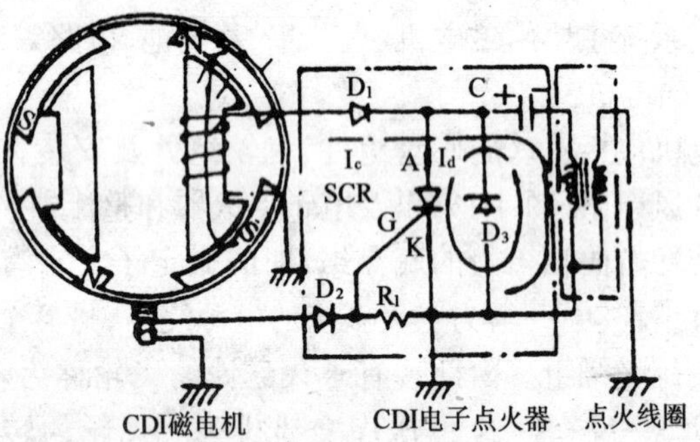

图 4-20　无触点 CDI 磁电机电路

当磁电机旋转时，充电线圈上感应出感应电压 V_c，V_c 经二极管 D_1 整流后，通过由充电线圈、整流二极管 D_1、电容器

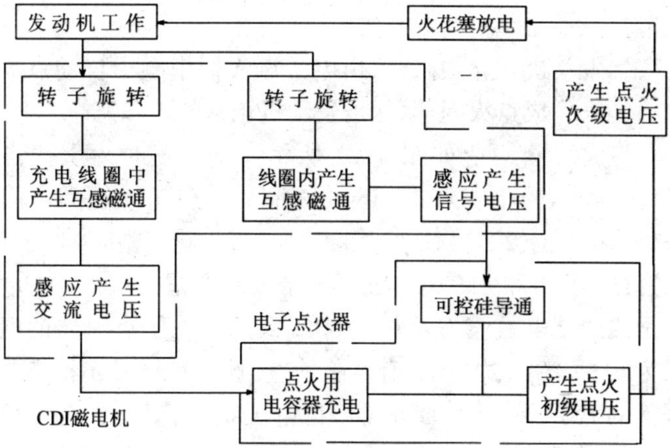

图 4-21 CDI 磁电机工作原理方框图

C 和点火线圈初级线圈组成的闭合回路向电容器 C 充电，电容器作为储能元件，储存点火能量。其储存电荷能量 Q 及能量 E 可以用公式求得：

$$Q = CV_c \qquad E = \frac{1}{2}CV_c^2$$

式中： C——电容器的容量；

V_c——电容器的充电电压。

上述数值决定了点火初级线圈的电压和能量。

当飞轮转子转至点火位置时，在触发线圈上感应产生的感应电压 V_s 经二极管 D_2 整流后，加在可控硅 SCR 的触发极上。此时，SCR 将由截止进入导通，存在电容器 C 上电荷通过电容器 C、点火初级线圈和 SCR 构成闭合回路，向点火线圈的初级线圈瞬间放电。一般电压在 200V 左右，电流可达 100A。

在冲击电流消失之前，连续以变电流在电路中流通。在点火线圈次级线圈上感应出很高电压的次级电流,产生足够的能量点燃燃烧室的混合气。

当发动机转速很高时,由电子点火器中电子自动点火提前机构来完成点火提前,保证发动机正常的工作。

点火线圈构造如图 4-22 所示。点火正时为上止点前 17°,也表示为 17° BTDC/1800r/min。一般初级线圈电阻为 0.18~0.23Ω(20℃),次级线圈电阻(带火花塞帽时)为 6.5~9.7kΩ(20℃)和 2.8~3.4kΩ(不带火花塞帽;20℃)。磁电机的励磁线圈电阻值为 400~800Ω(20℃),电子点火器的电阻值为50~200Ω(20℃)。有时除检查电阻值以外,还检查各零部件的电压。点火线圈正常峰值电压应大于 100V,磁电机的励磁线圈正常峰值电压应大于 100V,电子点火器峰值电压应大于 0.7V。

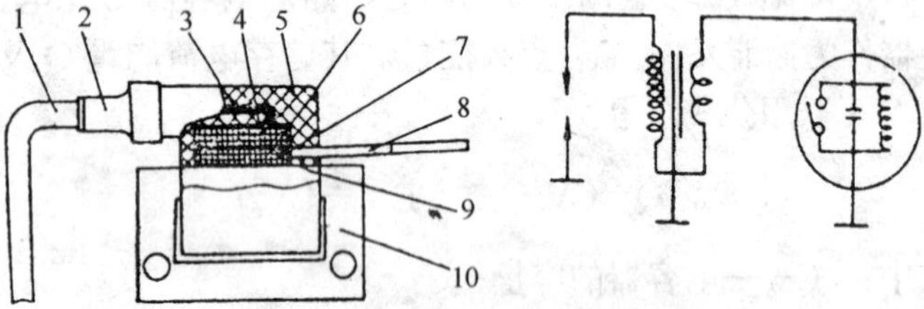

图 4-22 点火线圈构造及原理

1. 高压导线 2. 胶套 3. 高压引出线 4. 高压线圈 5. 绝缘外壳 6. 青壳纸 7. 低压线圈 8. 低压引出线 9. 青壳纸 10. 铁心

电子点火器等零件在摩托车上安装及点火线路可见图 2-79。

二、火花塞

火花塞应根据不同的情况使用不同型号:

标准状态下使用：

NGK　BR6HSA

NIPPONDENSO　W20FR-L

低温时(5℃以下)使用：

NGK　BR4HSA

NIPPONDENSO　W14FR-L

发动机高速运转时使用：

NGK　BR8HSA

NIPPONDENSO　W24FR-L

发动机运行过程中保持火花塞正常工作是很重要的。火花塞电极正常的间隙，一般为 0.6～0.7mm，不合适时，应进行调整，并去除污垢。安装火花塞时，先用手拧紧，再用专用扳手拧 1/2～3/4 圈，拧紧力矩为 14N·m，以保持良好的密封性。火花塞的构造如图 4-23 所示，火花塞电极间隙如图 4-24 所示。

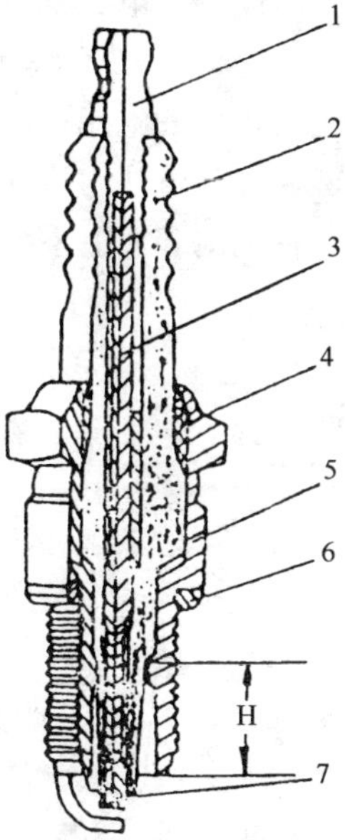

图 4-23　火花塞构造

1. 接头螺母　2. 高铝陶瓷绝缘体　3. 铜电极芯　4. 密封填料　5. 本体　6. 密封圈　7. 镍合金端头

三、蓄电池及充电系统

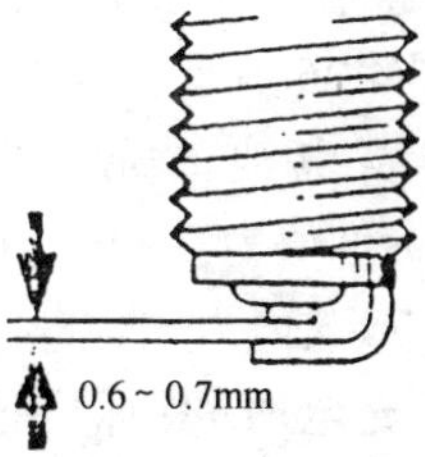

图 4-24　火花塞电极间隙

蓄电池为免维修电池。

蓄电池的功能有两个：一个是当发动机启动时，向启动电机和点火系统提供电能；其二是在磁电机不能产生足够的电能时，向灯具、喇叭等其他电气设备供电。蓄电池所能提供的电能是很有限的，主要受到容量的限制。只有在蓄电池储存了较多的化学能，才能提供较长时间的供电。蓄电池供电时的化学反应使电子从一极逸出到另一极，完成化学能向电能的转换。当电池需要充电时，磁电机提供的电能从反方向回流到蓄电池，使电能转化为化学能储存在电池内达到了充电的目的。

蓄电池和充电系统如图 4-25 所示，其在摩托车上安装的

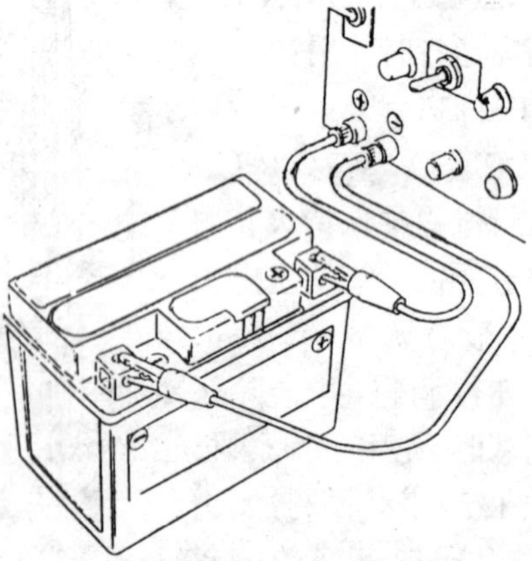

图 4-25　蓄电池和充电系统

方法、充电电路系统的电路图见图 2-77。调节器及整流器的安装方法如图 4-26 所示。

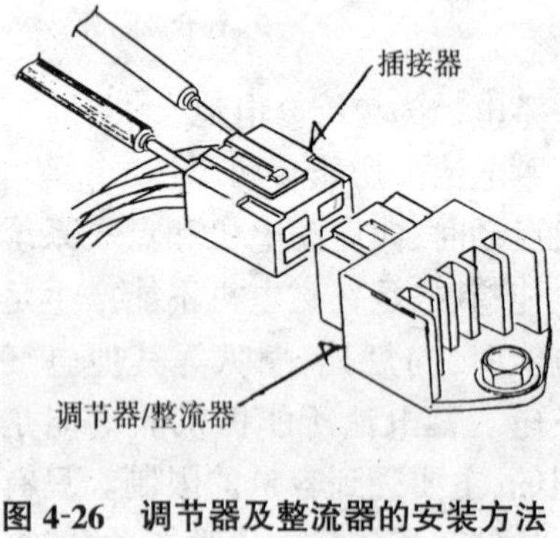

图 4-26　调节器及整流器的安装方法

蓄电池的充电电流：标准值为 0.4A

最大值为 4A

充电时间：标准值为 8～10h

快速为 30min

蓄电池容量:12V 3A·h

调节器/整流器:SC 单向导通,半波整流

照明线圈稳定电压为 12.0～14.0V/5000r/min

充电线圈稳定电压为 13.0～15.0V/5000r/min

磁电机:充电线圈电阻为 0.3～1.2Ω(20℃)

照明线圈电阻为 0.1～1.0Ω(20℃)

四、电气仪表

电路由电缆、灯具、各种开关和各种传感器组成。

总电缆及仪表盘如图 4-27 所示,零部件在摩托车上安装位置如图 4-28 所示。

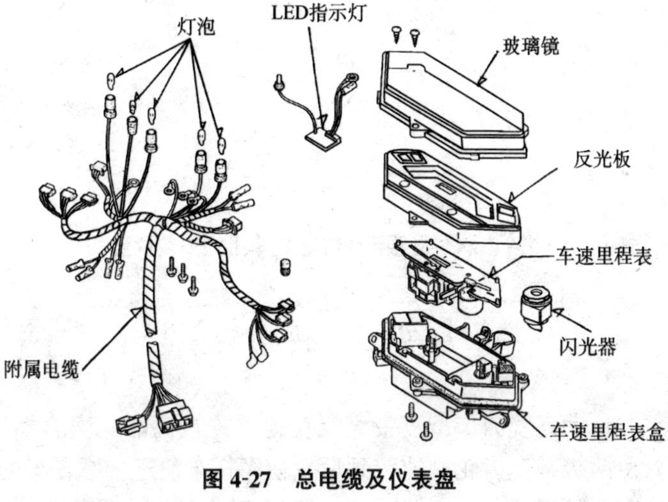

图 4-27　总电缆及仪表盘

各种灯泡的规格为:前照灯 12V 35W/35W,位置灯为 12V 3.4W,制动灯/尾灯 12V 10W/5W,远光指示灯为 12V 3W,仪表灯为 12V 1.7W×2,转向灯为 12V 10W×4,油位指示灯为 LED(发光二极管),主保险丝为 7A。

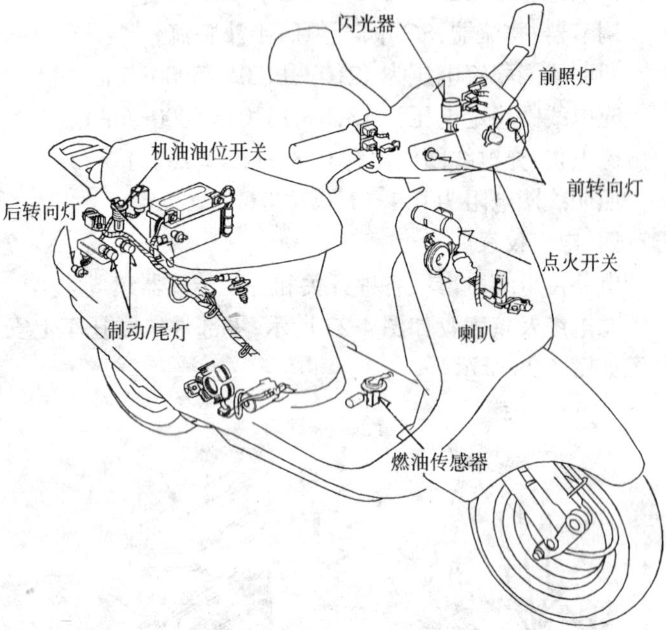

图 4-28　电器元件在摩托车上的安装位置

第五节　传动系统

传动系统为齿型皮带无级变速器连接离心式离合器，最后由两级减速齿轮减速传到后轮使摩托车前进。摩托车的启动有两种形式：一种是传动主轴与左盖上的脚启动机构，棘爪互相连接，用于启动发动机；再一种是变速机构的主动盘上齿轮与电启动机构的超越离合器齿轮，在启动电机转动时相啮合，也可以启动发动机。

一、变速机构

1. 主动驱动盘

其组成如图 4-29 所示。它装在发动机曲轴左端，用法兰六角螺母固定。

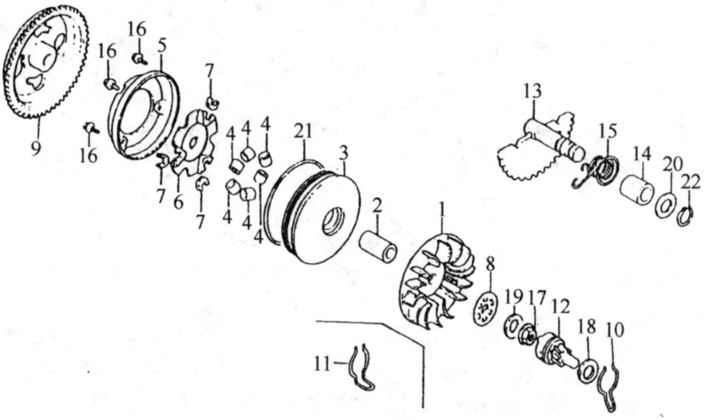

图 4-29　主动驱动盘

1. 主动驱动盘　2. 主动驱动盘轮毂　3. 滑动驱动盘　4. 重锤滚子　5. 驱动盘封盘　6. 斜板　7. 滑动片　8. 启动棘轮　9. 启动齿轮　10. 启动齿轮摩擦弹簧　11. 启动齿轮摩擦弹簧　12. 启动惰齿轮　13. 启动轴　14. 启动轴护套　15. 启动弹簧　16. 六角突缘螺栓　17. 六角突缘螺母　18. 止推挡片　19. 磁性固定垫片　20. 启动轴挡片　21. O 形环 93×2.6　22. 外卡环

2. 从动传动盘和离合器

如图 4-30 所示，从动传动盘由从动传动盘、导销、导销滚子、从动传动轴弹簧、油封、弹簧轴环及滚针轴承等零件组成。离合器由离合器弹簧、离合器飞块、驱动板、离合器外套等零件组成。皮带为 V 形齿型皮带。

当发动机转速上升时，惯性离心力加大。主动驱动盘固定在曲轴上不能移动，而重锤滚子沿滚道由内向外滚动，斜板也固定在曲轴上，迫使移动摩擦轮向主动盘方向滑动，同时 V

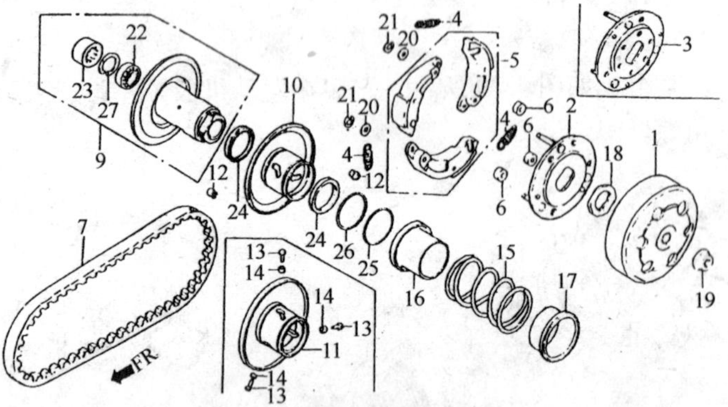

图 4-30　从动盘和离合器

1．离合器外套　2．驱动板　3．驱动板　4．离合器弹簧　5．离合器飞块　6．离合器缓冲橡胶块　7．V 形皮带　9．从动传动盘　10．滑动传动盘　11．滑动传动盘　12．导销　13．导销　14．导销滚子　15．从动传动轴弹簧　16．油封油环　17．弹簧轴环　18．螺母　19．六角突缘螺母　20．止推螺钉　21．环夹　22．滚珠轴承　23．滚针轴承　24．油封　25．O 形圈　26．O 形圈　27．内环夹

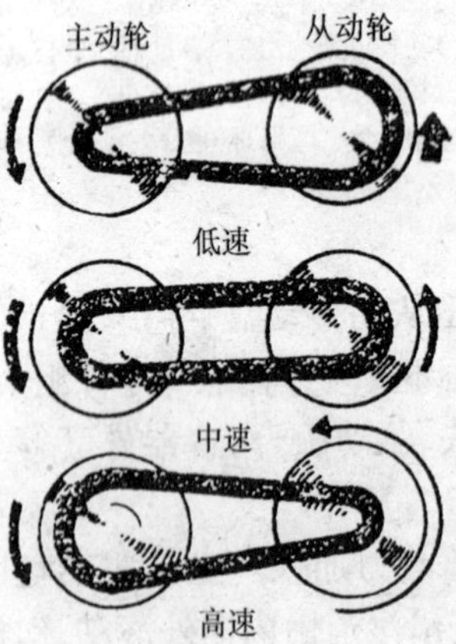

4-31　从动驱动盘速度的变化

形齿型皮带向外挤压。主动板与移动摩擦轮间的 V 形皮带的包角直径增大，皮带长度为定值，这样，在 V 形皮带的张力作用下，从动传动盘的滑动传动盘克服弹簧的作用力，迫使滑动从动盘离开从动传动盘，使从动传动盘的 V 形皮带的包角直径减小，使车速加快。反之，使车速减小。主动驱动盘和从动传动盘的速度变化如图 4-31 所示。

主动盘由铝合金压铸而成，

轮毂轴套由粉末冶金制成,六个重锤滚子内部为金属(黄铜),外部用耐磨的复合塑料做成。

从动盘由钢板焊接而成,表面进行氮化处理。

V形齿型皮带线速度高(可达35m/s),传递功率大,内圈有齿,齿的两个斜角也不一样,朝运动方向为12°,后面为20°,是一种特殊的设计。当V形带与齿轮接触转动时,外部拉伸产生了横压缩,内部受压层向横向伸长,使V形带的楔角变小2°~4°,为保证V形带工作侧面的接触面积,在自由状态下楔角比带轮大2°。也就是说,V形带断面角为30°,变速带轮的槽楔角为28°,如图4-32所示。由于变速的原因,V形带的转动半径是在随时变化的,为保持不同直带与带轮的良好接触,带轮也设计成圆弧形线。

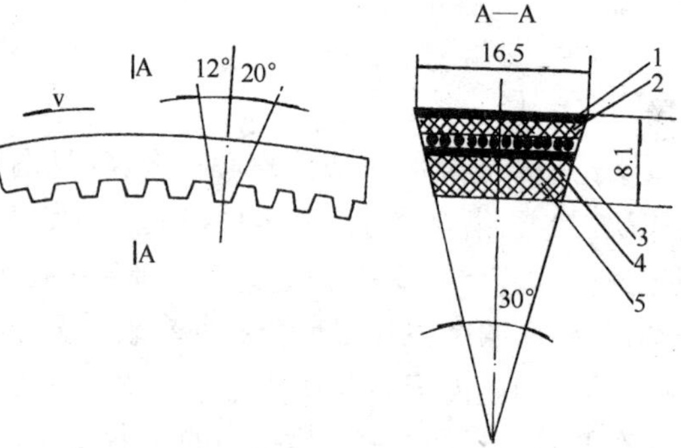

图4-32　齿型皮带

1.顶布　2.顶胶层　3.抗拉体(聚酯线绳)　4.缓冲胶层　5.底胶层

V形齿型皮带的三个作用为:

(1) 内圈为齿型,在带轮上小直径工作易弯曲,保持与带轮处于良好接触状态。

(2) 当转动半径变化时,弯曲应力变化很小。

(3) 在高速转动时，惯性离心力小，伸长少，传动效率高。

变速器主要使用参数如下：

重锤滚子标准值为 $\phi16\pm0.08$mm，极限值 $\phi15.4$mm。

滑动驱动盘内径标准值为 $\phi24^{+0.052}_{-0.011}$mm，极限值为 $\phi24.60$mm。

主动驱动盘轮毂外径标准值为 $\phi24^{-0.026}_{-0.040}$mm，极限值为 $\phi23.94$mm。

V 形带宽度标准值为 17.5mm，极限值为 16.5mm。

从动盘弹簧自由长度标准值为 137.5mm，极限值为 137.5mm。

从动盘(见图 4-30)主动盘外径标准值为 $\phi34^{-0.015}_{-0.035}$mm，极限值为 $\phi33.94$mm。

滑动传动盘轴套内径标准值为 $\phi34^{+0.025}_{0}$mm，极限值为 $\phi34.060$mm。

二、离合器

LEAD90 型摩托车离合器为飞块式离心离合器(见图 4-30)，由离合器飞块、弹簧、离合器外套等零件组成。当发动机转速提高到一定速度，离合器飞块的离心力大于弹簧的拉力，使飞块向外运动，其侧面的摩擦片与离合器外套表面紧密贴合，起到传递动力的作用。由于离合器外盘与传动主轴固定在一起使得摩托车开始运行和加速。摩擦力的大小与曲轴转速、摩擦片与离合器外套的接合面积及摩擦系数成正比。

在使用过程中，摩擦片不要沾上油污和灰尘，如果沾上污物，应拆下用棉纱、汽油擦洗干净，等干燥后再装配使用。

注意检查摩擦片接触面积，若小于 70% 时，应修理或更换。还要经常检查弹簧的长度，如果太长，会使离合器不能脱开而失败，要更换弹簧。

离合器主要零件使用参数如下：

离合器外套内径标准值为 $\phi 112^{+0.20}_{0}$ mm，极限值为 112.5mm。

离合器蹄块厚度标准值为 3.0mm，极限值为 2.0mm。

三、减速齿轮箱

由离合器连接后传动主轴，通过主轴上的一对 14∶42 的齿轮和一对 14∶44 的齿轮减速，其总减速比为 9.428，最终传到后轮上。传动齿轮组件的结构如图 4-33 所示。

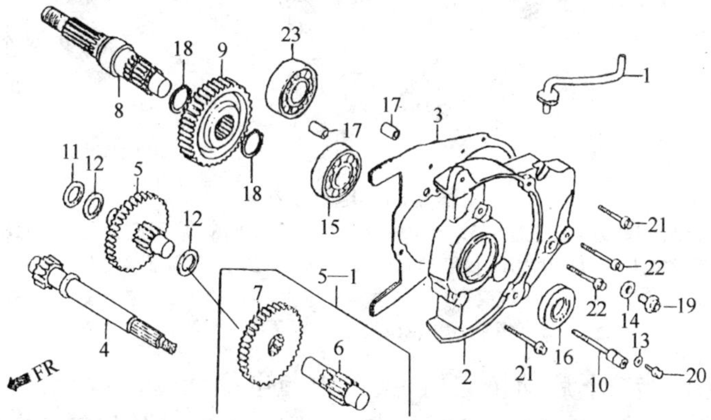

图 4-33　传动齿轮组件

1. 通气管　2. 变速箱盖　3. 变速箱盖垫片　4. 驱动轴　5. 副轴　6. 副轴　7. 副轴齿轮　8. 输出轴　9. 输出齿轮　10. 螺栓　11. 挡片　12. 止推挡片　13. 密封挡片　14. 挡片　15. 滚珠轴承　16. 油封　17. 定位销　18. 外环夹　19～22. 六角突缘螺栓　23. 滚珠轴承

四、启动机构

本车有电动启动机构、脚踏反冲启动机构两种启动发动机的方式。

1. 电启动机构

其组成如图 4-34 所示,在摩托车上的安装及启动电路可参见图 2-80。

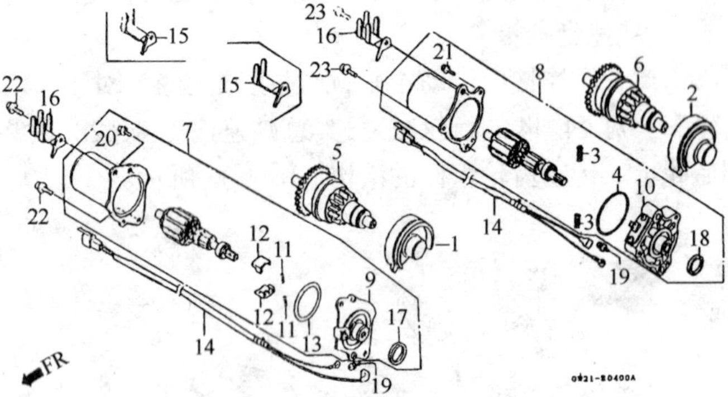

图 4-34 电启动机构

1、2. 启动齿轮固定座 3. 炭刷弹簧 4. 垫片 5、6. 启动齿轮组件 7、8. 启动电机组件 9、10. 托架 11. 炭刷弹簧 12. 炭刷固定座 13. 垫片 14. 启动导线 15. 线夹 16. 启动电机垫片 17、18. 启动电机垫片 19. 螺钉 20、21、22、23. 六角突缘螺栓

当按下启动按钮时,蓄电池与电机接通,启动电机以 1000r/min 以上的转速与启动齿轮组啮合,开始旋转。启动齿轮组件的螺旋齿推动螺旋齿配合偶件向前移动,使启动中间齿轮与曲轴上的启动齿轮相啮合,带动曲轴转动,从而启动发动机。当发动机启动后,启动中间齿轮在启动齿轮组件中的弹簧的推动下复位并与启动齿轮脱开,完成启动过程。在启动过程中,操作方法要正确,每次按下按钮不得超过 5s,连续三次不能启动,就要检查蓄电池的电压和接线柱。如果属于电机的故障,应找修理部门来修理,如果是启动齿轮组的故障,是单向推动弹簧损坏或折断,就要更换启动齿轮组件。

2．脚踏反冲启动机构

当脚踏启动时(见图 4-29)，克服启动弹簧的力而启动轴带动启动斜齿轮转动，与其相啮合的启动惰齿轮也转动，由于启动惰齿轮为螺旋形，它转动时也向前移动，使其上面的棘爪和安装在曲轴上的棘爪相啮合，推动发动机的曲轴转动，启动了发动机。当脚离开启动轴时，在启动弹簧作用下使启动惰齿轮复位，与其曲轴上的棘爪自动脱离。

主要故障为脚踏后启动杆不能回位，检查启动弹簧和装配间隙，如果有弹簧损坏需更换。

五、左盖

发动机的左盖上安装有脚踏反冲启动机构，其组成如图 4-35 所示。

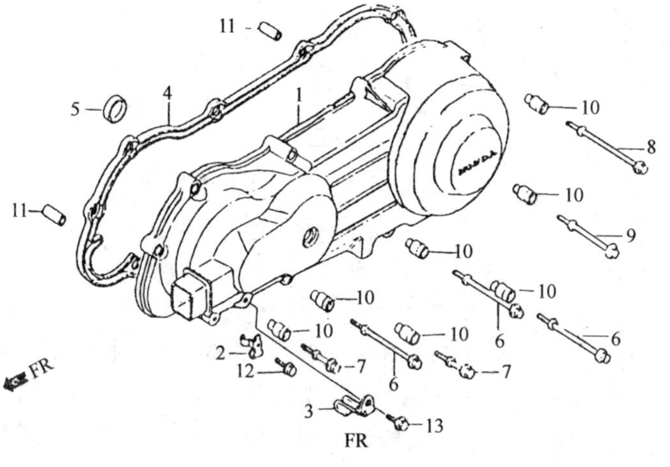

图 4-35　左盖

1．左盖　2．制动钢索夹　3．制动钢索夹　4．左盖垫片　5．轴套　6~9．非标准螺栓　10．安装橡胶套　11．定位销　12、13．六角突缘螺栓

第六节　行走系统

一、前叉、前轮、前减震器

前叉如图 4-36 所示。

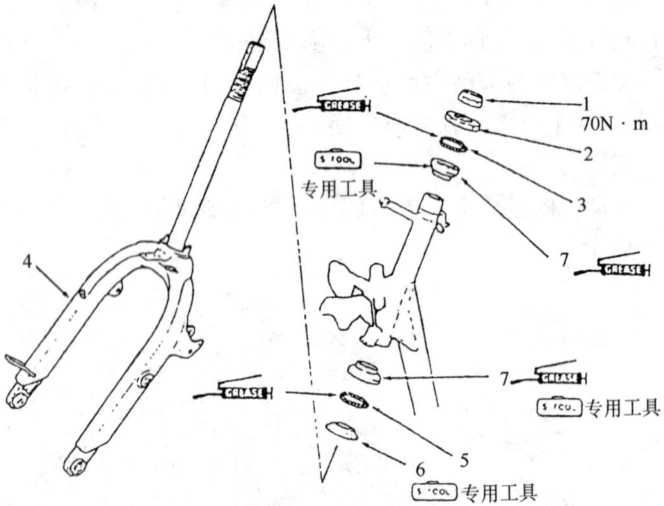

图 4-36　前叉组件

1. 转向立管固定螺母　2. 上锥体座圈　3. 钢珠　4. 前叉　5. 钢珠　6. 下锥体座圈　7. 滚珠座圈

前轮如图 4-37 和图 4-38 所示。这两图中，由相同的轮圈组件、轮胎、内胎、前轮轴、滚珠轴承等零件组成。不同的是，前者为鼓式制动的前轮鼓及制动片等组成，后者为盘式制动的制动盘衬环及其制动盘等组成。

前减震器的组成如图 4-39 所示，一端连接在前叉上，另一端连接在摇臂上。而摇臂的一端连接在车轮上，一端连接

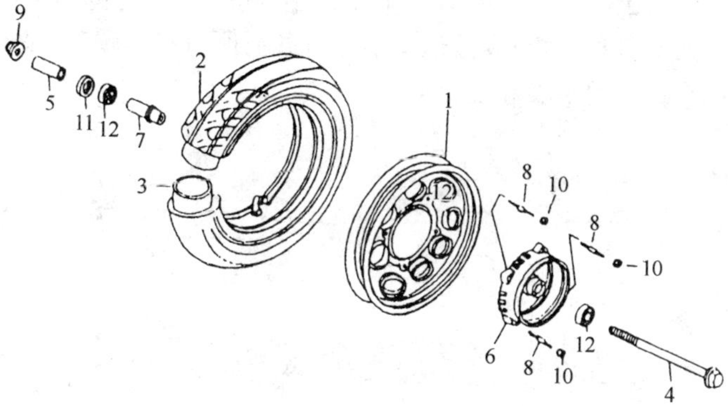

图 4-37 鼓式制动前轮

1. 轮圈组 2. 轮胎 3. 内胎 4. 前轮轴 5. 前轴侧轴环 6. 前轮鼓 7. 前轮间隔轴环 8. 双头螺栓 9、10. 六角突缘螺母 11. 尘封 12. 滚珠轴承

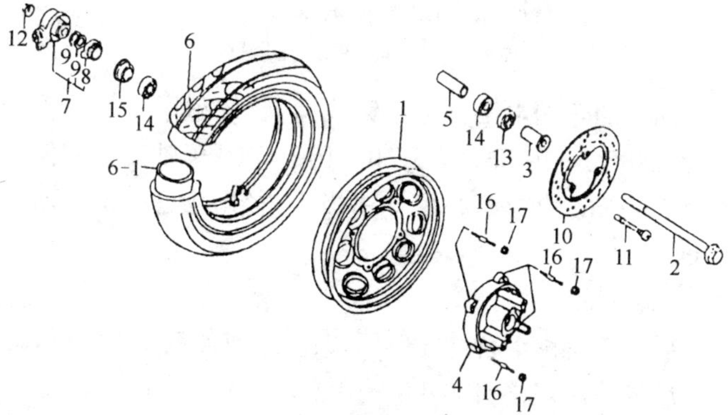

图 4-38 盘式制动前轮

1. 轮圈组 2. 前轮轴 3. 前制动盘衬环 4. 前轮鼓 5. 前轴间隔轴环 6. 轮胎 6-1. 内胎 7. 速度表齿轮组件 8. 速度表齿轮 9. 挡圈 10. 制动盘 11. 前制动盘螺栓 12. 六角突缘螺母 13. 尘封 14. 滚珠轴承 15. 速度表齿轮封垫 16. 双头螺栓 17. 六角突缘螺母

在前叉上。它们共同组成了摩托车前导向机构，传递前轮及车架的各种扭矩，衰减运动中冲击载荷所引起的震动，保持摩托车行驶的平稳和安全可靠。

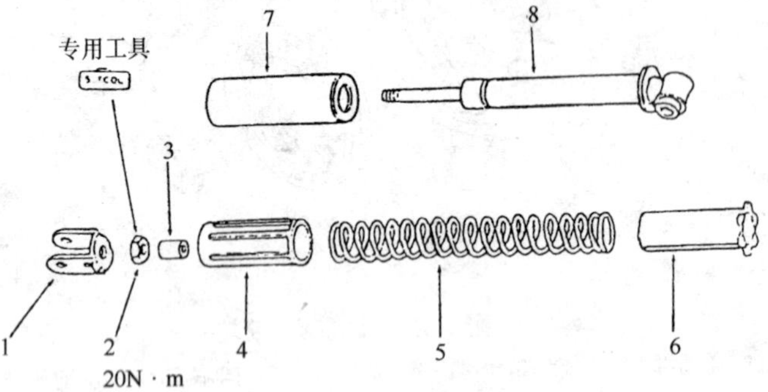

图 4-39　前减震器

1. 底座　2. 固定螺母　3. 减震胶套　4. 弹簧底座盖　5. 弹簧　6. 弹簧导槽　7. 弹簧上座盖　8. 减震器

前轮的轮圈由铝合金压铸成型，轻便耐用。前轮轮胎规格为 100/90—10 56J 或 3.50—10—4PR；车轴偏心率使用极限为 0.2mm；轮缘偏心率使用极限：径向为 2.0mm，轴向为 2.0mm。

二、后轮

后轮也是由铝合金压铸而成，其组成如图 4-40 所示。

后轮轮胎规格：100/90—10 56J 或 3.50—10—4PR。

后轮胎气压：单人为 175kPa，双人为 255kPa。

轮缘偏心率使用极限：径向为 2.0mm，轴向为 2.0mm。

三、车架

车架（见图 4-41）为踏板摇臂组合式车架，使车轮前部有足够的空间，获得一个宽阔的放脚平面，总体造型小巧、美观

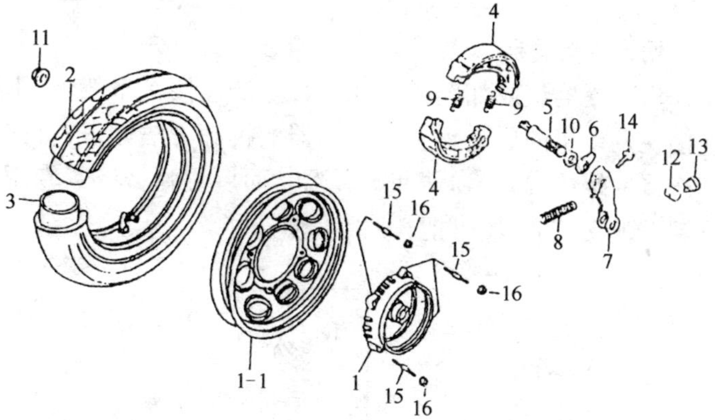

图 4-40　后轮

1. 后轮鼓　1-1. 轮圈　2. 轮胎　3. 内胎　4. 制动蹄　5. 后制动凸轮　6. 后制动指示器　7. 摇臂　8. 摇臂弹簧　9. 制动蹄弹簧　10. 制动凸轮防尘封　11. U形螺母　12. 摇臂接头　13. 调整螺母　14、16. 六角突缘螺栓　15. 双头螺栓

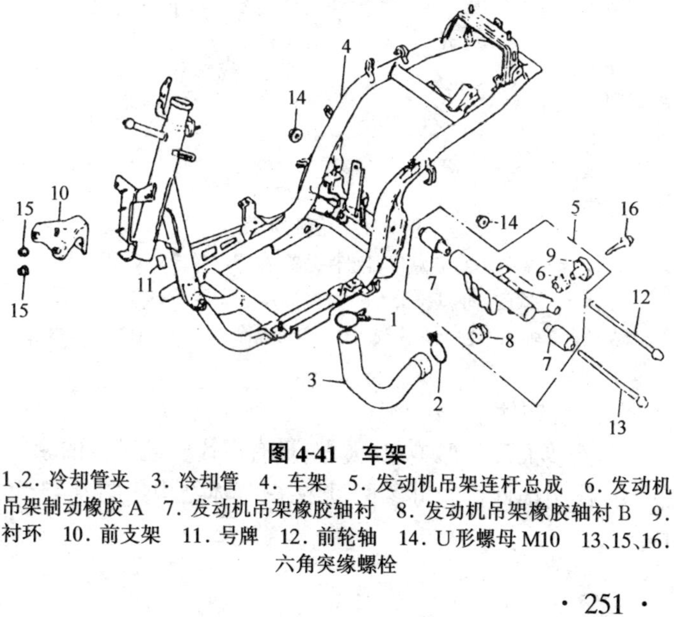

图 4-41　车架

1、2. 冷却管夹　3. 冷却管　4. 车架　5. 发动机吊架连杆总成　6. 发动机吊架制动橡胶 A　7. 发动机吊架橡胶轴衬　8. 发动机吊架橡胶轴衬 B　9. 衬环　10. 前支架　11. 号牌　12. 前轮轴　14. U形螺母 M10　13、15、16. 六角突缘螺栓

大方。

四、后减震器

后减震器组成如图 4-42 所示,上端连接在车架上,下端连接在发动机的后支承上。减震器的拆卸方法如下:首先拆掉连接的螺栓,卸下弹簧和减震器。而后用弹簧压紧专用工具卸下弹簧挡圈,便可把其他零件拆下了。

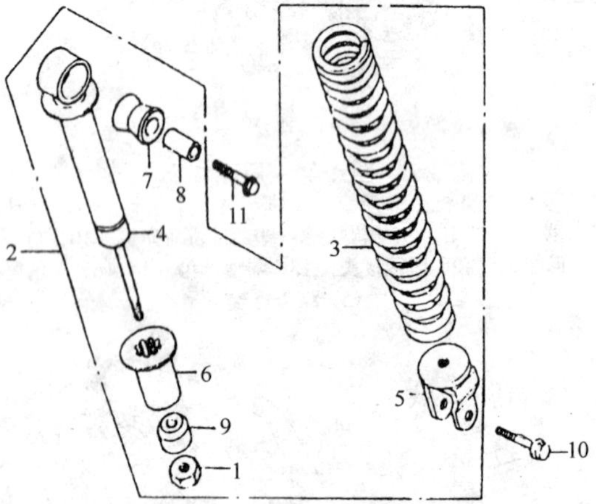

图 4-42 后减震器

1. 固定螺母 2. 后减震器组件 3. 减震器弹簧 4. 后减震器 5. 减震器下端接头 6. 弹簧导片 7. 橡胶衬套 8. 橡胶衬套轴环 9. 制止橡胶 10. 六角螺栓 11. 六角突缘螺栓

五、装饰件

车的装饰件外形美观、大方,具有现代交通工具的豪华气派。车体装饰件拆卸可参见图 2-76,具体结构如图 4-43 至图 4-62。

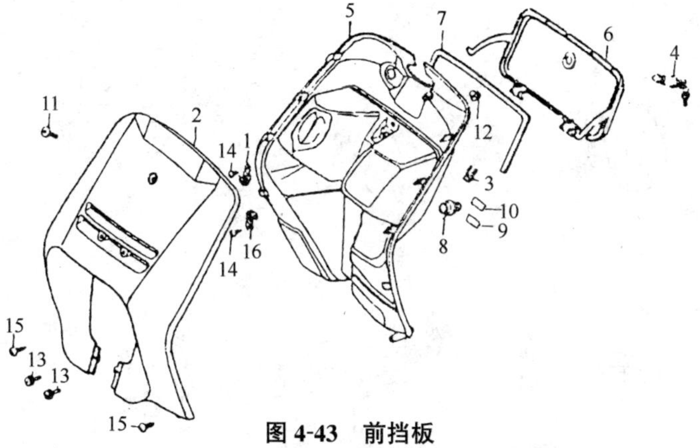

图 4-43　前挡板

1. 固定夹　2. 前挡板　3. 钥匙锁固定弹簧　4. 内箱盖锁　5. 内箱　6. 内箱盖　7. 内箱封垫　8. 进气口盖　9. 旅行箱须知标志　10. 空滤器须知标志　11. 专用螺钉　12. 盖形六角螺母　13. 车体盖螺钉环卡　14、15. 自攻螺钉　16. 夹子

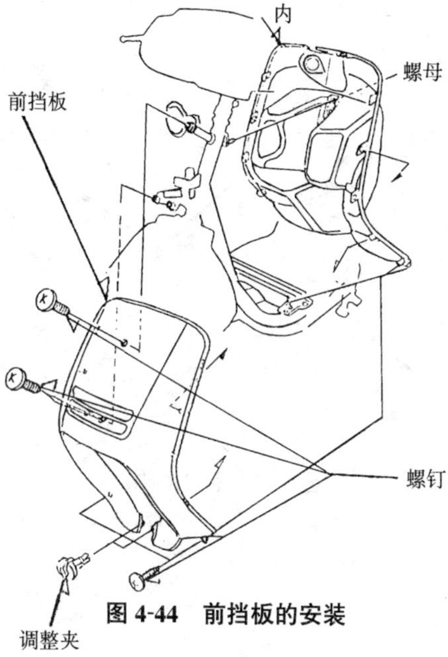

图 4-44　前挡板的安装

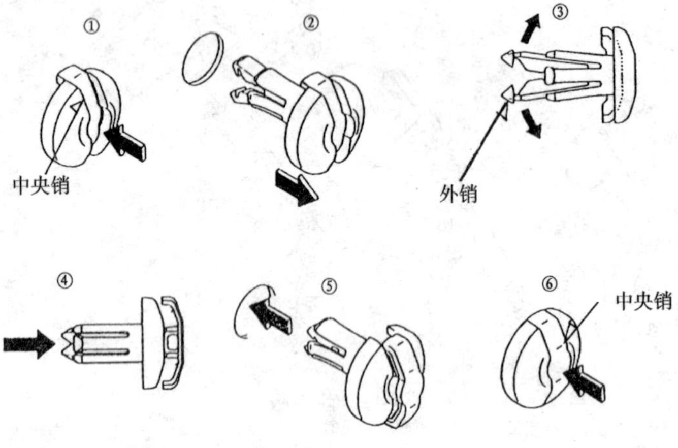

图 4-45　调整夹的使用

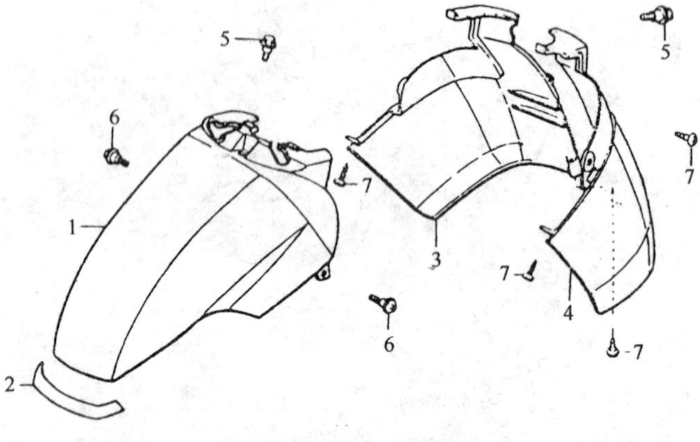

图 4-46　前挡泥板

1. 前挡泥板　2. 前挡泥板标志　3. 右前挡泥板 B　4. 左前挡泥板 B
5. 六角突缘螺栓　6. 六角突缘螺钉　7. 自攻螺钉

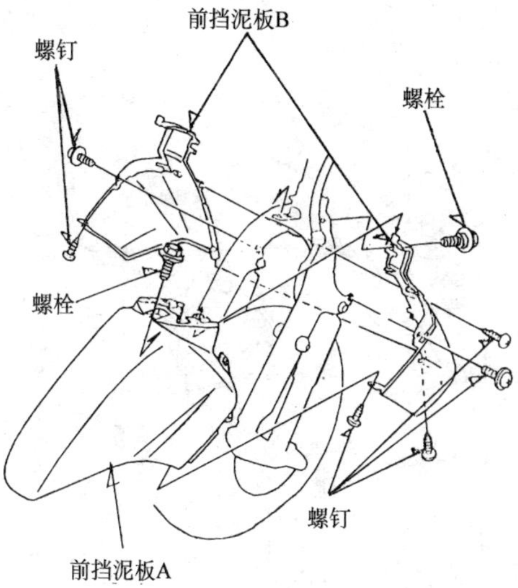

图 4-47　前挡泥板的安装

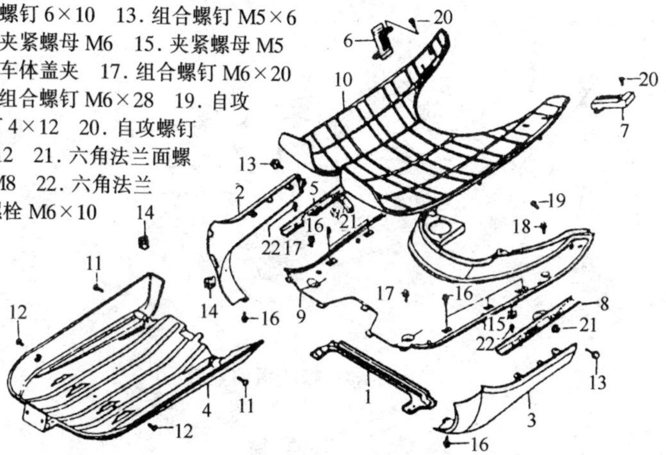

图 4-48　脚踏板和底盖

1. 踏板支架　2. 右侧底板　3. 左侧底板　4. 底盖　5. 右底板组　6. 右脚踏板　7. 左脚踏杆　8. 左底板组　9. 脚踏板　10. 脚踏板垫子　11. 环面螺钉　12. 螺钉 6×10　13. 组合螺钉 M5×6　14. 夹紧螺母 M6　15. 夹紧螺母 M5　16. 车体盖夹　17. 组合螺钉 M6×20　18. 组合螺钉 M6×28　19. 自攻螺钉 4×12　20. 自攻螺钉 5×12　21. 六角法兰面螺母 M8　22. 六角法兰面螺栓 M6×10

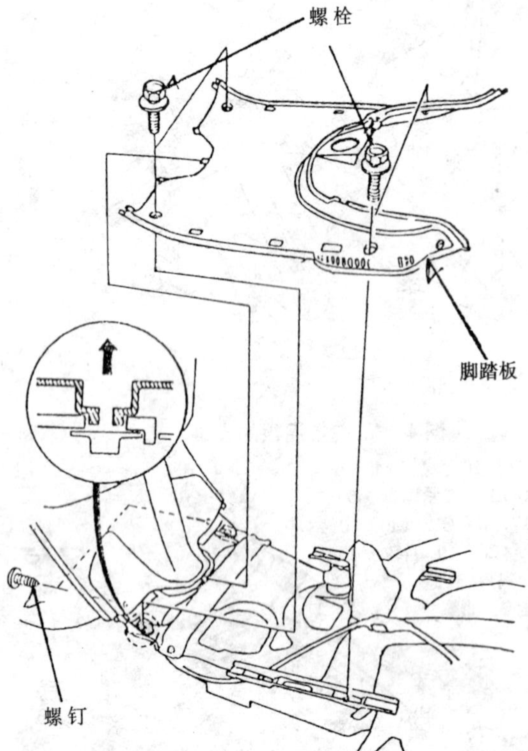

图 4-49　脚踏板的安装

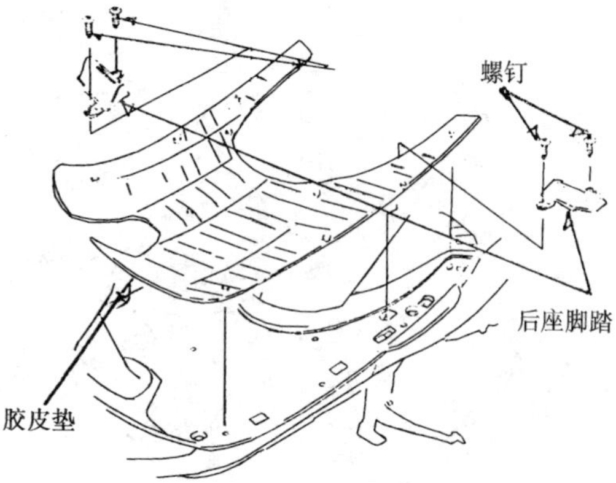

图 4-50　胶皮垫的安装

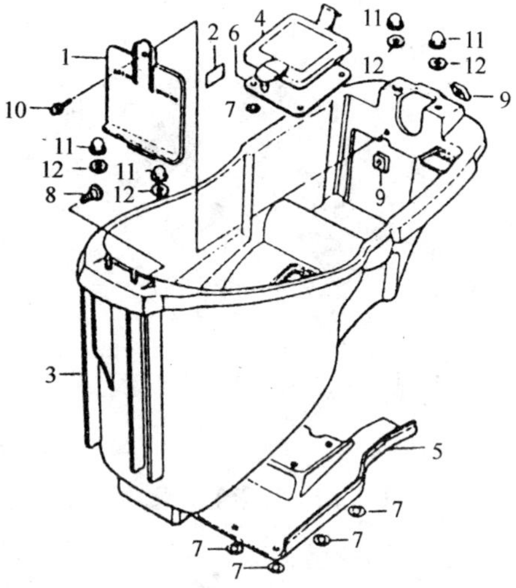

图 4-51　行李箱

1．蓄电池盖 A　2．行李箱注意标贴　3．行李箱组件　4．火花塞保养盖　5．隔热板　6．隔热板 B　7．夹片螺母　8．专用螺钉　9．夹片螺母　10．带垫圈螺钉　11．盖形六角螺母　12．平垫圈

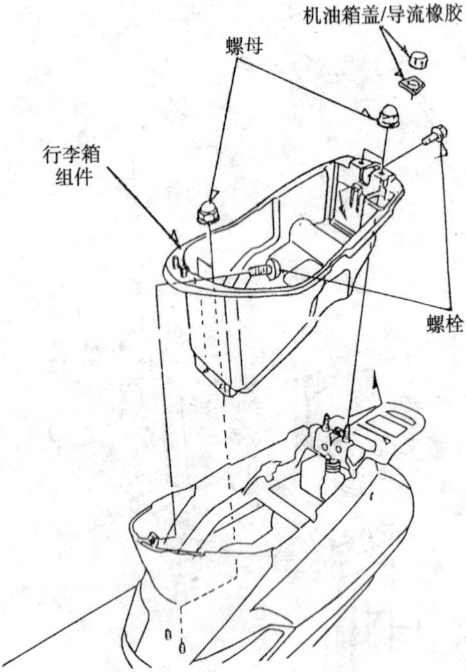

图 4-52　行李箱的安装

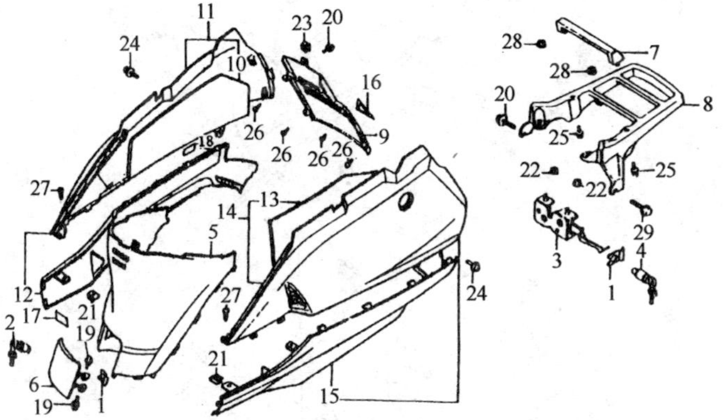

图 4-53　车体盖板

1. 锁座固定弹簧　2. 汽油注入口盖锁组件　3. 座垫扣钩　4. 座垫锁　5. 中间盖　6. 汽油注入口盖　7. 后抓手架　8. 后载物架　9. 后中间盖　10. 右消声垫　11. 右车体盖　12. 右边轨组件　13. 左消声垫　14. 左车体盖　15. 左侧盖组件　16. 后标志　17. 轮胎贴纸　18. 保养标贴　19. 自攻螺钉　20. 带垫圈螺钉　21. 弹簧螺母　22. 带垫圈螺母　23. 夹紧螺母　24. 车体盖螺钉环夹　25. 带垫圈螺钉　26、27. 自攻螺钉　28. 六角突缘螺母　29. 六角突缘螺栓

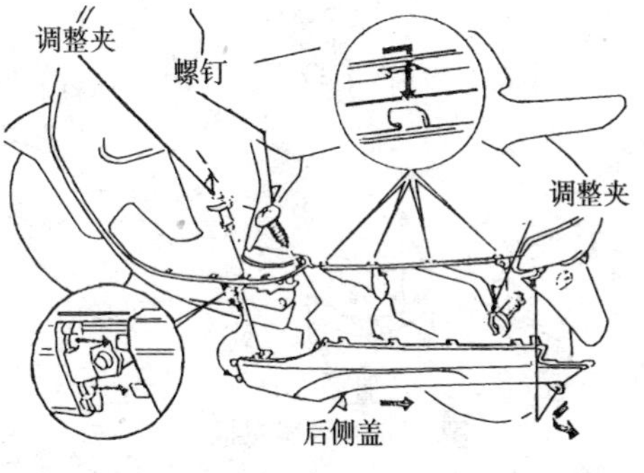

图 4-54　后侧盖的安装

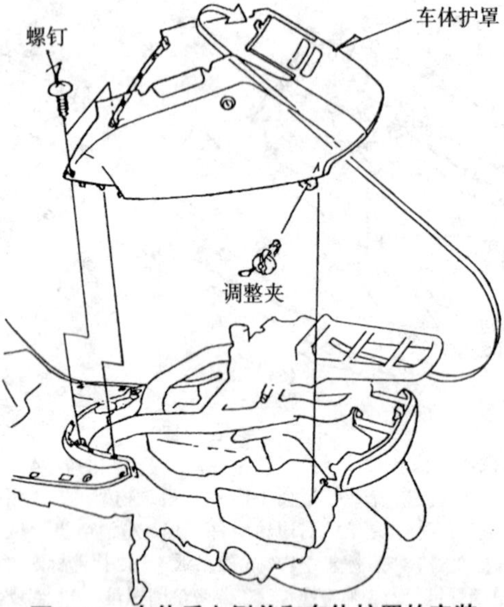

图 4-55　车体后上侧盖和车体护罩的安装

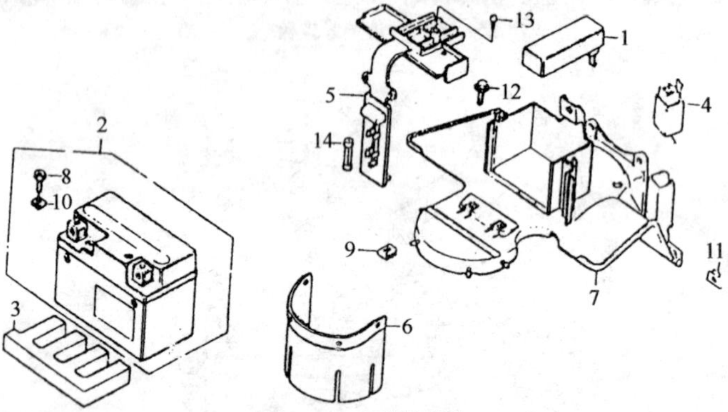

图 4-56　后挡泥板

1．CDI 组件　2．蓄电池组件　3．蓄电池缓冲垫　4．启动继电器　5．蓄电池固定座　6．挡泥片　7．后挡泥板　8．蓄电池接线柱螺栓　9．夹紧螺母　10．蓄电池接线柱螺母　11．夹紧螺母　12．带垫圈螺栓　13．自攻螺钉　14．保险丝 7A

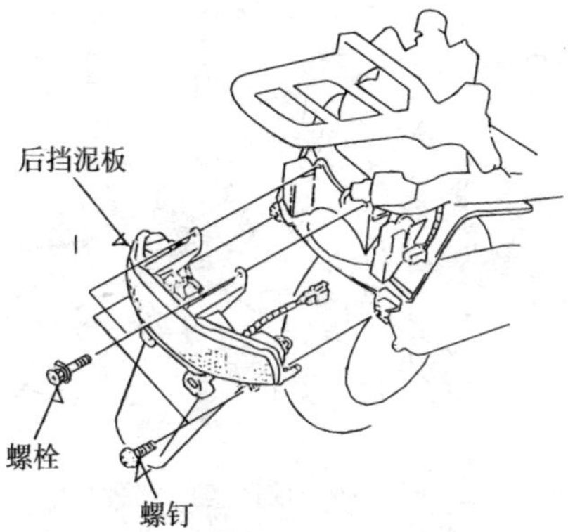

图 4-57　后挡泥板的安装

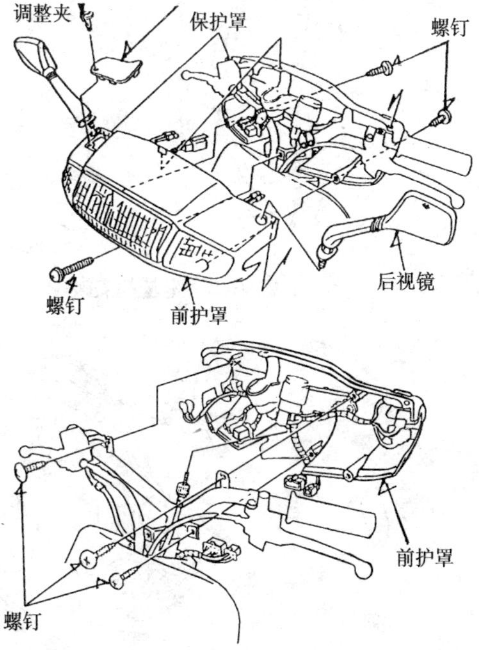

图 4-58　前护罩的安装

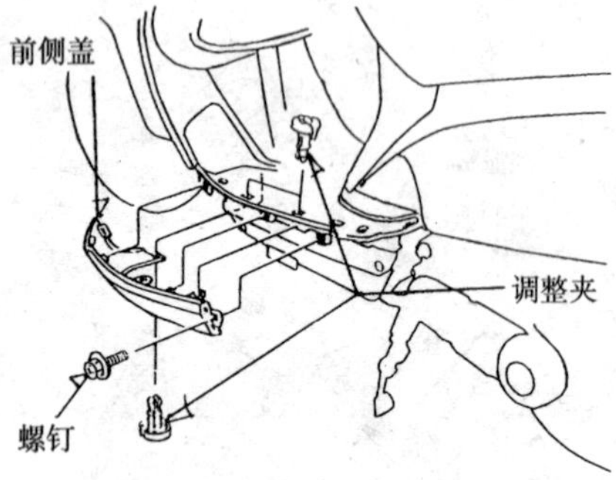

图 4-59　前侧盖的安装

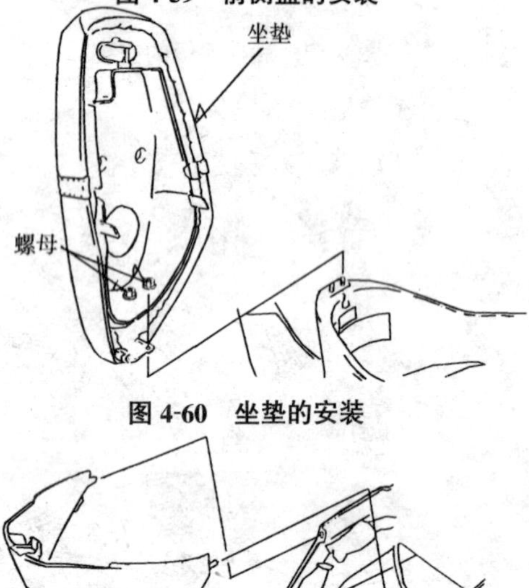

图 4-60　坐垫的安装

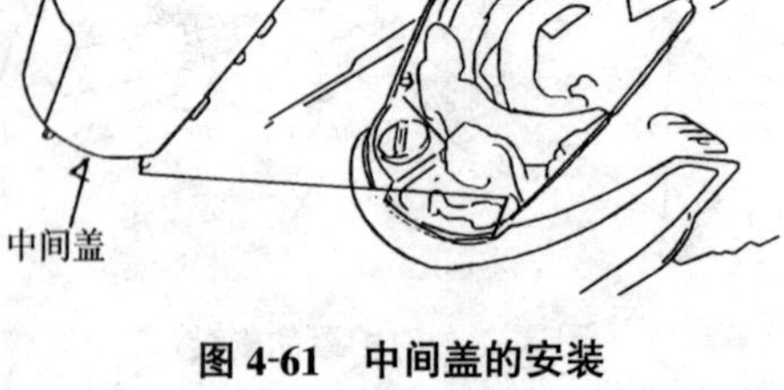

图 4-61　中间盖的安装

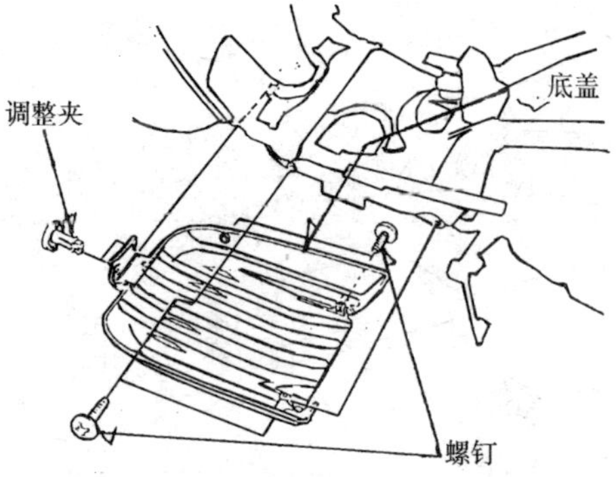

图 4-62　底盖的安装

第七节　制动系统

一、鼓式制动器的结构

本车有两种制动机构，一种为前后鼓式制动器；另一种为前盘后鼓制动器。

鼓式制动器的组成如图 4-63 所示。当手捏制动器拉索，使制动摇臂转动一个角度，制动凸轮旋转，迫使两块制动蹄块向外张开，制动片与鼓相接触达到制动的目的。当手松开时，回位弹簧很快使两制动蹄块与鼓分离。

制动鼓使用标准值为 110mm，使用极限值为 111mm。制动摩擦片的厚度使用标准值为 4.0mm，使用极限值为 2.0mm。

污染的制动鼓或蹄块会降低制动力。如果污染了，可用高效制动器脱脂剂洗涤后再用。

二、盘式制动器的结构

盘式制动器的基本结构如图 4-64、图 4-65 所示。鼓式制动器的摩擦副被安置在制动鼓内，制动过程中产生的热不容

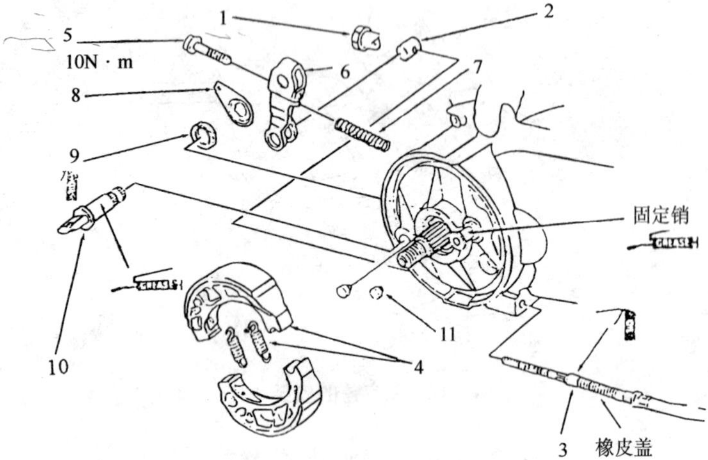

图 4-63 鼓式制动器

1. 后制动调节螺母 2. 摇臂接头 3. 制动线 4. 制动蹄块和弹簧 5. 螺栓 6. 摇臂 7. 回位弹簧 8. 指示器 9. 尘封 10. 制动凸轮 11. 止推橡胶块

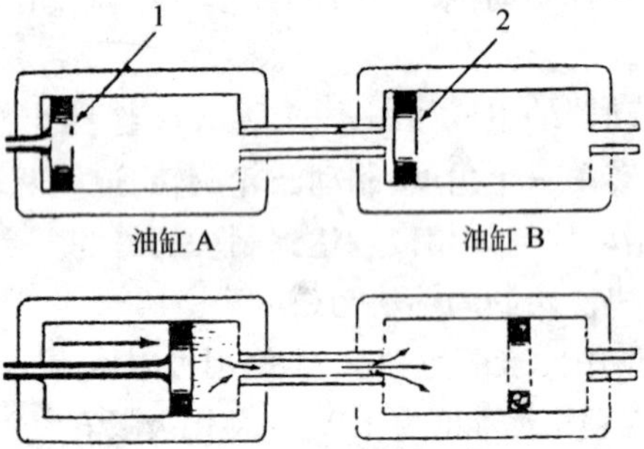

图 4-64 液压油的传递

1. 主动缸活塞 2. 从动缸活塞

易散出,使制动失效;如果鼓内进水打滑,会减少摩擦力。盘式制动器可以克服上述缺陷。

安装在车轮毂上的制动盘,是由导热性良好、耐热性和机

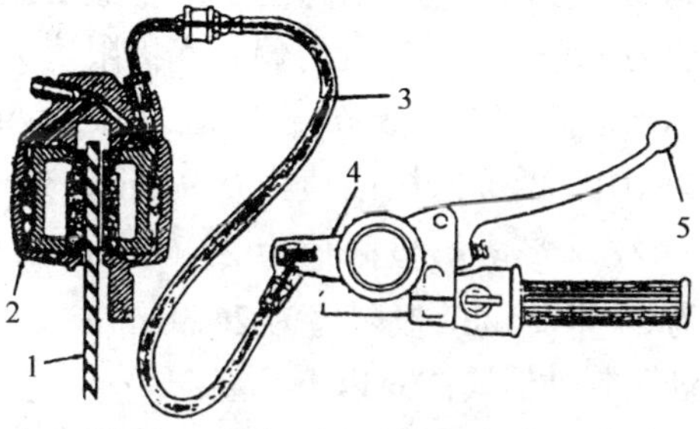

图 4-65　前轮液压盘式制动系统

1. 制动盘　2. 制动钳体　3. 制动油管

4. 制动主油缸　5. 制动手把

械强度高、受热摩擦系数变化小的不锈钢材料制成，上面加工很多的孔，用于增加散热面积、减小质量和噪声。制动块是固定件，由工作面积不大的摩擦块和金属背板组成，每个制动器有 2～4 块。制动块和制动零件都装在制动盘两侧的钳状支架中，叫做制动钳。制动钳安装在前叉的摇臂上。制动盘和制动钳构成了盘式制动器。

当手捏紧制动手把时，推杆推动制动用主油缸的主缸活塞运动，使主油缸内油压升高，油在高压下进入制动器油缸，推动活塞移向制动盘，使制动块钳住制动盘而达到制动的目的(见图 4-66)。

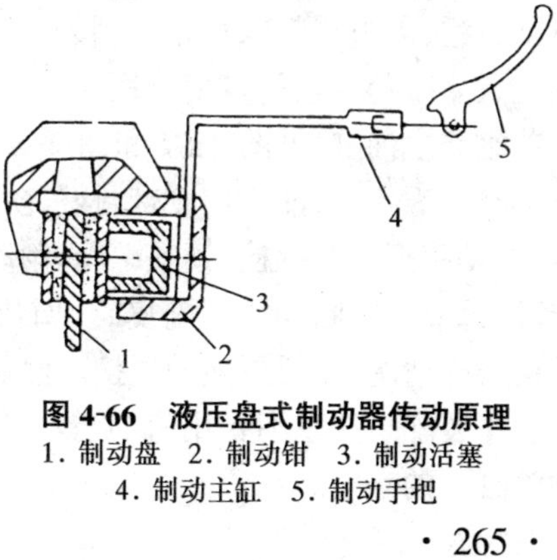

图 4-66　液压盘式制动器传动原理

1. 制动盘　2. 制动钳　3. 制动活塞

4. 制动主缸　5. 制动手把

制动液是一种粘度随温度变化很小的特殊的油，它对金属和橡胶等零件有腐蚀作用。

液压制动器使用制动油牌号为DOT3或DOT4。制动盘厚度极限值为3.0mm;制动盘的偏心率极限值为0.3mm;主油缸内径标准值为$11^{+0.043}_{0}$mm,极限值为11.055mm;活塞外径标准值为$10^{-0.016}_{-0.043}$mm,极限值为9.945mm;制动钳油缸内径标准值为$27^{+0.050}_{0}$mm,极限值为27.06mm;制动钳活塞外径标准值为$27^{-0.032}_{-0.082}$mm,极限值为26.91mm。

使用盘式制动器要注意以下几点:

(1) 污染的制动盘和制动钳摩擦片会降低制动效果,制动盘在用高效制动脱脂剂洗涤后可以继续使用,而摩擦片不能再使用。

(2) 不同牌号的制动油不能混用。

(3) 制动器内不能进入空气,如果进入了空气要排净,否则会引起制动失效。

(4) 空气可能从排气阀螺纹处进入排气管,请用特氟隆胶带将其密封好。

(5) 为使制动盘受力均匀,要成对地更换制动摩擦片。

三、前制动器的调整

盘式制动器如果液压系统完好,加大或减小制动手把的自由行程,需将锁紧螺母松开,转动调节螺栓,改变制动手把的位置来获得合适的自由行程。

维修主油缸(见图4-67和图4-68)首先拆下连接制动油管的空心螺栓,将油管用胶带封好,防止进入灰尘。拆卸次序为:制动手把调节螺栓、锁紧螺母、制动手把、卡环、轴套、弹簧卡环,再取出垫圈、活塞、副皮碗、回位弹簧、回油阀。检查零件的磨损情况,需要更换的更换。然后清洗干净,按拆卸相反的次序装配。注意不要用汽油清洗零件,防止腐蚀。最后排除油缸内的空气。

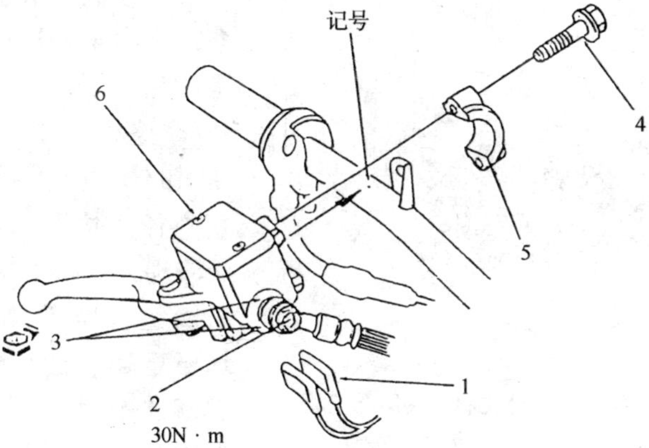

图 4-67　制动总泵的拆卸

1．制动开关接头　2．制动油管螺栓　3．防漏垫片　4．总泵螺栓　5．总泵固定座　6．制动总泵

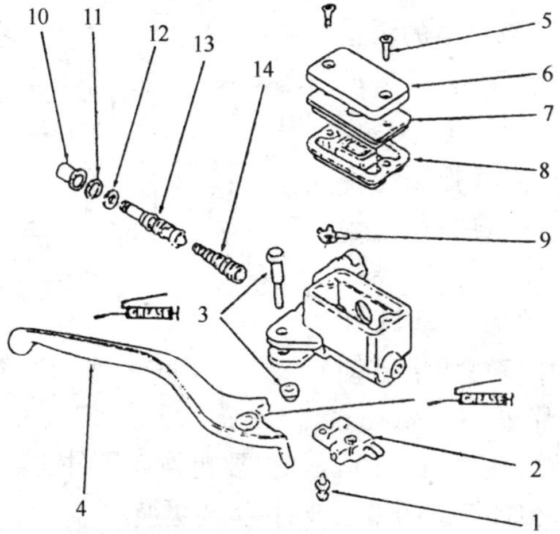

图 4-68　制动总泵的分解

1．螺栓　2．制动开关　3．枢纽螺栓/螺母　4．制动手把　5．十字螺钉　6．主油缸盖　7．膜盒盖　8．膜盒　9．保险垫片　10．保护套组合　11．挡圈　12．挡圈　13．制动主油缸　14．保护橡胶套

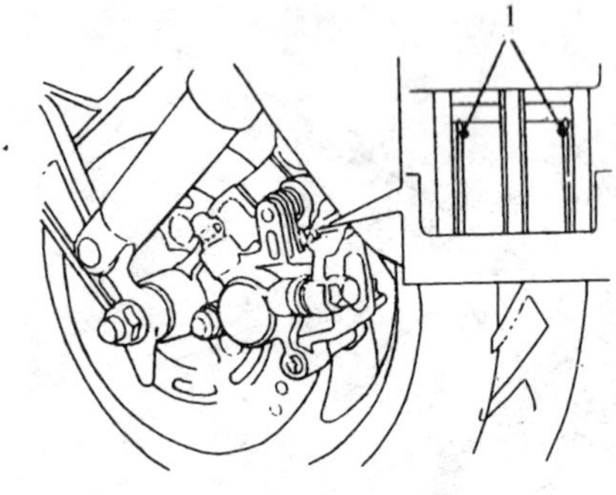

图 4-69　盘式制动器磨损检查
1. 制动片磨损极限

维修制动钳(见图4-69和图4-70),首先取下油管、制动盘和制动块(摩擦片)。检查制动块、钳体油缸内径和活塞外径的情况,确定是否修理或更换。检查密封圈是否损坏,如果损坏要更换新的密封圈。重新装配时,在制动钳滑块表面涂一层含硅密封油脂,但不要带到制动块上。

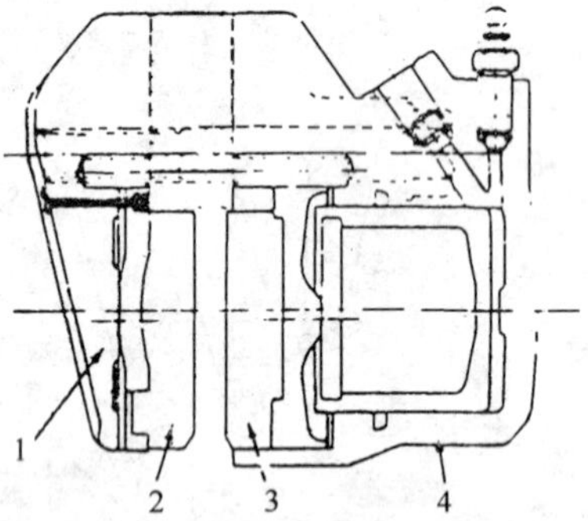

图 4-70　制动钳体
1、4. 钳体　2、3. 制动块

四、后制动器的调整

鼓式制动器如制动自由行程不当应调整。松开调节螺母,把制动钢索调到合适自由行程,锁紧调节螺母。

经常检查制动蹄和制动鼓的间隙,如果制动蹄摩擦片小于2.0mm厚、制动鼓内径大于110mm时,要更换新零件。制动蹄块的回位弹簧超过规定的极限值时,也要更换。

第八节　操纵系统

一、方向把及操纵钢索

1. 方向把

方向把操纵前轮,控制摩托车的前进方向。方向把的凸出部位插入前叉立管中,右端装有化油器油门线、前制动把手、喇叭,左端装有后制动把手、前照灯和转向灯开关,上面还装有前把罩和仪表罩、前照灯、转向灯等(见图 4-71)。

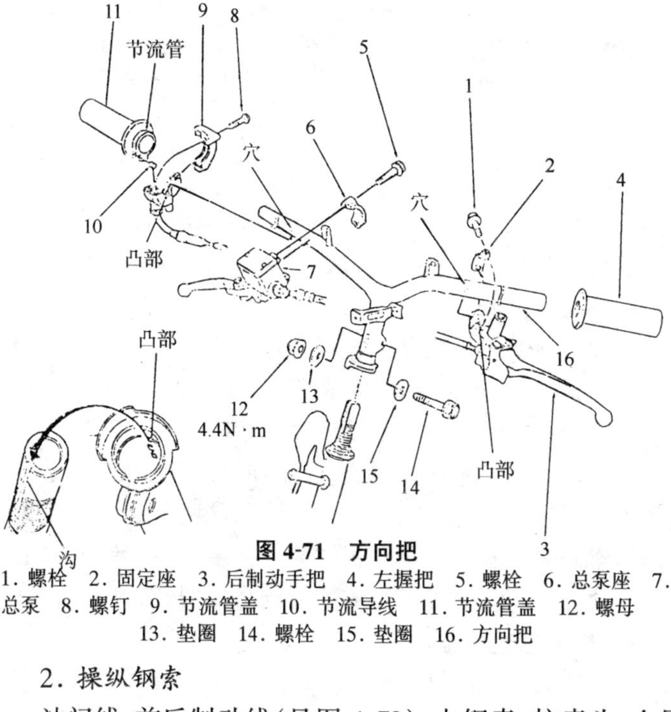

图 4-71　方向把

1. 螺栓　2. 固定座　3. 后制动手把　4. 左握把　5. 螺栓　6. 总泵座　7. 总泵　8. 螺钉　9. 节流管盖　10. 节流导线　11. 节流管盖　12. 螺母　13. 垫圈　14. 螺栓　15. 垫圈　16. 方向把

2. 操纵钢索

油门线、前后制动线(见图 4-72),由钢索、拉索头、金属塑料软管等零件组成。

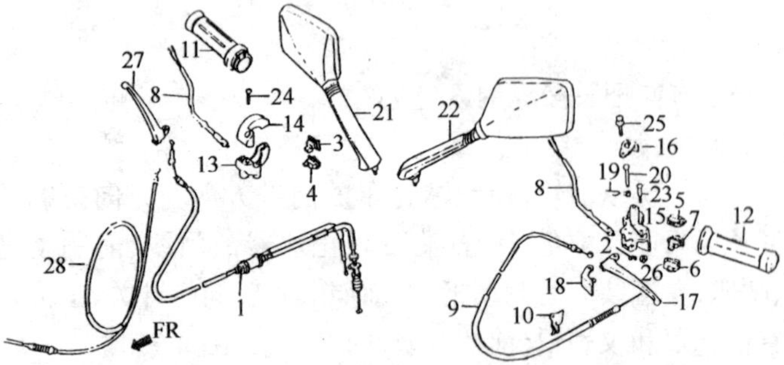

图 4-72 操纵钢索

1. 节气阀操纵钢索组合 2. 夹环 3. 照明开关组 4. 启动开关组 5. 变光开关组 6. 喇叭开关组 7. 转向灯开关组 8. 制动开关 9. 后制动钢索 10. 后制动钢索夹 11. 右握把 12. 左握把 13. 右握把下固定座 14. 右握把上固定座 15. 左握把支座 16. 左握把支座夹板 17. 左操纵手把 18. 制动固定扣 19. 制动固定扣回位弹簧 20. 制动固定扣销轴 21. 右后视镜组件 22. 左后视镜组件 23. 操纵手把销轴螺钉 24. 盘头螺钉 25. 带垫圈螺钉 26. 六角螺母 27. 右操纵把手 28. 前制动钢索组合

钢索一般为 7×7 或 1×19 的规格组成，油门钢索一般为 ϕ1.2～1.5mm，制动用钢索为 ϕ2～2.5mm，拉丝头两端一般用锡焊、锌合金压铸等工艺制造，金属软管以圆或扁钢丝绕成空管后外表面注塑成型。组装后中间有调节空心螺栓和调节螺母，油门拉索拉脱力应不小于 588N，制动钢索拉脱力不小于 1764N。

油门转把由尼龙塑料制成，固定在方向把固定罩上。转把要可靠灵活，外面装有减轻驾驶员手臂疲劳的橡胶把套。油门钢索同时控制节气阀和机油泵的开度，油门转把向内转动为加油，向外转为减油，当转把回到最小时，节气阀开度最小，发动机为怠速状态。

操纵钢索在使用过程中应及时调整，以保证操纵的正确、可靠和安全。制动钢索应有自由行程，以 5～8mm 最为合适。

调整时松开锁母，旋动调节空心螺套到上述的合适的行程后，把锁母拧紧。

操纵钢索要定期保养，使之灵活可靠和安全。新车一般为1500km，以后每3000km润滑一次。润滑方式采用滴油和浸泡。滴油是直接将机油滴入金属软管，直到钢索运行灵活就行。浸泡是将金属软管放入煤油泡5～10min，并来回拉钢索。然后放入1:1汽油和机油混合油中再泡5min，即完成浸泡润滑。

二、导向机构

LEAD90型摩托车的导向机构为转向柱，下部与前叉相连，上部与转向把相连。转向柱插入车架前立管中，由下滚珠座圈和下锥形座圈之间加入钢珠，并以润滑脂填充。上面由同样零件装入转向柱和车架立管中，旋上转向柱固定螺母便安装完毕。调节好松紧度，使其转动灵活，把固定螺母锁紧。装上车轮、减震器等其他零部件。导向机构应定期检查，以保持其良好的操纵性。导向机构调整基本方法与自行车的调整方法类同。新车一般行驶1500km检查一次，以后每6000km检查一次，发现零件磨损过大应及时更换，同时也调整轴承的松紧度，保证转向柱转动的灵活可靠，无上下窜动的现象。

第九节　LEAD90型摩托车的使用与保养

一、使用方法

1. 行车前的检查

(1) 前一天摩托车异常处的检查。

(2) 燃油箱、机油箱、齿轮箱的油料是否充足，必要时应加到指定的标志。

(3) 各开关及油堵等部位是否有渗漏。

(4) 前后制动器各部件是否处于良好的工作状态。

(5) 前后车轮的轮胎的气压是否达到所要求的气压,不足时应充气。

(6) 喇叭、转向灯、制动灯、前照灯的工作是否正常。

(7) 后视镜、车牌照、反射器是否干净,有无损伤,并带好驾驶执照。

(8) 蓄电池的能量是否充足,如有故障,及时排除或更换。

2. 行驶前的准备

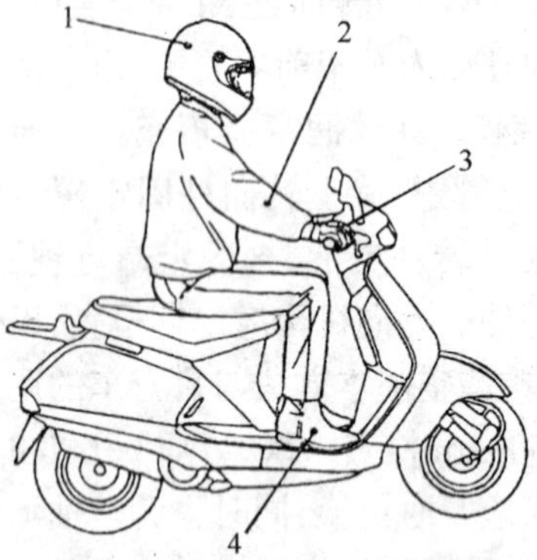

图 4-73　驾驶员安全防护用品

1. 头盔和防护眼睛　2. 合适的防护服　3. 安全手套　4. 安全皮鞋

(1) 安全运行:戴头盔是安全行驶的前提(见图 4-73),头盔一定要在颚下系好。鞋子要穿好,上衣最好穿紧口上衣。

(2) 骑车姿势:骑行的姿势要自然放松,乘坐的位置应以身体的重心通过座位的中心为准(见图 4-74)。

(3) 载物:超载时,车把会抖动,影响车的正常行驶。前购物筐装物品的高度以不遮挡前照灯为准;内盛物箱不应装得太满,否则,会影响转向手把的操纵(见图 4-75)。不准在座位下堆放衣物等,否则,会使发动机供油恶化,烧坏发动机。

3. 启动

启动的正确操作如图4-76所示。

(1) 主开关钥匙置于“ON”的位置上。

图 4-74　驾驶员骑车姿势

(2) 为了防止摩托车启动时突然窜出,务必锁住后轮。

(3) 在不转动油门转把的情况下按下启动按钮,发动机着车后立即放开按钮。

如果发动机在热车时,启动按钮按下 3～4s 仍不能启动,此时可将油门转把转动 1/8～1/4 转,启动就变得容易了(见图 4-77)。

图 4-75　摩托车的承载物

1. 后托架载荷 3kg　2. 行李箱载荷 10kg　3. 内盛物箱载荷 1.5kg

(4) 发动机长期不用时, 启动时多按一下启动按钮。发动机过冷时,启动后进行暖机再骑行。

(5) 启动在通风的场地进行。启动时,务必支起车架,锁

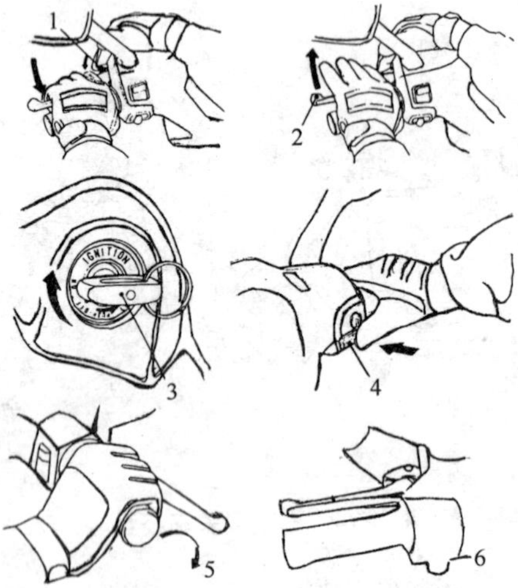

图 4-76　摩托车的正确启动

1. 制动锁杆　2. 后制动手把　3. 主开关　4. 启动按钮　5. 油门转把　6. 锁住后制动手把

紧制动手柄，否则电路不通不能启动。如果用脚踏启动时，用力蹬踏启动杆，发动机启动后，应将启动杆踢回原位（见图 4-78）。

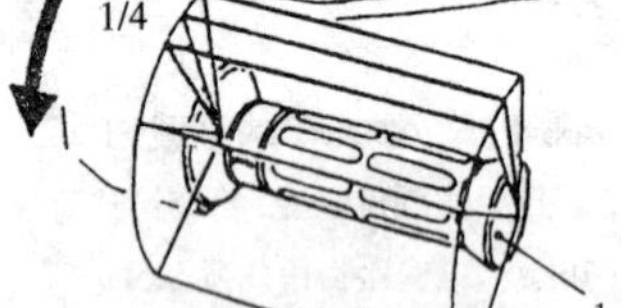

图 4-77　油门转把的加油

1. 油门转把

图 4-78　脚踏启动的正确姿势

4．起步

（1）手握制动手柄，同时向前推放倒主车架，再乘车，不要加油门提高发动机转速，左脚支地，以防因提高发动机转速而使摩托车冲击造成危险（见图 4-79）。

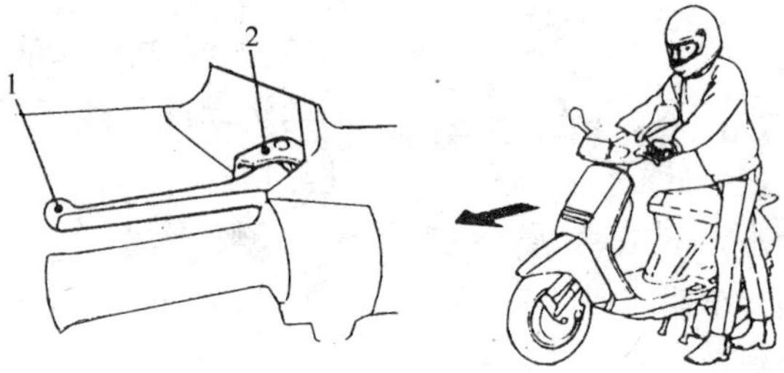

图 4-79　起步行驶姿势（1）

1．后制动手把　2．制动锁杆

（2）慢慢放松后制动器，缓缓加油门，车就慢慢地起步了（见图 4-80）。

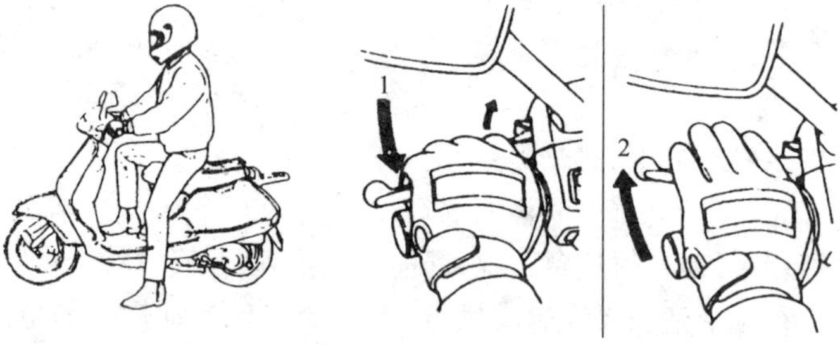

图 4-80　起步行驶姿势（2）

1．握住后制动手把　2．松开后制动手把

5．行驶

摩托车行驶的速度由油门转把控制（见图 4-81）。

图 4-81 摩托车油门控制

1. 加油门 2. 减油门

(1) 加油门。油门转把向外转动就加速，加速要慢慢转动油门转把；爬坡时徐徐旋转油门转把，增加动力。

(2) 回油门。油门转把向内转动就减速，减速应快速返回。

一般新车或大修后的摩托车，骑行 1 个月内（或 1000km），车速应保持在 45km/h 以下平稳行驶。

6．制动

制动时，应先减小油门，再使用制动装置，使之停车。前轮的制动手柄和后轮的手把（或脚踏制动板）同时使用，除非紧急的情况下，才突然握死制动装置（见图 4-82）。

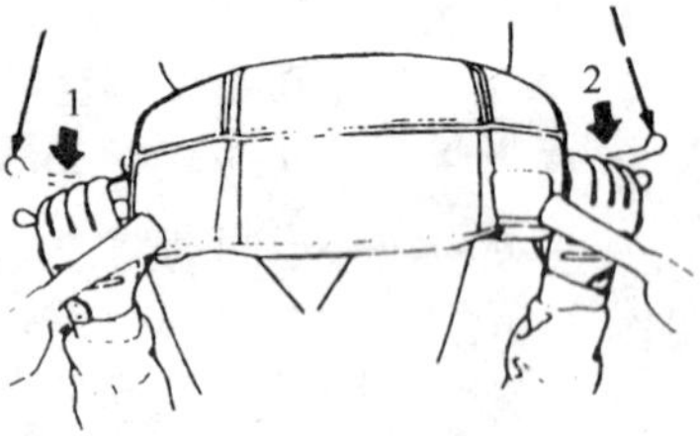

图 4-82 摩托车的制动手把

1. 前制动手把 2. 后制动手把

一般情况下，严禁急制动，因急制动会造成滑移的危险，尤其是在雨雪天气。车在行驶过程中，要随时注意路况，提前采取措施，以确保安全行驶。

行驶中请勿操纵制动锁杆，不然会出现制动锁住的危险情况。

7．停车

(1) 临时停车，提前用方向指示器给出信号，引起后方和侧面的车辆的注意，再慢慢将车停在右边。或者，收油门，提前制动前后轮，用制动灯向后面的车辆发出信号。

(2) 长时间停车,使方向器开关复位,将主开关钥匙置于"OFF"位置(见图 4-83),发动机熄火。

8．驻车

驻车应选择不妨碍交通的地方停车,立起主车架,把车停稳(见图 4-84)。

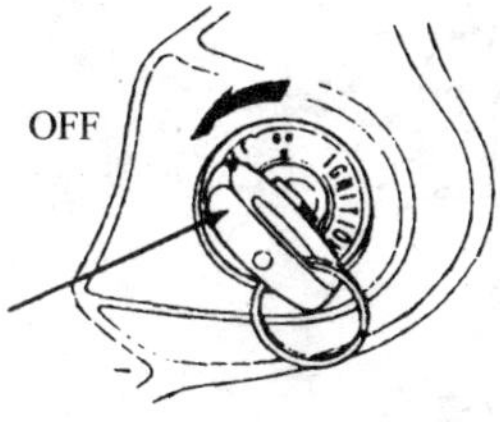

图 4-83 摩托车钥匙开关停车位置

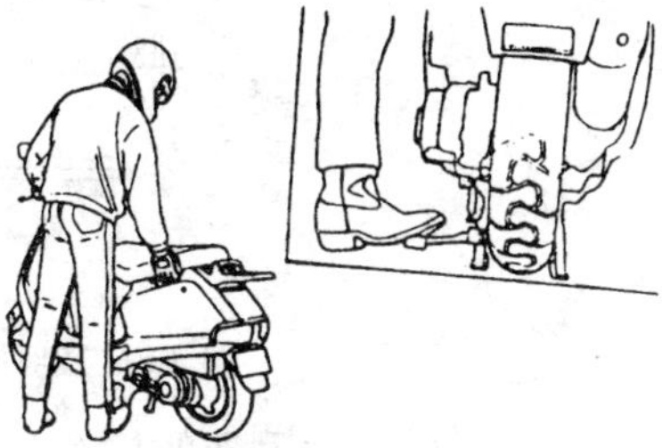

图 4-84 摩托车的驻车

二、一般的调整和检查

1．调整注意事项

(1) 各种垫片、油封、夹环,必要时更换,以保证可靠性和安全性。

(2) 拧紧各种螺栓时,由大到小,由里向外,并对角交错进行,各部位应加锁定零件。

(3) 应使用各种通用及专用工具。

(4) 清洗零件要干净,必要部件应根据要求涂上机油,以防生锈。

图 4-85 前叉的检查

2．前叉的检查

目测前叉有无损伤,上下活动车把是否有异响。用扳手检查立管的锁母是否松动(见图 4-85)。

3. 制动的检查及调整

(1) 前轮制动手把的间隙的检查与调整:用手捏制动手把,用刻度尺测其端部的移动量是否在规定的范围之内。如果捏把时出现柔软、轻飘的感觉,则是异常现象(见图 4-86)。

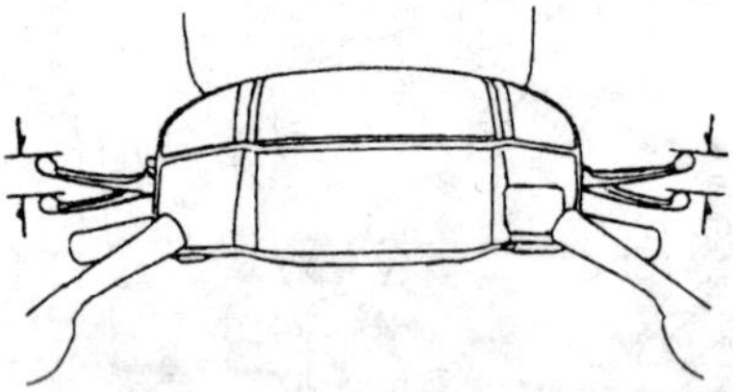

图 4-86 制动的检查

(2) 后轮制动手把的检查与调整:方法与检查前轮的方法相同。后轮制动间隙靠旋转调整螺钉来进行,右旋间隙减小,左旋间隙增大,一般为 20~30mm(见图 4-87)。

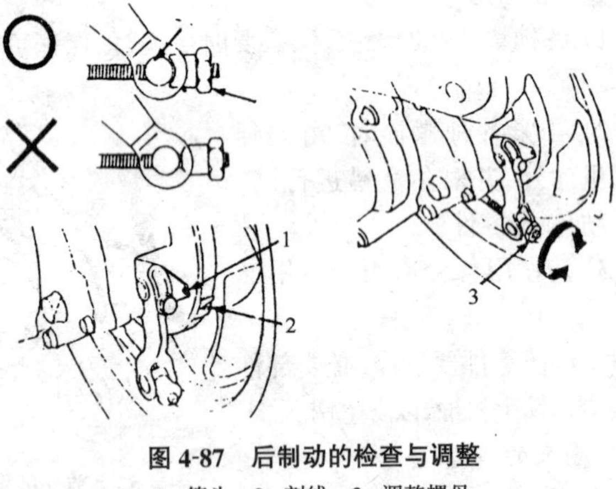

图 4-87 后制动的检查与调整

1. 箭头 2. 刻线 3. 调整螺母

制动器调整后,调整螺钉的凹端与销轴必须相吻合。当制动手柄捏到底时,制动摇臂上指示片的标记与曲轴箱上的"△"(或制动盘上的"△")对齐时,说明制动蹄(或制动块)达到了使用极限。

(3) 制动液液面高度的检查与补充(见图 4-88):在平坦的路面上支起主车架,活动制动手把,使主缸接头上面保持水平,检查液面是否在下限以上,如果下降明显应补充。补充顺

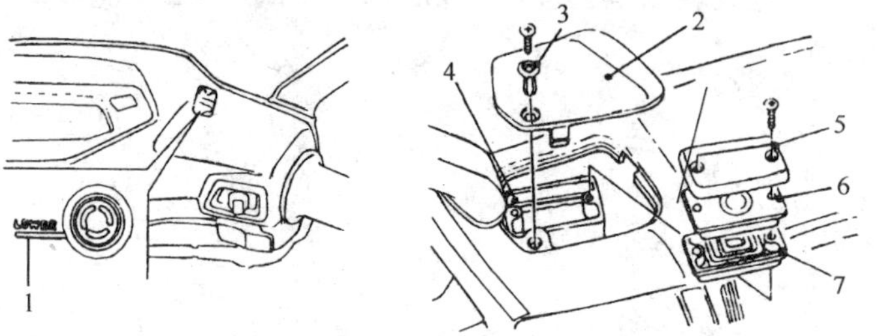

图 4-88 制动液的补充

1. 最低水平记号 2. 盖 3. 夹 4. 上限记号 5. 主油缸盖 6. 膜盒板 7. 膜盒

序如下:松开螺钉,取下调整夹,拿出盖板;将储液箱外的杂物去掉,擦干净;去掉螺钉,取出帽盖、中盖垫和隔板;补充制动液到箱体的上限标志线外;注意隔板的方向和装法,最后用螺钉拧紧帽盖;压入夹子,再拧紧螺钉装上盖板。本车使用的是 DOT3 和 DOT4 牌号制动液,应按标准补充,不要混入水或杂物。制动液有一定的腐蚀性,如果沾在零件上要擦净。

(4) 制动器可靠性的检查:在干燥路面上低速行驶,分别制动前后制动器,检查是否可靠,有无液体泄漏。用扳手检查接头部位是否松动。制动管路是否与其他零件相互干扰。

(5) 制动块的检查:由制动钳后侧观察,制动块的磨损极限槽一旦达到制动盘的侧面时,即达到了制动块的极限位置,

要及时更换制动块。

4. 轮胎的检查

(1) 轮胎气压的检查:用轮胎气压表,在冷态下检查轮胎气压是否符合标准。前胎压力为 150kPa,后胎压力为 175.5kPa(双人骑为 225kPa)。

(2) 轮胎磨损的检查:

① 检查轮胎龟裂、损伤(见图 4-89)和异物损伤(见图 4-90)。

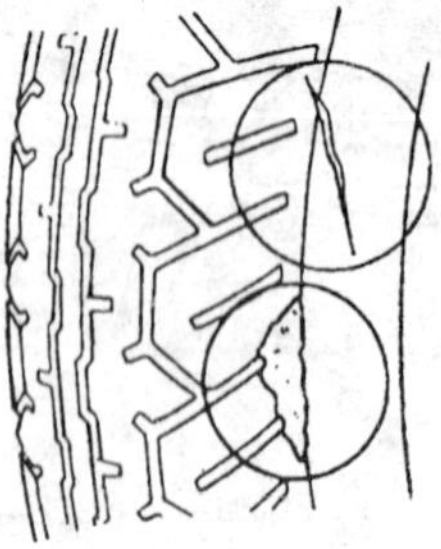

图 4-89 轮胎的磨损

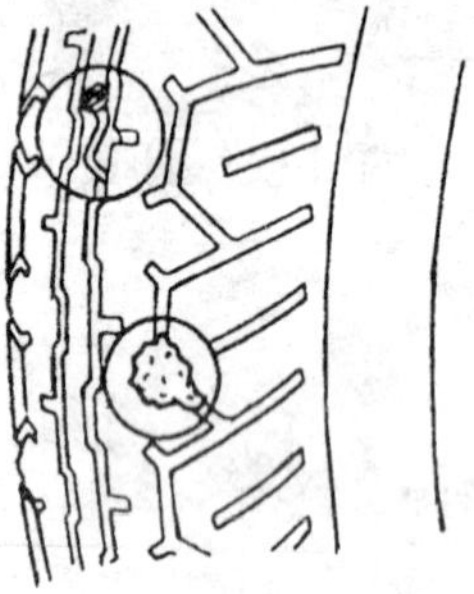

图 4-90 轮胎异物损伤

② 检查轮胎槽深和异常磨损。当磨损极限标记暴露出来时,表明轮胎达到了使用极限(见图 4-91),应更换轮胎。

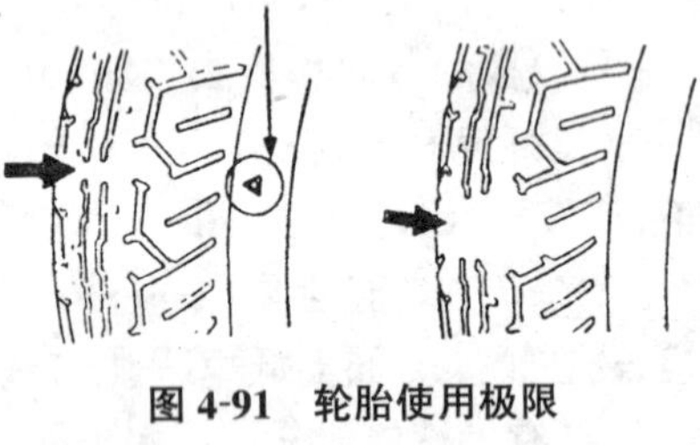

图 4-91 轮胎使用极限

5. 蓄电池的检查

(1) 蓄电池电压的检查:打开座垫后,打开蓄电池盖,拆掉正极和负极,用万用表检查电压,完全充电状态为 13.0～13.2V,充电不足为 12.3V

以下。

(2) 蓄电池漏电的检查:打开主开关,拆下蓄电池负极导线,用万用表串联蓄电池端子和负极之间。万用表先调到较大的范围内,依次按实际需要调到测量的范围,这样可以保护万用表。漏电电流应在1mA以下。

(3) 蓄电池充电状态的检查(见图4-92):装上完全充电的电池,蓄电池端子接上电压表,保险丝端子接上电流表,启动发动机,慢慢加速,测量电压和电流。充电电流为0~0.14A/5000r/min,控制电压为13.0~15.0V/5000r/min(充电)和12.0~14.0V/5000r/min(点灯)。

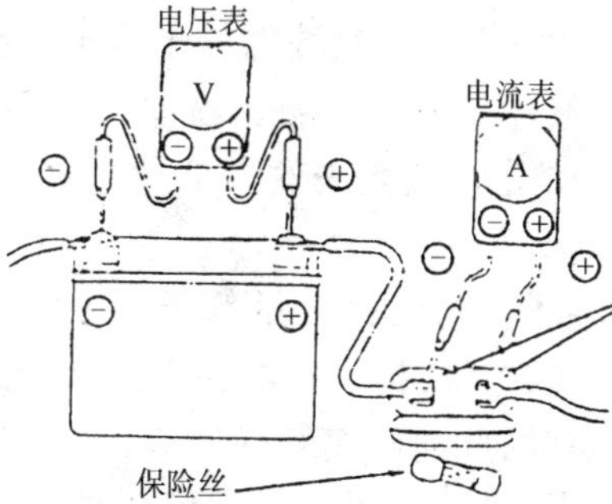

图4-92 蓄电池充电状态检查

6. 空气滤清器的检查

取出空滤器滤芯,检查滤芯是否被污物堵塞。滤芯的取出步骤如下(见图4-93):取下车底罩板;拧下一个左侧盖螺钉;拧去两个左侧盖调整夹螺钉,取下调整夹;将左侧盖挪向后方,避开钩爪,取下侧盖;拧下空滤器盖螺钉,取下空滤器盖。

取出滤芯,把它放入干净的本田四冲程机油(SAE 10W/40)或齿轮油(80~90号)浸泡一下,然后挤去多余的机油,再

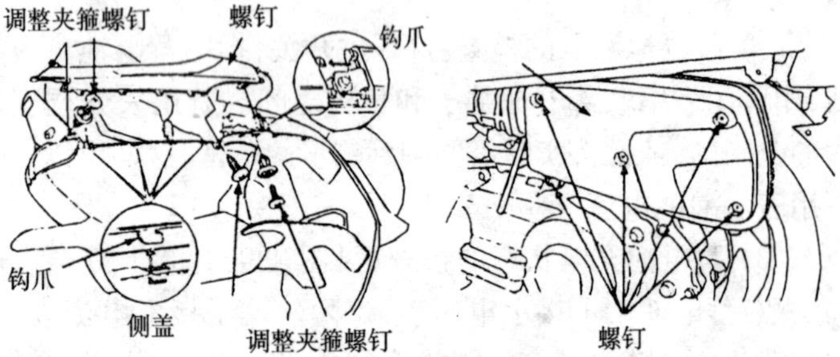

图 4-93　空气滤清器的拆卸

装入滤清器。

注意,滤芯如不全部装入,尘土和杂物会直接被吸入,造成发动机的磨损和功率下降。空滤器如果进水,会引起启动不良。用汽油、酸(碱)性或挥发性油清洗滤芯,会引起发动机不能正常点火,并使滤芯粘合剂失效。

7. 润滑系统的检查

(1) 发动机机油的检查:机油量低于下限时,报警灯会亮。将主开关置于“ON”位,检查机油报警灯是否继续亮,如继续亮,就得补充机油,此时油箱存油约 0.2L。机油箱容积为 1.2L,应加入二冲程专用机油。加油标准如图 4-94 所示。

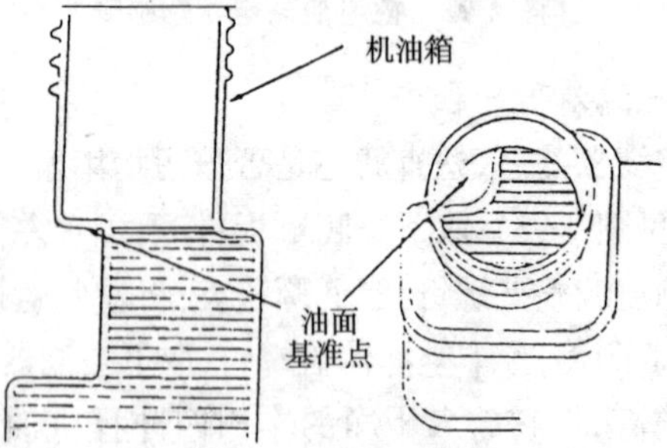

图 4-94　机油油面的检查

同时要检查减速齿轮箱的机油量。拆下油面检查螺栓检查油量，如不足，则补充到油面螺栓漏出机油即可，然后把所有密封螺栓拧紧（见图 4-95）。本车推荐机油为准双曲面齿轮油 90#或 API SE 级 10W/30 发动机机油。

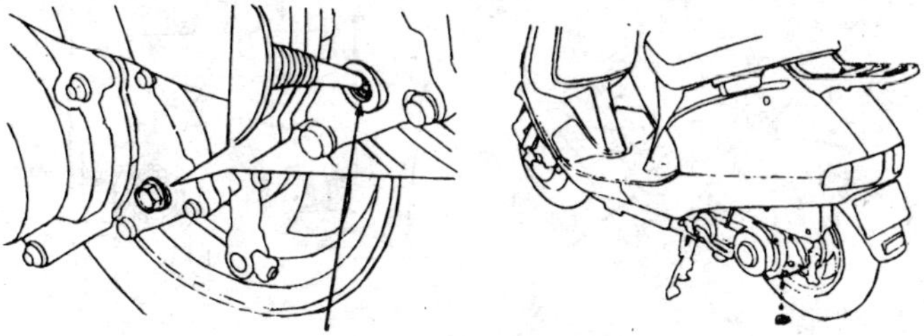

图 4-95　变速器油量的检查

（2）机油泵的检查与调整：机油泵的拆卸如图 4-96 所示，从 1 到 10 顺序进行。

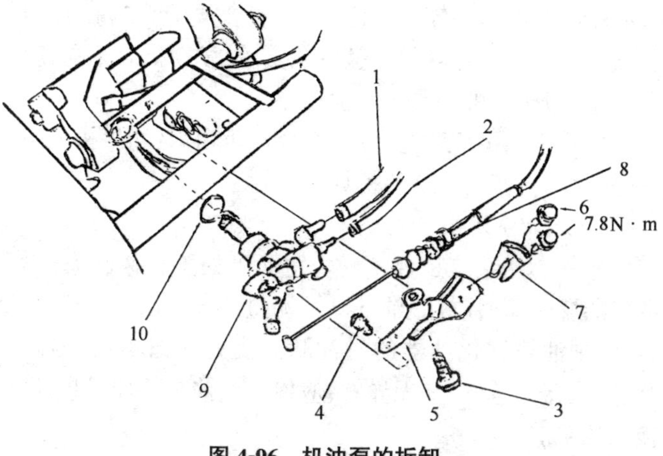

图 4-96　机油泵的拆卸

1、2. 机油管　3. 机油泵螺栓　4、6. 螺栓　5、7. 支架　8. 机油泵控制导线
9. 机油泵　10. O形圈

装配后要放气。如果机油泵混入空气,发动机的正常燃烧将受到很大的影响。

机油泵拆装后要进行调整,如图 4-97 所示。

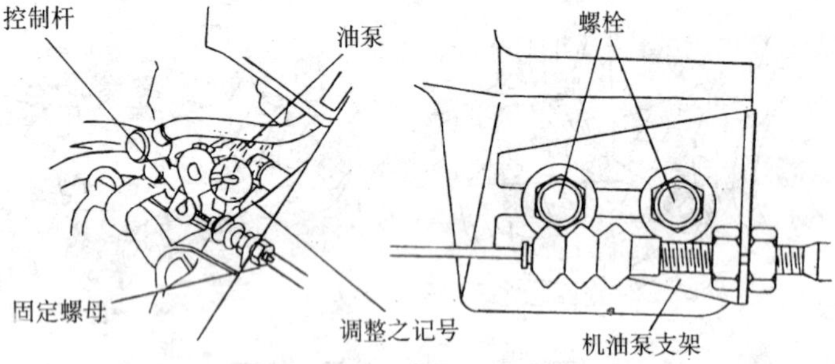

图 4-97　机油泵的调整

检查节气阀操纵线。将油门转把转至全开,机油泵摇臂指示标记应与油泵体的标记对齐;节气阀开到 1mm 以内的范围;放开油泵固定螺栓,调整油泵支承;发动机处于怠速状态,当转速上升时,机油泵摇臂也动作。

如果机油泵摇臂开度过大,会产生白烟;如果机油泵摇臂开度过小,会使活塞烧灼损坏。

8. 燃油系统的检查

检查燃油系统是否通畅。发动机处于怠速状态,拆下化油器的燃油管,释放燃油 5s 后,测量 10s 流出量。若为 28ml 以上,则油箱到化油器的供油状态良好。如不足,检查燃油管、滤清器等零件,如无异常,应检查汽油泵。如已损坏,应更换汽油泵。

全部燃油系统检查最后项目为化油器。当检查完成后,对怠速进行调整。调整方法参见第二章第二节二、6。

9. 火花塞的调整

清洗火花塞底座周围的污垢,中央电极应呈方角,侧电极应是等厚的,绝缘体应无破损。火花塞电极间隙为0.6～0.7mm。

10. 电气系统的检查

(1) 前照灯电压的检查:如图 4-98 所示,拆开把手盖后,启动发动机,前照灯开关置于"ON"位,检查远近灯开关电线黑色(+)及绿色(-)之间电压,电压表为 12.0～14.0V/5000r/min(指针式)或为 10.0～13.0V/5000r/min(数字式)。

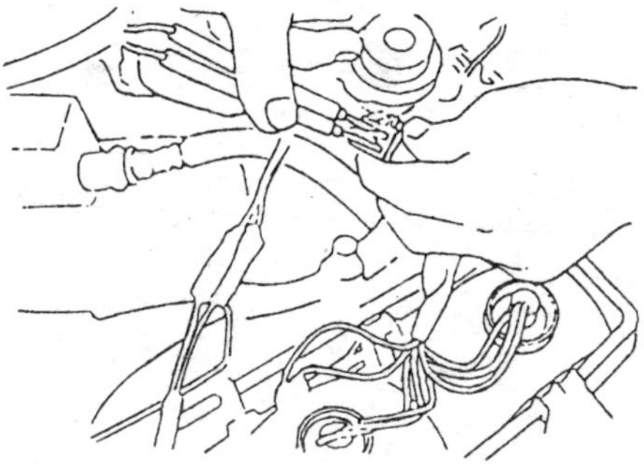

图 4-98 前照灯电压的检查

(2) 电压调整器的检查:拆开电压调整器接头,检查主配线头的回路(见图 4-99、图 4-100 及表 4-1 和表 4-2)。

(3) 磁电机充电检查:此时磁电机线圈不用拆下就可以检查(见图 4-101)。拆开车体盖后,再拆下磁电机电线接头,将充电线圈白色线及灯光黄色线圈电线接地,检查其电阻。标准电阻在 20℃时:白/接地为0.3～1.2Ω,黄/接地为 0.1～1.0Ω。

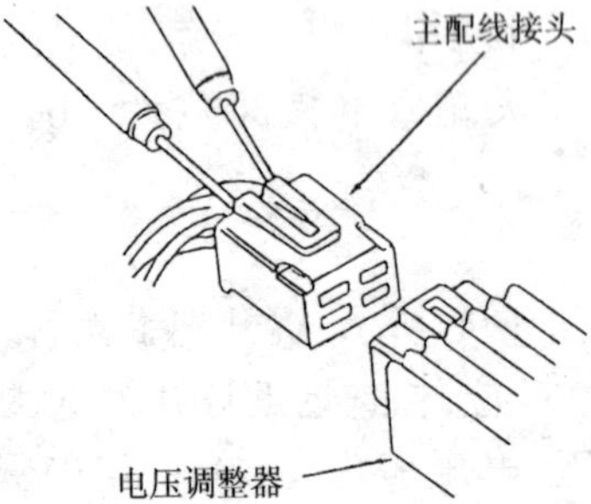

图 4-99　电压调整器的检查

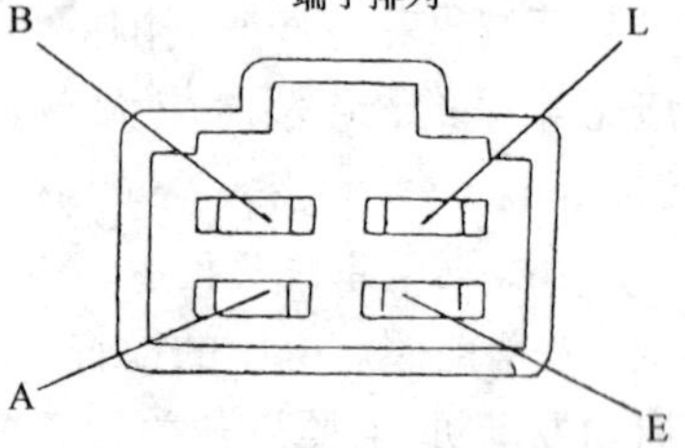

图 4-100　电压调整器电阻的测定

表 4-1　电压调整器的检查

项　　目	测 定 位 置	判定基准	电压调整器
蓄电池	红绿线之电压	蓄 电 池 完全充电	保险丝及主配线断线、接触不良
充电线圈	＊白线、搭铁之电阻(拆开旁侧启动器接头)	0.1~2.0Ω	磁电机(充电/照明线圈头接触不良)
照明线圈	＊黄线、搭铁之电阻(拆开电阻器接头)	0.1~2.0Ω	电阻(6.7Ω 5W)(5.9Ω 30W)大灯开关,大灯照明回路

＊发动机熄火 10min 以上,才可检查。

表 4-2　电 阻 值　　(kΩ)

电表(+) / 电表(-)	A	L	B	E
A		∞	∞	∞
L	∞		∞	3.69~3.96
B	1.56~1.65	∞		
E	∞	3.12~3.33	∞	

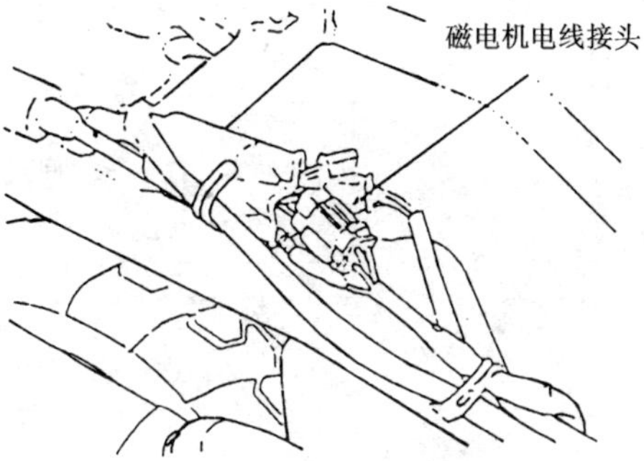

图 4-101　磁电机充电检查

(4) 电阻器的检查:拆下前挡板,电阻器电线接地(见图 4-102),标准温度 20℃时:电阻(6.7Ω 5W)绿/黑接地为6.3～7.1Ω;电阻(5.9Ω 30W)桃色/接地为 5.6～6.2Ω。

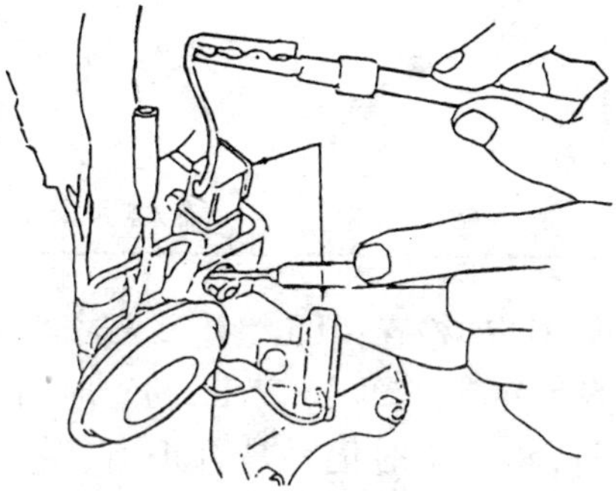

图 4-102　电阻器的检查

(5) CDI 的检查:用 CDI 试验器来检查(见图 4-103),按照说明书进行,测定结果见表 4-3。

如果 CDI 组件不良,应更换。

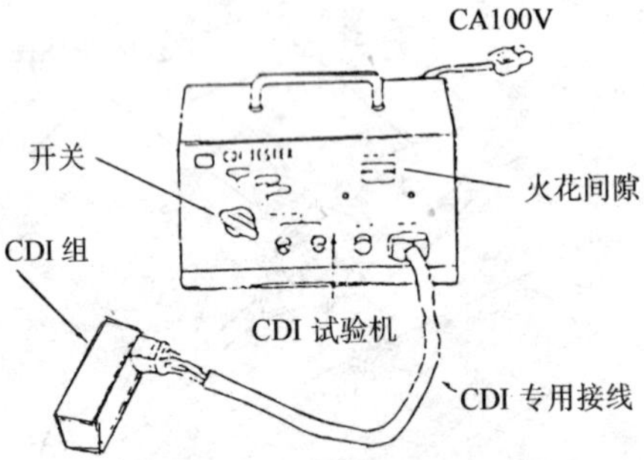

图 4-103　用 CDI 试验器作检查

表 4-3　CDI 组件的测定

序号	动作开关	CDI 良好	CDI 不良
1	OFF	无火花	
2	P	有火较弱	
3	EXT	有火较弱	跳火
4	ONI	跳火	无火花
5	ONE	有火较弱	有火较弱

(6) 点火时间的检查:CDI 组件点火时间不需要调整,如果点火时间发生异常,应更换 CDI。检查时,启动发动机,接上点火正时灯,检查正时记号是否正确(误差 ± 3°;见图 4-104)。此时怠速的转速为(1800 ± 100)r/min。

(7) 汽油油量表的检查:拆下汽油油量表,检查浮子上下各位置电阻(见图 4-105)。当浮子处于 F 和 E 位置时的电阻值见表 4-4。

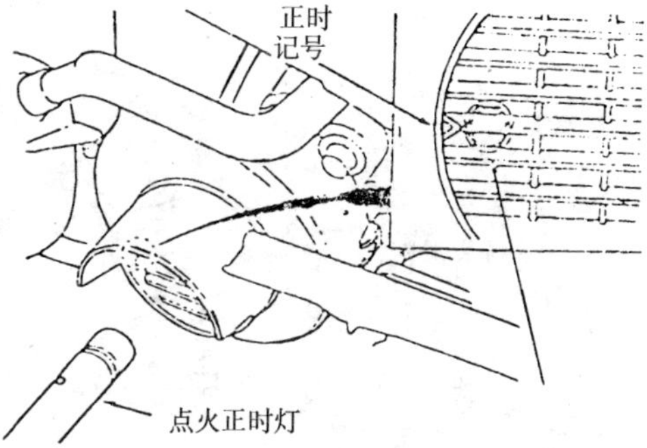

图 4-104　点火时间的检查

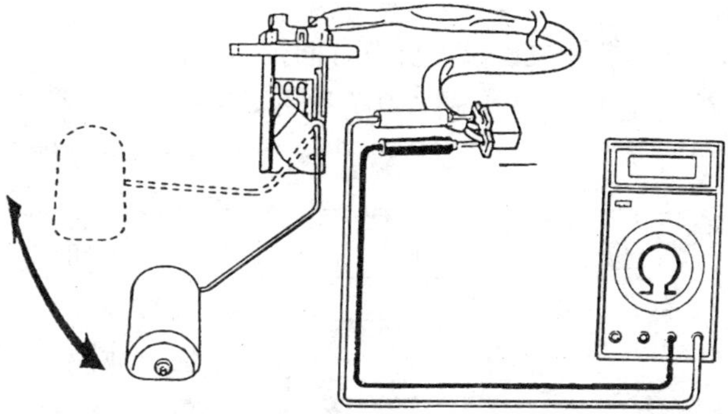

图 4-105　汽油油量表的检查

表 4-4　燃油浮子电阻　　(Ω)

线　路	浮子位置上(F)	浮子位置下(E)
绿/黄一白	25～41	500～850
绿/黄一白	400～700	100～200
黄/白一蓝/白	450～750	450～750

(8) 其他各项检查:

① 主开关检查。拆下主开关线路接头,检查各线路状态

(见图 4-106)。

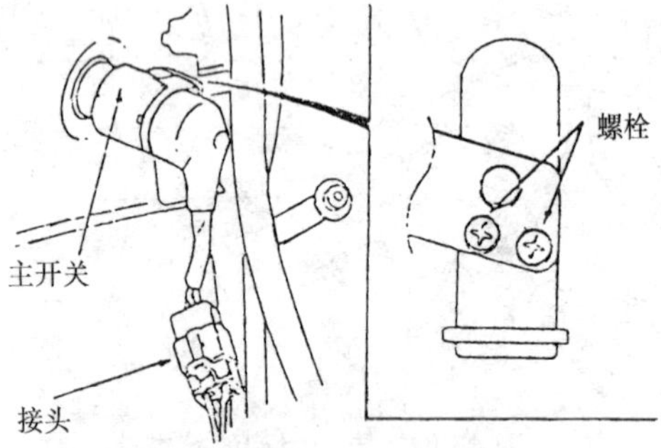

图 4-106　主开关的检查

② 方向把开关检查。拆下方向把盖,拆下把手开关线路接头,检查是否通电(见图 4-107 和图 4-108)。

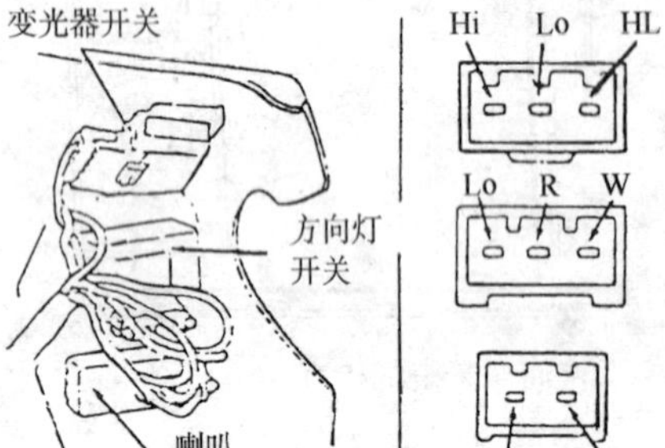

图 4-107　方向把开关的检查(a)

③ 前照灯的更换。拆下方向把盖,拆下灯座,取出灯泡,将新灯泡的凸起对准前照灯座的凹部装入(见图 4-109)。如果灯光照射路面不好时应调整。通过水平调整螺钉来调整前照灯光束,达到所要求的标准为止。

④ 仪表灯的更换。拆下灯座即可更换(见图 4-110)。

⑤ 尾灯灯泡的更换。拆下尾灯罩后,即可更换(见图 4-111)。但灯罩爪与方向灯爪不可有损伤。

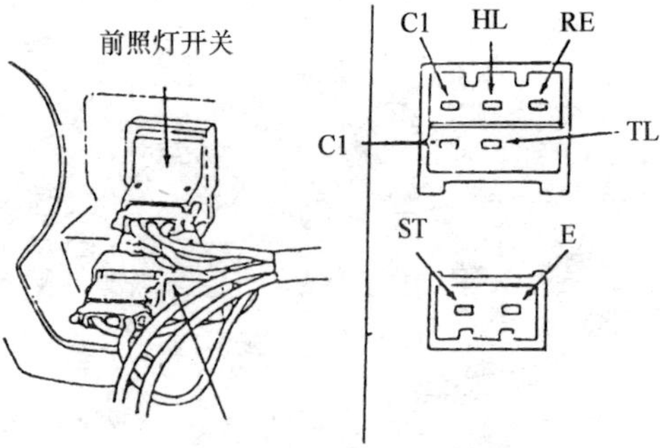

图 4-108　方向把开关的检查(b)

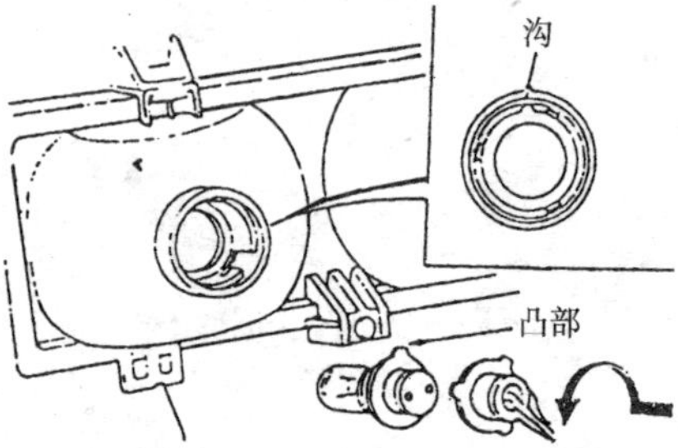

图 4-109　前照灯的更换

⑥ 更换保险丝。切断主开关后，检查保险丝是否烧断。当保险丝损坏时，按规定的容量更换保险丝（见图 4-112）。先取下座盖，打开保险丝座，手持保险丝软线的两端，将保险丝接线柱滑动抽出。

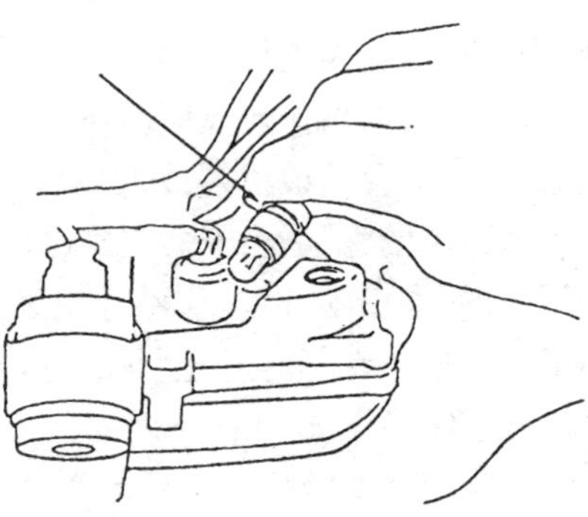

图 4-110　仪表灯的更换

保险丝更换后如即

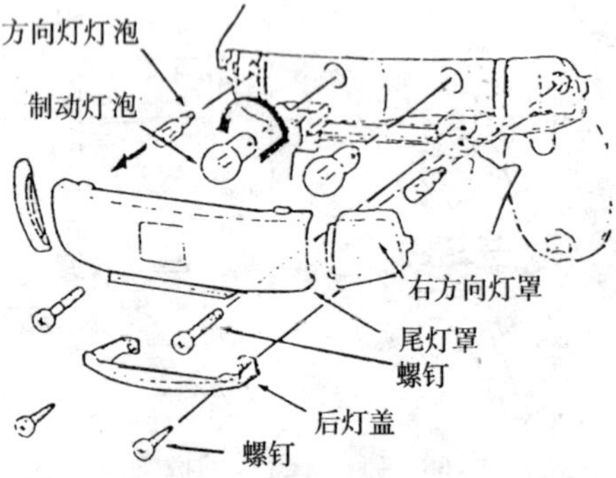

图 4-111　尾灯的更换

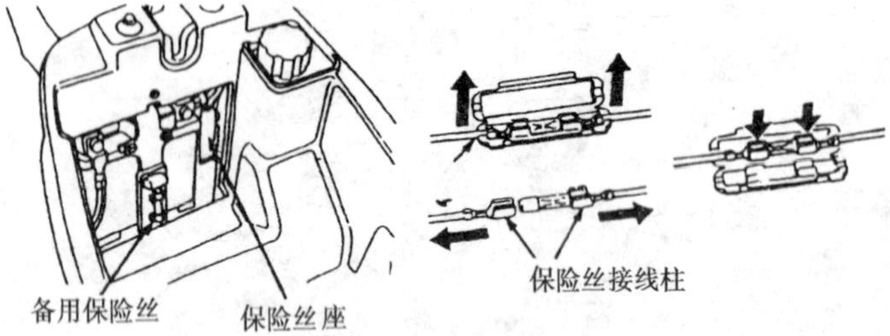

图 4-112　保险丝更换方法

烧断,这种情况属于异常。

请注意,取出保险丝座时不可左右晃动。保险丝很容易被松动,松动会造成过热或发生想不到的事故。禁止使用超过容量范围的保险丝;安装电器(灯、仪表等)要根据车型来选择特定的“本田附件”。如不按规定,可能烧断保险丝或易使蓄电池亏电。洗车时避免用强水流冲刷保险丝座。

三、保养

LEAD90 型摩托车需要保养的部位见图 4-113、图 4-114。保养里程表参见表 2-4,发动机的拆卸参见图 2-28。

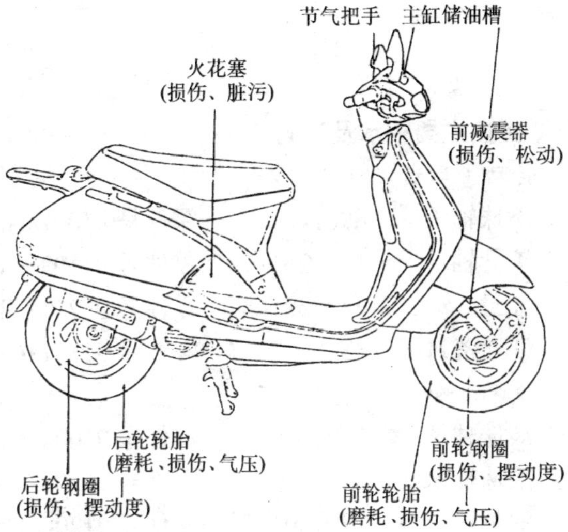

图 4-113　保养零件位置(一)

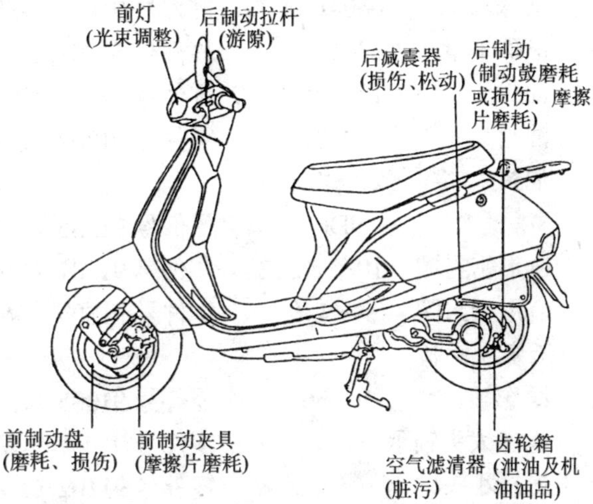

图 4-114　保养零件位置(二)

附　　录

一、更换主要轴承及油封

1. 传动主动盘

滚珠轴承	6901U	零件号 91001·GA7·701
滚针轴承	17×25×18	零件号 91103·GR1·003
油封	34×39×3	零件号 91211·GK8·013
O形密封圈	38.5×2	零件号 91351·GR1·000

2. 减速齿轮箱

滚珠轴承	6203	零件号 91004·GM9·701
滚珠轴承	6202	零件号 96100·62023·00
油封	17×30×5	零件号 91204·GN2·005

3. 曲轴箱

滚珠轴承	6004UU	零件号 91009·GE0·003
滚珠轴承	6201	零件号 6100·62013·00
油封	15×25.5×7	零件号 91201·GW2·000
油封	20×31×7	零件号 91202·GA7·005
油封	27×42×7 (NDK)	零件号 91255·GE0·003
O形密封圈	18.5×2.2	零件号 91301·GA6·000
O形密封圈	23×1.9	零件号 91304·GW3·003

4. 活塞和曲轴

滚珠轴承	20×56×12	零件号 91005·GW3·711
连杆大头轴承		零件号 91001·GW0·008
连杆小头轴承		零件号 91102·GC8·004

5．前轮

滚珠轴承	6201U	零件号 90912·GC8·003
尘封	20×32×5	
	(NDK)	零件号 90754·GC8·005

二、发动机润滑和密封部位

部　　位	物　　质	备　　注
连杆小头轴承 气缸内表面 活塞 　外侧表面 　活塞销孔 活塞外表面 曲轴 　油泵驱动齿轮 　油封表面	本田 2-冲程机油	
连杆大头滚针轴承	本田 Ultra-UC	0.3～0.5ml
变速(终级减速)箱内部	准双曲面齿轮油 90 号	120ml 根据油位检测螺栓确定
变速箱油封表面 气缸盖螺栓 冷却风扇安装螺栓 每个轴承 飞轮螺栓螺纹	本田四冲程机油	
曲轴轴承 曲轴油封唇部 变速箱油封唇部 机油泵 O 形圈	多功能油脂	
启动机主动齿轮 　离合器弹簧滑动表面	多功能油脂 (三菱:HD-3)	

续表

部　　位	物　　质	备　　注
轴承表面		0.2～0.3g
脚踏启动机构枢轴轴承表面		0.1～0.3g
脚踏启动机构传动齿轮轴承表面		0.1～0.3g
滑动的从动盘内表面	多功能油脂	1.5～2.0g
从动盘	(三菱:HD-3	
内表面	日本石油:LIPANOC	5.0～5.5g
滚针轴承	DELUXE3, 出光:AUTOLEX,B)	
从动盘球轴承	ANDOK 260 油脂	
机油泵驱动齿轮	二硫化钼油(V2 发动机油和 1/2 二硫化钼油脂的混合物)	
曲轴箱配合表面	液态密封胶	

三、车架润滑和密封部位

部　　位	物　　质	备　　注
前轮防尘密封圈唇部		制动器圆盘滑动表面不附着
前枢轴臂		
轴衬滑动表面		螺纹和座表面不附着
防尘密封圈唇部		
前缓冲垫	多功能油脂	
右枢轴轴衬下面		
前制动器		
制动钳衬套滑动表面		
制动钳密封圈唇部		
扭矩连杆衬套		

续表

部　　位	物　　质	备　　注
后制动器 　凸轮和枢轴表面 　固定销滑动唇部		螺纹和座表面不附着
顶端锥形轴承圈滑动表面 底端锥形轴承圈滑动表面 上部球形轴承圈滑动表面 速度表 　驱动齿轮轮齿和内表面 　齿轮轴和齿轮 　齿轮盒防尘密封圈唇部 　软轴套管内表面	3g	制动器圆盘滑动表面不附着
前制动器 　制动钳悬挂销 　制动钳销滑动表面 　操纵杆与主油缸活塞接触部分 　操纵杆枢轴和滑动表面	日本石油 专用制动润滑脂 或代用品	
制动钳活塞密封圈唇部 主油缸内部和滑动表面 节流阀钢索 　套管内部 　接线盒内部 后制动钢索套管内部	硅化油脂	 0.1ml 0.5ml
制动钳销螺栓螺纹 前/后放油孔锁紧螺母螺纹	锁定剂	
后制动器凸轮防尘密封圈 后制动器钢索	齿轮油	

续表

部位	物质	备注
右和左橡胶手柄内表面 空气滤清器和曲轴箱连接部分	540＃接合剂或代用品	
空气滤清器滤芯	本田2-冲程机油或齿轮油	
发动机机油箱	本田二冲程机油	
前制动器主油缸	DOT3或DOT4制动油	
前缓冲垫底部防尘密封圈	本田Ultra Cusion油No. 5或代用品	

四、定期维修检查表

检查项目			检查里程（km）							判断标准	备注
			作业		自家用		专业用				
					每6000	每12000	每1000	每6000	每12000		
悬挂转向机构	方向把	是否松动、摇动	△		△	△	△	△	△		
		操作性能	△		△	△	△	△	△		
	前叉	是否损伤			△	△	△	△	△		
		前叉轴之状态			△	△	△	△	△		
		前叉轴是否松动			△	△			△		
制动机构	手制动	前轮、后轮、手制动活动间隙	△		△	△	△	△	△		
		制动的动作状态	△	△	△	△	△	△	△		
	制动钢索	钢索可靠性		△	△	△	△	△	△	检查更换	
		磨损							△		
	制动轮鼓和制动蹄块	制动蹄块与制动轮鼓间隙			△	△	△	△			
		制动蹄块和制动片滑动部位的磨损				△		△	△		指标式
		制动轮鼓磨损和损伤				△			△	标准直径 前轮 110.0mm 后轮 95mm 使用极限 前轮 111.0mm 后轮 95.5mm	

续表

检查项目			检查里程（km）						判断标准	备注
			作业	自家用		专业用				
				每6000	每12000	每1000	每6000	每12000		
行车机构	前轮轴	轮轴变形或损伤						△		
	后轮轴	轮轴损伤						△		
	轮胎	轮胎气压	△	△	△	△	△	△	轮胎尺寸 前轮 3.50—10—4PR 后轮 3.50—10—4PR 轮胎气压 前轮 147kPa 后轮 171.5kPa(单人)	
		轮胎龟裂损伤程度	△	△	△	△	△	△		
		轮胎沟槽深度异常磨损度	△	△	△	△	△	△	沟深度极限 前轮 0.8mm 后轮 0.8mm	
		轮胎表面金属物及其他异物	△	△	△	△	△	△		
		轮轴螺杆、螺母、插销的松紧度	△	△	△	△	△	△	前轮锁紧扭矩50～70N·m 后轮锁紧扭矩100～120N·m	螺母部位

续表

检查项目			作业	检查里程（km）					判断标准	备注
				自家用		专业用				
				每 6000	每 12000	每 1000	每 6000	每 12000		
行车机构	轮胎	轮胎钢圈摆动损伤情况		△	△		△	△	轮胎钢圈之摆动度 前后轮钢圈横向摆动 2.0mm 以下；纵向摆动 2.0mm 以下 测定部位为钢圈端部	
		前轮轴承松动度			△			△		
		后轮轴承松动度			△			△		
减震机构	车体弹簧	损伤检查	△	△	△	△	△	△		减震器弹簧
	组合部位	减震器的组合部位松动、损伤		△	△	△	△	△		
		漏油			△		△	△		
		损伤			△		△	△		
		组合部位松动			△		△	△		

续表

检查项目			作业	检查里程（km）					判断标准	备注
				自家用		专业用				
				每 6000	每 12000	每 1000	每 6000	每 12000		
动力传动机构	变速机构离合器	离合器作用		△	△	△	△	△		
		变速齿轮机构漏油		△	△	△	△	△		后轮齿轮销部位
	润滑机构	后轮齿轮箱机油更换		△		△				
发动机	发动机各部分	性能状态异响		△	△	△	△	△		
		低速加速		△	△	△	△	△	怠速(1800±100)r/min	
		排气	△	△	△	△	△	△		
		空气滤清器		△	△	△	△	△		
		缸体、缸盖、进气管各部件的锁紧状态						△	锁紧扭矩 缸盖冷却时 9～12N·m 进气管冷却时 9～12N·m	
		气缸压缩压力			△			△	启动杆脚蹬 5 次 300～1200kPa	

续表

检查项目			检查里程（km）							判断标准	备注
			作业		自家用		专业用				
					每 6000	每 12000	每 1000	每 6000	每 12000		
发动机	润滑系统	漏油			△	△	△	△	△		
		机油量亏损程度			△	△	△	△	△		
		机油量	△								
		机油滤清器阻塞状况				△		△	△		
	燃油系统	燃油量	△								
		燃油的渗漏			△	△	△	△	△		
		化油器的节气阀的动作状态			△	△	△	△	△		
		化油器各部分的清洁度			△	△	△	△	△		
		化油器的浮子高度			△	△	△	△	△		
		化油器的调整			△	△	△	△	△		
电气系统	点火装置	火花塞			△	△	△	△	△	火花塞间隙 0.6~0.7mm	
		点火时间			△	△	△	△	△		电子型
	启动装置	启动电机 小齿轮啮合动作				△		△	△		电动型
	充电系统	充电状态			△	△	△	△	△		
	蓄电池	电线接头的清洁			△	△	△	△	△	污染或腐蚀	
	电路	接线部位松动、损坏			△	△	△	△	△		

△—定期检查符号。

维修　6.30元
奥拓微型轿车结构与使用维修　9.30元
伏尔加、拉达、波罗乃兹、菲亚特轿车结构与使用维修　12.00元
天津华利微型汽车结构与使用维修　10.50元
天津夏利轿车结构与使用维修　11.80元
出租汽车驾驶员运营指南　9.50元
初级汽车修理工自学读本　28.00元
中级汽车修理工自学读本(精装)　39.80元
中级汽车修理工自学读本(平装)　29.60元
高级汽车修理工自学读本(精装)　39.00元
汽车电工自学读本　23.50元
汽车维修检验工自学读本　19.00元
新型汽车修理方法222例　12.00元
轿车新型设备结构与使用维修　11.50元
国产轿车轻型越野车及客车微型客车电路图册　16.00元
中外汽车检测与维修设备手册　58.00元
日本汽车计算机控制系统及检修　29.00元
解放牌轻型汽车结构与使用维修　16.50元
昌河汽车结构与使用维修　8.00元
切诺基吉普车使用维修(修订版)　9.00元
进口轿车、轻型越野车及客车、微型客车电路图册　50.00元
汽车修理基本技术指南(修订版)　18.50元
北京2020汽车结构与维修　11.00元
汽车防抱死制动系统(ABS)结构与使用维护　10.00元
汽车拖拉机用蓄电池200问　3.90元
大中型拖拉机机手自学读本　12.50元
大中型拖拉机使用维修指南　9.80元
小型拖拉机机手自学读本　10.00元
小型拖拉机使用维修指南　7.50元
怎样维修小功率柴油机(第二版)　7.50元
怎样维修柴油机喷油泵(第二版)　7.50元
常用电动机使用与维修400问　18.00元
怎样维修电动机　6.00元
小汽油机使用维护与故障排除　3.50元
水稻作业机械使用维护与故障排除　5.90元
农产品加工机械使用维护与故障排除　4.50元
饲料加工机械使用维护与故障排除　5.00元
液压工程机械结构使用与维修　9.80元
国产内燃叉车结构与使用维修　10.00元

三轮农用运输车结构与使用维修	9.80 元
中国助力车产品与技术参数手册	12.00 元
谷物联合收割机结构与使用维修	15.00 元
土壤耕作机械使用维护与故障排除	4.00 元
缝纫机使用与维修	4.80 元
照相机使用与维修	9.80 元
实用密封技术问答	7.50 元
家用电器 666 问	6.30 元
新潮家电 555 问	11.00 元
彩色电视机维修指南（第二版）	32.50 元
新型直角平面大屏幕彩电故障分析与检修	9.50 元
彩电红外线遥控系统典型故障判断与排除	5.70 元
黑白电视机故障判断与排除	5.50 元
电视机疑难故障检修 200 例	8.00 元
家庭视听设备实用摩机技术	9.00 元
视听新潮流——家庭影院	9.00 元
中小型有线电视系统的设计与维修	8.90 元
家用摄录机的使用与维修	10.00 元
家用录像机的使用与维修（第二版）	8.00 元
电视机、录相机、收录机集成块的应急修理与代换	10.50 元
集成电路收音机原理与维修	5.90 元
袖珍收音机故障检修 180 例	5.30 元
激光唱机激光影碟机使用与维修	12.60 元
激光唱机激光影碟机故障检修实例	8.50 元
电子游戏机的使用与维修	5.00 元
传真机结构与使用维修	12.00 元
家用空调器使用与维修	12.90 元
电冰箱使用 200 题	3.70 元
电冰箱维修问答	5.50 元
洗衣机维修问答	6.00 元
大哥大 BP 机住宅电话使用手册	7.30 元
多媒体家用电脑选购使用与维修	7.90 元
家用电脑应用入门	7.50 元
中小学生电脑入门	6.00 元
微机操作实用问答	9.90 元
计算机彩色显示器维修指南	11.30 元
电脑等级考试应试辅导	19.00 元
电脑编程技巧	12.50 元
电脑常用工具软件的使用与技巧	11.00 元
微机常用命令例解	8.60 元
DOS 入门与技巧	11.00 元
Excel 入门与技巧	12.00 元
Word 入门与技巧	12.00 元
Windows 入门与技巧	13.50 元
FOXBASE＋使用与技巧	13.50 元

以上图书由全国各地新华书店经销。凡向本社邮购图书者，免收邮挂费。书价如有变动，多退少补。邮购地址：北京太平路 5 号金盾出版社发行部，联系人郭思义，邮政编码 100036，电话 66886188。

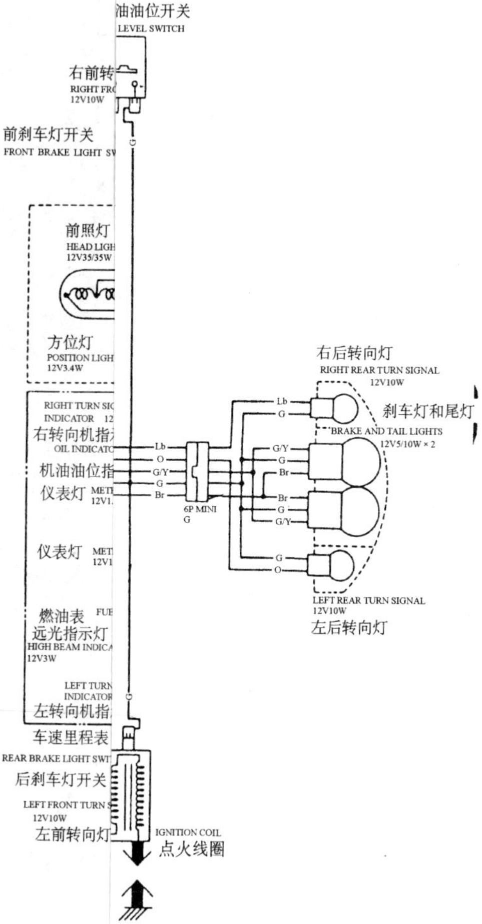

Bl…黑	Br…棕
Y….黄	O….桔黄
Bu…蓝	Lb…浅蓝
G….绿	Lg…浅绿
R….红	P….粉红
W…白	Gr…灰